JEAN GEBSER . GESAMTAUSGABE
BAND VII

GEDICHTE
AUSSAGEN
DIE SCHLAFENDEN JAHRE
DAS TRAUMBUCH

JEAN GEBSER

GESAMTAUSGABE

BAND VII

Gedichte
Aussagen
Die schlafenden Jahre
Das Traumbuch

IM NOVALIS VERLAG

Umschlaggestaltung unter Verwendung einer Plastik von Arnold Zürcher, dessen Arbeiten von Jean Gebser starke Impulse und Anregungen erhielten. Der Verlag dankt Frau Zürcher für die freundliche Genehmigung zum Abdruck.

© 1986 Novalis Verlag AG Schaffhausen
2. Auflage 1999
Druck: Ipoly, Slowakei
ISBN 3-907160-08-8

Inhaltsübersicht

Verzeichnis der Gedichte

1924–1931

1935–1940

Poesias de la Tarde (1936)
(Nachmittagsgedichte) (1944)

1940–1973

Neue spanische Dichtung
Übersetzungen (Madrid 1936)

Rafael Alberti (* 1903)

Vicente Aleixandre (* 1898)

Manuel Altolaguirre (1905–1959)

11

HÖLDERLIN

(übertragen von J. Gebser und Luis Cernuda, Madrid 1935)

GEDICHTE

Wenn die Harmonie in einer Gesellschaft auf der gemeinsamen Interpretation des «Einen» beruht, des einheitlichen Prinzips hinter den Erscheinungen, so mag an dieser Stelle die Sprache der Dichter wichtiger sein als die der Wissenschaft.

Athen, 3. Juni 1964   WERNER HEISENBERG

1924–1931

SELBSTGESPRÄCH

Du,
suche das Glück nicht zu halten,
lauf ihm nicht nach,
warte!
Und
bitter werden,
das ziemt dir nicht,
lern lieber sterben.

Laß deine Wangen nicht färben
von Hungergaben auf kriechendem Steg.
Nicht Hände falten!
Nein.
Mit geballten
Fäusten
geh deinen Weg.

DIE ALLEE
(CAVAILLON)

Ein Rot am fernen Ende der Allee,
die Sonne, die sich durch die Blätter siebt.
Das rote Tuch, das auf- und niederweht in der Allee:
wie heiter und wie weh
sich eines um das andre liebt.

Laß die südlichen Meere,
die Himmel und fremden Stern:
diese sind leicht, – doch die Schwere
hält alles fern.

Denn was fordernd uns angeht
und was uns zitternd berührt,
ist schon lange verweht,
eh man es spürt.

Und dann so aufgerissen
dazusein und verschmäht,
nur um Zerfallendes wissen:
ach, wir sind spät,

ferne den südlichen Grenzen,
Gläser, zerbrechlich, getrübt,
sind im bewahrenden Glänzen
so ungeübt.

Einzeln wie alles, so lebt es vorbei.
Wer nur mit Himmeln mißt,
hört schon den Schrei.

DIE ÄSTE
(TARASCON)

Mit dem plötzlichen Aufflug der Vögel
trug auch ein Schein von Grün sich hinauf,
doch die leise nachschwankenden Äste
hielten noch lang ihren Aufflug zurück.

Tempelschlaf der Abgeklärten.
Klöster, Wüsten und Gebet.
Namenlos, die aufbegehrten,
sind wie Wind verweht.

Brach ist Korn und Ackerkrume.
Blutend Fels und Stein.
Ach, die dunkle Lotosblume
geht narzissen ein.

Schlaf ist in den Abendgärten
und Gethsemane.
Lachend sind die Unbeschwerten
leer und niemals weh.

Hinfall in die Traurigkeiten.
Schluchzende Marie.
Hell Johannes. Judas' Schreiten.
Ach, es schrie.

Nun, da es aufweint
unter den Himmeln, das Späte,
und das Vergangene meint
und das trostlos Gesäte:

viel ist, das namenlos
die Dinge anrührt, behutsam:
Ägypten und Pyramidenlos,
und dann zeusähnlich verkam.

Aber das Ärmliche ist
und das Getroffensein.
Wer nur mit Himmeln mißt,
hört es schon schrein.

Ach, daß der erste Mund
niemals gesungen hätte.
Nun ist verwirrt und wund
selbst die Gedankenglätte.

Ach, jener erste Spruch,
der in dem Dämmerwald
gurgelnd im Opferruch
dumpf in den Föhren hallt:

Fluch ist und Wirrnis nun,
Wahnsinn ist ausgesät.
Selbst noch das heiligste Tun
ist vom Irrsinn gemäht.

Dunkle Blumen der Nacht,
immer von neuem geküßt:
bald ist der Wahnsinn vollbracht,
daß ihr verwelken müßt.

Attika: ungeboren:
ach, welch dunkeles Glück.
Nun ist der Wein gegoren;
tausche den Schirling zurück.

Becher und Stern der Nacht:
Gift ist und Untergang.
In des Himmels Verdacht
Fäulnis und Abgesang.

ALLES BLÜHEN

Alles Blühen
meint schon den Tod.
Nur die sich mühen,
sind wirklich bedroht.

Still fühlt der Baum
den zitternden Wind.
Wir denken kaum,
was wir eigentlich sind.

Blume denkt Blume,
und Tier denkt Tier.
Des Ackers Krume
ist gewisser als wir.

Ist auch der Himmel schon
fast wie verweht:
so ist's um jeden Sohn,
wenn erst der Vater geht.

Alles ist aufgeteilt.
Niemand weiß es von sich.
Nur wer am Grase verweilt,
ist fast schon sommerlich.

Jede Stunde ist Tau,
jede kann Träne sein.
Wer aber weint um ein Blau
und möchte ein Grünes sein?

Und jedes sehr lange Jahr,
bergend Maria und Sohn:
ach, was es einstens gebar,
ist jetzt müder als Mohn.

Müde vielleicht wie ein Tal
voller Geröll und Gestein.
Angst, Klage und Qual.
Verwehter Himmel wird sein.

Wir gehen immer verloren,
wenn uns das Denken befällt,
und werden wiedergeboren,
wenn wir uns ahnend der Welt

anvertrauen, und treiben
wie die Wolken im hellen Wind,
denn alle Grenzen, die bleiben,
sind ferner als Himmel sind.

Und es will vieles werden,
aber wir greifen es kaum.
Wie lange sind wir der Erden
Ängstliche noch im Traum,

Fragwürdige noch wie lange,
da alles sich schon besinnt,
da das, was einstens so bange,
schon klarer vorüberrinnt?

Daß uns ein Sanftes geschähe,
wenn uns der Himmel berührt,
wenn seine atmende Nähe
uns ganz zum Hiersein verführt.

Ein Absturz voller Klage,
und droben steht die Stadt,
und drinnen sind die Tage,
die sie verloren hat.

Nur manchmal, wie im Glase
Abstehendes gerinnt,
zerbröckelt eine Vase,
weil hier nichts mehr beginnt.

Voll Sterben sind die Dinge,
und keines sieht uns an.
Wir gehen wie Geringe
und nutzlos aufgetan.

Zwar, draußen ist noch Erde
und was man Heimat heißt.
In uns wächst die Beschwerde
und macht, daß man verwaist.

Wir gehn mit den Geräten
des Lebens seltsam um.
Vielleicht sind wir die Späten
und werden frühe stumm.

Vielleicht sind wir die reifend
sich doch noch überstehn,
und die dann fast begreifend
und still hinübergehn.

Was noch an Schmerzen war,
will jetzt schon weiter sein,
so milde blüht das Jahr
sich in den Frühling ein.

So still ist die Begegnung
mit Mensch und Tier und Ding,
so voll der reinen Regung,
es sei nichts mehr gering.

Und Hügel sind, die klar
in sanfter Einfalt gehn,
auf denen zart und wahr
genaue Dinge stehn.

Und Felder sind wie Beete
so sorgsam aufgestellt.
Hellgrün keimt das Gesäte,
leicht ist das Land gewellt

und kann am klaren Tage
von heiterer Schwermut sein.
Am Abend dann kommt zage
ein kühler Wind herein.

Zu Ende geht ein schöner Tag,
sein Himmel war sehr hell.
Die Sonne auf den Hügeln lag,
und nichts geschah zu schnell.

Nun dämmert schon die Straße zu,
und müde wird der Wind.
Am Brunnen lehnt noch voller Ruh
ein Krug, der überrinnt.

Ein Klang von Wasser in der Luft,
der alles übersteht,
und vom Lavendelfeld ein Duft,
der blau vorüberweht.

Dort eine Wiese, die sich regt,
(die Grillen zirpen schon).
Die Pappeln stehen unbewegt,
und dunkel blüht der Mohn.

Aus Steinen und aus Gräsern
ein dünnes Schweigen steigt,
und oben hält sich gläsern
ein Himmel, der sich neigt.

Und wo das Licht sich fängt,
im hellen Ölbaumhain,
der an der Halde hängt,
hört man den Habicht schrein.

Das kahle Bergland lehnt
sich an den Himmelsrand,
in Hängen hingedehnt,
braun, öde, ausgebrannt.

Jetzt kommt schon der Morgen herauf,
und im klareren Lichte
atmet ein früher Wind.

Du bist der nahe Himmel,
und die duftenden Blätter
sprechen mir nur von dir.

Alles, das mich nun ansieht,
sagt deinen geliebten Namen und jubelt.

Mein Herz wird fromm,
wenn du nahst,
und wie einem Kind
hören die Augen mir nie wieder auf.

Der Wind ist schmal, der Wind ist weit,
ich bin jetzt sehr allein.
Wir werden niemals mehr zu zweit,
nie mehr zusammensein.

Da gingst du hin. So sah ich dich.
Nun ist auch dies vorbei.
Wir werden schmal und kümmerlich:
was bricht, das bricht entzwei.

Denn niemals wird dies ganz vollbracht,
weil einer Einer ist.
Und wenn man auch zuweilen lacht,
so nur, weil man vergißt.

Das Herz ist schmal, das Herz ist weit,
und jeder ist allein.
Wir waren alle so bereit
und können's nicht mehr sein.

1935–1940

DIE SCHATTEN

In die Nacht gehängt, klar und kristallen:
Blütendolden, Laub, Licht, heller Geruch,
Sterne, die mit den Winden fallen,
und des ärmlichen Herzens milder Versuch:

All die Dinge, die still uns erwidern,
und des Wassers vielfältige Bahnen
liegen schon hinter sich neigenden Lidern,
dort, wo die Schatten, die innen das Herz wirft, sich ahnen.

Sehr ferne sind Wälder, die uns niemals erreichen.
Manchem sind unsere Sinne ein zerbrechlicher Steg.
Sommerhimmel und Herbst sind schon am Verbleichen,
doch immer ist etwas zu uns auf dem Weg.

Und es weinen die Wälder, die, niemals für uns geboren,
ohnmächtig aufbrechen wie Sterne im Nachmittag.
Bald wird es Winter sein. Und wie verloren
ist nun das Lächeln, das über den Gärten lag.

In die Herzen sich nistend ist es geblieben.
Die Gespräche des Sommers sind wie verlöscht.
Sie haben die Herzen ins Blühen getrieben,
so wie der Vogelflug, scharf in den Himmel geschrieben,
ausgeflogen, sich niemals verlöscht.

Die Gitarre

Die Hand, die langsam in die Saiten wächst;
die herbstlich hellen Töne, die sie streifen,
erreichen ihre ganze Klarheit, reifen,

um sanft und milde auch zu sterben:
ein Klang von Wasser über Steinen,
von Brunnen, welche nächtens stärker weinen –

und wieder öffnet sich die Hand:
sehr zart und gläsern wächst ein neuer Ton,
wird freier, weiter, und er lächelt schon

die schmale Klage eines klaren Lächelns:
ein Grau im Abend, wenn die Sonne geht,
ein Schluchzen, das schon in den Sternen steht.

DAS FENSTER

Noch sind die Tage Bälle, bunt und runde.
Doch nächtens weht schon die kristallene Trauer.
Die Gräserschatten an der grauen Mauer,
sie frösteln, und sie fühlen jede Stunde.

Sehr silbern flog am Nachmittag
der Widerschein des Fensters in die Straße.
Da es sich schloß, lag an dem kühlen Glase
der Aufblick eines Kindes, das erschrak.

Bald werden sich die Scheiben leicht beschlagen:
vielleicht, daß dies den Schrecken lindert;
vielleicht, daß er im Glase sich vermindert.
Das Kind wird träumend kleine Worte sagen.

Ans Fenster zeichnet Blumen jetzt der Winter.
Die Bälle alle fallen in das Gras.
Die Kinderträume frieren und das Glas.
Aus vieler Armut blüht ein reicher Winter.

DIE ROSE

Dies also ist dein Zimmer: weiße Wände,
in welchen jedes Licht sich wiederfand.
Ein Schein vom Schatten deiner Hände
liegt über jedem Ding und jedem Gegenstand.

Und alle haben sich an dich gewöhnt,
an deine Art zu lächeln und zu sein.
Das Licht, das sie einander ganz versöhnt,
fällt zögernd durch die Läden ein.

Die Dinge, welche langsam zu dir reifen,
sie werden langsamer bei dir verwehn.
Und eine Rose neigt sich in den Sonnenstreifen
und würde gern noch mehr im Lichte stehn.

Das abendliche Fenster nimmt zu sich
die späte Landschaft und den Himmel auf:
das Holz des Tisches blüht ganz sommerlich,
und auch die Rose glüht noch einmal auf.

DAS BLATT

Es ist schön durch die Straßen zu gehn, wenn es Herbst wird.
Das schon leichtere Blatt fühlt um die klarere Ferne,
und im gläsernen Abend ist seines Falles Gebärde
und das Lächeln des Wassers, wenn es sich zu ihm verirrt:
Siehe, die Vögel werfen sich gegen die Sterne,
und anders als früher streift uns die Erde.

DER SCHMETTERLING
(ESTORIL)

Die Schrift der Segel auf dem Meer,
ein Flug von Möwen, welche schwinden,
ein Schmetterling, weiß Gott woher:
ach, welch ein Blühen überm Meer –
Und dieses: so wie er,
so leise taumelnd es zu finden.

Die Stadt, die diesen Hängen eine Wolke ist,
die leichtbeschwingt und die so abschiedsschwer
wie auf der Reise ist und sich vergißt,
lehnt sich hinaus an das Septembermeer

mit Fenstern, welche lang die Sonne halten.
Die Häuser stehen sehr geschont.
Ein leises Welken blüht und ein Veralten.
In Stimmen und in manchem Steine wohnt

Erinnerung an Wellen, welche starben.
Verdämmernd dunkeln Rufe, hier und dort.
Es löschen nach und nach die Straßen ihre Farben,
und blasse Plätze wandern in den Abend fort.

CANILLO
(ANDORRA)

Hier müßten wir den Abend über bleiben.
Und auch die Nacht. Und einen Morgen.
Die Häuser stehen abendlich geborgen,
aus schwarzen Steinen, welche nachtwärts treiben.

Das Abendbrot. Der Tisch. Die Kerzen.
Vor unserm Fenster steht die Nacht und friert.
Vielleicht, daß der und wer den Weg verliert.
Am nahen Himmel singen Sterne ihre Schmerzen.

Im Morgen gehen Männer fort zum Straßenbau:
ein fremder Lärm verschüttet seine Scherben:
die stillen Stimmen werden sterben,
und selbst des Lächelns Maße werden ungenau.

Der Hänge glatte, ruhige Gebärde,
der Berge Kuppeln und ihr Purpurschein,
das wache Dorf aus schwarzem Stein:
mit hellen Händen halten wir die Erde.

Auf stillen Plätzen rinnen Brunnen.
Und zwischen grauen Pflastersteinen
wächst Gras und manchmal eine Blume.
Die Schritte hallen auf den Steinen.
Delphine schimmern in den Brunnen.

Auf einem halbgeöffneten Balkon
weht die Gardine leicht ans Gitter
und bauscht sich, eine kleine Wolke, in den Wind.
Und Schleier sind den Häusern ihre Gitter,
und Zweige streifen den Balkon.

Durch die Platanen gehen Schatten auf und zu.
Fassaden träumen gleich den Liebenden;
die Farben blichen in den Wind.
Und aus dem Blick der Liebenden
wächst ihnen neues Leben zu.

EISBLUMEN

An den Himmeln hin,
an denen mein Herz hängt,
hell an den Himmeln hin,
und die es hinausdrängt,
blüht der Eisblume Duft.

Und das Weinen meint
nicht mehr unseren Schmerz.
Was milde im Klagen sich eint,
übersteigt unser Herz
und der Eisblume Duft.

Durch ihr Blühen hin,
durch ihr erfrorenes Weinen,
hell an den Himmeln hin,
und die uns meinen,
teilt unser Herz ihre Luft.

DIE HAND

Die gestrige Blume welkt schon im Glase.
Auf die Gedanken des Herzens fällt Schnee.
Morgen vielleicht zerbricht auch die Vase.

Es will alles gelebt und gestorben sein:
Wolke und Herz und Blume und Stein
neigen einander sich zu.
Und es bewahrt sich ihr Widerschein.

Doch die zerbrechlichen Brücken des Blickes reichen
    nicht weit.
Was sich noch hinter die Himmel wirft:
irgendein ferner Glanz von viel Schnee –
ein zerbrochenes Lächeln im stillen Gesicht –
Blume, die welkte, und Glas, das zerbricht –
ist die geringe Geste der Hand, die voller Ruh
sich still den umgebenden Lüften leiht.

DER GENESENDE

Sein Herz hat mit dem Tod gesprochen
Tag um Tag.
Die Adern sind ihm fast zerbrochen
Schlag um Schlag.

In seinen Augen nistet still
ein neuer Stern.
Und was sich einmal sagen will,
ist nicht mehr fern

und nicht mehr von den Fährnissen
umneigt:
auf müden Lippen blüht ein Wissen,
das noch schweigt.

Bald aber werden Stern und Blüte
sich erkennen
und dem umfassenden Gemüte
neue nennen.

Das Wort, das sich dem Winde anvertraut,
es wird als Blume blühen auf der Wiese
und ist von allen Lüften angeschaut.
Der Himmel aber spiegelt klar die Friese

der alten Stätten, welche längst zerfielen,
und die zum Jubel hin verklärten Klagen.
Denn die kristallene ist unter all den vielen
die Landschaft, die wir still im Herzen tragen.

Es war unser Herz übervölkert von Bildern,
wir waren mitten in Wind und Weinen gestellt.
Doch die klärenden Fröste, welche die Schrecknisse mildern,
hatten noch kaum den Rand des Herzens erhellt.

Damals, da wir nach unseren Sternen suchten,
fanden wir eine kaum gedeutete Welt;
bis sich die wachsenden Jahre an uns versuchten:

einfältiger wurden die Dinge, welche uns schildern,
und unser Herz eine Last, die langsam zur Mitte fällt.

Der Wind legt sich an mein Gesicht,
noch wärmt die Sonne meine Hände,
noch blüht der Blume mildes Licht.

Mit jedem Tag wird sich der Abschied lindern.
Die Hänge, Hügel, Worte, sie entgleiten
wie Schiffe aus Papier von Kindern

und finden die verborgenen Strände.
Der Sommer wird sich anderswo verbreiten.
Und langsam frieren uns die Hände.

DIE TRÄNE

Das Licht des Abends wird verwelken.
Die Traurigkeit des Herzens wächst im Wind.
Am Rand der Nacht geht still ein Kind
und sammelt Mohn und späte Wiesennelken.

Ein jeder Abend wird uns stiller finden.
Im Herzen wohnt ein Weinen, das versiegt.
Die Nacht beginnt, die in den Adern liegt.
Und alle Anmut birgt sich in den Winden.

Die ungeweinte Träne wird Kristall,
des Herzens Widerschein in den gefrornen Winden
und Antwort auf der Sterne sanften Fall.

Schon wirft der Himmel seine Netze aus
und greift nach späten Blumen in den Gärten;
die sterngewirkten halten scheu das Haus:
du spürst des Himmels Duft und seine Härten.

Und Regen fällt. Und dies und jenes Jahr.
Ein Knabe geht sehr sanft den Weg entlang.
Der Regen blüht in seinem hellen Haar.
Die Fischernetze triefen von dem Tränenfang.

Die gelbe Wolke weilt noch ihre Zeit.
Die Wellen wandern an den Himmeln hin.
Der Knabe geht durch seine Einsamkeit,
und alle Himmel halten sich ihm hin.

DER ABEND

Und mit dem Abend fällt der müde Vogelflug
schwarz in den Schlafbaum ein.
Des Abendwindes leichter Abglanz trug
den Abschied lind zu uns herein.

Es wächst die Stille, und es nimmt
das letzte Licht sich von den Dingen.
An weißen, sommerheißen Mauern schwimmt
ein Schein von Rot und kann nicht mehr gelingen.

Und langsam werden Kühe heimgetrieben;
aus ihren sanften Augen wächst die Nacht.
Was wir nicht hielten, ist bei uns geblieben,
und an die müde Stirn lehnt milde sich die Nacht.

DER TAG

Wir fühlen noch des Morgens Widerhall,
sein Sterben ins lebendige Gewebe;
ein heller Duft von Glas und von Kristall
hält sich noch lange in der Schwebe.

Wir gehn den Weg entlang. Dort steht ein Strauch;
die Blüte brennt im Mittag vor der Mauer.
Bald wird sie frieren, und wir frösteln auch;
der Nachmittag macht alles ungenauer.

Die Blässe aber, die aus Blumen flieht,
hat ihren Tod uns zugedacht.
Nun dunkelt unterm Augenlid
ein schwarzer Streifen Nacht.

Die müden Tage und die matten Augen,
denn alles ist in sich gekehrt.
Das brache Herz, es ist noch unversehrt.
Die Hände, die zu nichts mehr taugen.

Am Abhang geht ein Mann und singt.
Die Abendvögel schreiben ihre Zeichen.
Der kalte Teich wird bald dem Himmel gleichen,
zu dem der Wellentraum der Hügel dringt.

Im ländlicheren Lichte stehst du nun.
Es wächst der Abend, der den Tag zerbrach.
Bald ahmt dein Herz den Gang der Berge nach,
um an des Himmels Grenze auszuruhn.

DER HERBST

Die Wolke, die den Regen überdauert,
sie lieh dem Himmel ihre welken Farben.
Die Dürftigkeit der Erde aber trauert
und schmückt sich mit den Dingen, die verdarben.

Im Fernen ist ein winterliches Warnen.
Die gelben Früchte werden langsam matt.
Die Spinnen hängen wirr in ihren Garnen.
Der Herbst fing sich im ersten braunen Blatt.

Schon stirbt das seltsam ausgestreute Glück,
der Wunsch, den unsres Herzens Regung trug.
Es ist der Herzschlag nur ein kleines Stück
von eines hellen Blattes dürrem Flug.

Verschüttet sind der Kindheit Jahre.
Erbarmungslos ist Berg und Meer.
Des Himmels Wolke greift ins Wunderbare,
und jedes Blatt macht unsre Herzen schwer.

Du frierst die ersten Fröste und du bangst,
denn letzte Blätter schmerzen ihren Zweigen.
Im Hause herrscht der späten Armut Angst,
Im Herzen sammelt sich das Schweigen.

Nun sind die Tage Fenster in den Winter,
und Lachen zeigen noch ein wenig Blau;
die Sonne friert in ihnen, und der Winter
stellt die Gestalten in das stumme Grau.

DIE NACHT

Denn heute ist die erste kalte Nacht:
die Stunden klirren aus den Uhren,
die Sonnenspiele starben sanft und sacht,
im Herzen blieben nur die Schattenspuren.

Nun gibt die Armut uns ihr blasses Maß:
dort steht ein Stuhl, und da ein Krug,
in ihm die Blume, die sich schon vergaß,
und dort der Mantel, den man längst vertrug.

Im Frost zerbröckelt auch das Weiß der Wände,
und welke Beeren sind vom Reif erhellt.
Geklärter breitet sich das Herbstgelände,
indessen eine Frucht, die letzte, frierend fällt.

DER GEHENDE

Die Dinge kamen still uns zu Gesicht
und gingen in der Worte schattenlosem Gange.
Denn alles, was wir litten, rechnet nicht,
und was wir wurden, waren wir schon lange.

Da wir noch Kinder, stiegen wir auf Leitern,
nur um den Himmel uns zu pflücken.
Schiffbrüchige des Himmels, welche scheitern,
und die ein klares Schicksal überbrücken.

Wir ahnen noch, was uns die Kindheit lieh.
Wir wissen nur um alles, das verweht.
Und was uns bleibt, – du sollst es sehen, sieh:
am fernen Horizont ein Mensch der geht und geht.

EINEM KNABEN,
BEI EINEM FLUGANGRIFF GETÖTET
(Madrid 1936)

Verängstete Hände. Tränen
über ein Kinderantlitz geneigt.
In seinen Augen, und trotz der Schatten,
ein ganzer Himmel, der schweigt.

Und in der Haltung die hellere Stille,
welche von allem spricht, das er verlernt;
Stunde des Sterbens: Jahrzehnte,
um welche er sich von uns entfernt.

Der kindliche Kragen der Bluse
um seinen noch kindlichen Hals:
und die kleine erschütternde Hand,
die in die Luft griff während des Falls.

Es zerfielen die Steine,
da sein stummer Mund schrie:
in uns schmerzt noch sein Schrei,
der uns den tödlichen Ernst verlieh.

Des Herzens helle Stimme
spricht aus deinen Händen.
Wenn du am Hange hingehst
rührt der Himmel
vertraut an deine hohe Gestalt.

Warum wird alles gut
was deinem Anblicke standhält?
Was ist das für ein Blick
und was für Hände
die allen Dingen Frieden bringen?

Das ganze Dasein fühlt
geborgen sich und strebt dir zu,
wenn du vorüber gehst.

POESIAS DE LA TARDE (1936)
NACHMITTAGSGEDICHTE (1944)

Paisaje espiritual*

Bayas silvestres por la escarcha esclarecidas,
habitantes de paisaje transparente,
paisaje espiritual de flores reducidas
a su remoto valor: frías en la frente.

Piedra en el aire suspendida cual ave
que a rosas y ramas comunica el volar,
leve sentir ingrávido mas nunca grave:
quieta mi corazón llegando a traspasar.

Manos en flor que nunca cogen ni sostienen:
cuánto espacio abarcando de serena presa,
y lejanías, ¡cuántas!, que a las venas vienen,
mientras suave la estrella descansa en la mesa.

* Nicht übersetzt.

LAS COLINAS DE COÍN

¡Cuántas colinas de tierra sonriente
van de la mar a Coín!
De olas de ocre y verde
nace el Gran Alhaurín.

Cuando otoño, cuando la tarde
están trillando allí:
tallas esbeltas ante el cielo
se dibujan en su carmesí.

Llegando del mar, verás,
pasando por Alhaurín:
vida certera saluda al cielo
en las colinas alrededor de Coín.

Die Hügel von Coín

Wie viele Hügel lächelnder Erde
gehen vom Meer nach Coín!
Aus ockren und grünenden Wellen
gebiert sich das Dorf Alhaurín.

Dort dreschen im herbstlichen Abend
sie auf der Feldtenne Rund:
Gegen den Himmel zeichnen sich klar
schlanke Gestalten in den rötlichen Grund.

Kommst du vom Meere, so wirst du es sehn,
noch hinter dem Dorf Alhaurín:
Sicheres Leben grüßt dort den Himmel,
dort auf den Hügeln rund um Coín.

Nuestros pasos lentamente avanzando
¿en dónde al caer la noche pararán?
Buscamos tan perdidos a la vida
caminos que a nosotros buscarán.

Acompañados siempre por la muerte
(morimos tantas veces ya en nuestra vida)
la muerte está durmiendo en mi mano:
flor transparente de continua huida.

Perdidos a la muerte encontramos
caminos que a nosotros vienen,
hallándonos cual órbitas sus astros,
cual astros que en nosotros se detienen.

Die Bahnen

Wo werden, wenn die Nacht fällt, unsre Schritte,
die langsam vorwärtsgehn, sich ihrer inne werden?
Wir alle suchen, so verloren an das Leben,
die Wege, die uns suchen werden.

Vom Tode stets begleitet, – (wir starben
so viele Male schon in unsrem Leben) –
schläft jetzt der Tod in meiner Hand:
ein klares Blühn und doch der Flucht ergeben.

Verloren an den Tod begegnen wir
den Wegen, die sich an uns wenden,
und die uns, so wie Bahnen ihre Sterne, finden,
gleich Sternen, welche ihre Bahn in uns vollenden.

No queda más que la paciencia amarga:
sal derramada por la pradera y el monte,
cesped muerto, alguna hierba olvidada,
triste valor y poca agua estancada,

mostrando todavía alguna que otra nube,
fragmentos de un cielo, azules esparcidos –
pero al borde de los charcos se levantan sombras:
¿de qué tristezas surgen estas flores?

El rostro albergando en las manos que el llanto
devuelva a las venas su justo caminar:
nos queda recoger grano por grano anhelando
que así el suelo y los aires van a florecer.

SALZKÖRNER

Nun bleibt nichts mehr als bittere Geduld:
verstreutes Salz auf Flur und Hügel,
verdorrtes Gras, manches vergeßne Kraut,
trauriger Mut und braches Wasser,

das noch die eine oder andre Wolke zeigt,
Bruchstücke eines Himmels und verstreutes Blau –
und doch erheben sich am Lachenrande Schatten:
aus welchen Traurigkeiten blühen diese Blumen?

Das Antlitz bergend in den Händen, daß das Weinen
den Adern ganz ihr rechtes Fließen wiedergäbe,
bleibt uns nur Korn um Korn des Salzes einzusammeln,
hoffend, daß dann die Erde und die Winde wieder blühn.

ALAMEDA ENTRE DOS LUCES
(JÁTIVA)

Fuegos otoñales de follaje y luz cayente;
al fondo de la alameda un vago ademán,
una figura lenta pasando lentamente:
entre dos luces aquellos que por la vida van.

El naranjal de afuera sereno reluciendo
sinnúmero de soles que pronto caerán.
La vega silenciosa, el valle extendiendo
sus amplitudes que solas con el cielo dan.

Fuegos apagados, sombras por acabar:
lejanos ademanes que ya se borrarán. –
Más tarde una adumbrada voz empieza a cantar.

DÄMMERNDE ALLEE
(JÁTIVA)

Herbstfeuer, Laub, Licht im Verwehn;
am Ende der Allee Bewegung, die verflieht:
langsam eine Figur, die langsam dort vorüberzieht:
zwischen zwei Lichtern, dämmernd sind, die durch das
      Leben gehn.

Orangenhaine leuchten heiter-ernst ins Land
die Unzahl ihrer Sonnen, die bald fallen werden.
Schweigend die Gärten vor dem Tal, das seine Erden
ausbreitet zu der Einsamkeit am Himmelsrand.

Verloschne Feuer, Schatten, welche fast vergingen:
Regungen in der Ferne, die verlöschen werden. –
Gedämpft fing später eine Stimme an zu singen.

MILICROQUES*

Mariposa volando
por el mar,
milicroque tramando
a la par
frágil y fuerte
del granítico muro:

cáliz reluciendo
todo un cielo,
ala sosteniendo
todo un sol:
tornada suerte,
traspaso puro:

flor
que se vuelve vuelo,
vuelo
volviéndose sol.

* Llámase así cierta flor de un azul delicado que abunda en
  los muros de Santiago de Compostela (Provincia de Galicia).

MILICROQUES*

Falter, der hin zum Zenith
über das Meer hinschwingt,
Blume, die aus dem Granit
der Mauer entspringt:
beide sind sie aufs Mal
zart und ein starker Gesang:

Kelch, der leuchtend und rein
sich gleich dem Himmel bewegt,
Flügel, der ganz allein
ganz eine Sonne trägt:
Welche Wandlung an Schicksal,
welch lauterer Übergang:

Blume,
die in Flug übergeht,
Flug,
der als Sonne verweht.

* «Milicroque» ist der regionale Name einer zartblauen Blume,
die an den Mauern von Santiago de Compostela blüht.

Detrás de los cielos
de los que sentimos,
aguardan otros
que nunca vivimos.

Mirad la rosa,
nube crepuscular:
cuanta promesa
está en su frágil pasar.

Detrás de los cielos,
detrás del corazón:
rosas y sus reflejos:
vida, muerte: un son.

Hinter den Himmeln,
die wir erstrebten,
warten schon andre,
die wir nie lebten.

Sehet die Rose:
Wolke aus Abendschein:
wieviel Versprechen
ihr vergehendes Sein.

Hinter den Himmeln,
hinter dem Herzen schon:
Rosen und deren Widerschein:
Leben und Tod: ein Ton.

1940–1973

BEGEGNUNG

Damals gingst du durch den Schnee,
gingst vorbei und – durch mich hin;
damals war noch alles weh,
doch es war der Anbeginn.

Du gingst langsam: eingehüllt
in den Mantel aus den Mädchenjahren –
doch dann war die Luft erfüllt
mit dem neuen Unnennbaren.

Und dann standst du an der Quelle,
– die vereist war, – und zerbrachst das Eis:
es war deines Herzens Welle,
die dort anhub, leicht und leis;

und die meine wars, die sich dort zeigte,
da ich auf dem Wege wiederkam –
und die aufsah und sich neigte,
da ein Blick uns ineinandernahm.

Der Mohn in deinem Zimmer hat geblüht.
Und Monde sind es, daß er nun verblühte;
doch sorge nicht: wenn er sich mühte,
so nur, weil er jetzt in dir weiterblüht.

Denn all sein Glänzen, all sein Blühen,
das jenes Abendzimmer heller machte,
ging an dich über und erwachte
aus so viel Schlaf zu solchen Frühen,

aus so viel Traum zu einem solchen Morgen,
daß alle Tage dich nun heller streifen;
und still bist du aus Schlaf und Mohn geborgen,
da fruchtschwer sie auf deinem Munde reifen.

Kleiner Wind am Abendhang,
Abendlicht und Schnee.
Silberschnee den Grat entlang
und im Tale Klee.

Klee im Tal voll Abendblühn,
und das Herz geht leis.
Sieh der Erde Abendgrün,
das vom Himmel weiß.

Schnee und Klee und Tal und Wind,
Himmel, Abend, Licht:
wie das alles sanft verrinnt
und ins Herz einbricht.

In dein Herz; in meines auch:
eine ganze Welt.
Wie es nun, nach altem Brauch,
uns zusammenhält.

MÄRZNACHT

Kleiner Wind am Apfelhang.
Schnee, der sich im Mond verliert.
Kalt im Tal des Baches Gang.
Eine Blume, die erfriert.

Wasserklirren von der Tränke,
wo des Abends Tiere stehen.
Vor dem Hause milde Bänke,
Welche schon den Sommer sehen.

Diese Nacht ist so sehr März.
Diese Stunde so sehr Flucht.
In dem überschneiten Herz
sammelt Blüte sich und Frucht.

Ich bin auch nach Santiago gegangen,
jener Stadt am galizischen Meer,
jener granitenen Stadt, jener der schwer,
jener der fast die Himmel gelangen.

Ich habe auch den Tajo gesehen,
der bei Toledo die Wolken trägt,
der sich bei Lissabon träge bewegt,
um mächtig im Meere unterzugehen.

Ich werde bald hell in der Dunkelheit sein:
Hinter dem Meere und fernab der Stadt,
dort wo ein andres Land Wege hat,
dort wo das Herz mehr ist als nur Meer oder Stein.

Laß dem Herzen diesen Streifen Trauer,
diesen Widerschein aus so viel Glück.
Alles wird durch ihn genauer,
auch die Freude, und ein Stück

Dunkelheit wie diese milde
zeichnet reiner die Konturen ein,
die im wandelbaren Bilde
Werden sind und Sein.

Im Herzen noch den bunten Traum der Trauer
aus jenem Leide, das fast übermächtig war,
und das die Überwindung jener Himmelsmauer,
die innen aufgerichtet war, gebar;

die Hände haltend, daß sie Hände würden,
und unverteilt an Nehmen oder Geben –
die alten fallen, es blühn neue Bürden,
die klarer sind; und ihre Frucht ist unser Leben.

Noch an den Traum gelehnt,
– ein Boot auf dem Meer,
das sich zum Strande sehnt –
so leise steht er.

Was wird der Himmel tun,
wenn sich sein Blick erhellt?
Wach wird er an ihm ruhn,
wissend wird er ihm Welt.

Sind wir am wachen Strand,
ruft uns das träumende Meer;
zurück aber ruft uns das Land,
sind wir von Träumen schwer.

Soviel an Atem noch
geht hin an Wachsein und Schlaf:
Bis dann auf einmal doch
der äußerste Himmel uns traf.

Denn was sich sagen will,
weil es das Herz befällt,
das ist erst lange still –
und doch nährt es die Welt.

Denn wohl sind Quellen gut,
und das Vergangne auch –
doch dunkel ist das Blut,
und dunkel alter Brauch.

Laß ihm die Dunkelheit,
denn was sich sagen will,
kommt aus der Helligkeit
und ist aus Zukunft still.

Doch einmal wird es sein,
– kristallen, klar und voll –
dies Wissen um das Sein:
weil es sich sagen soll.

Hörst du nach innen,
so gebiete dem Herzen,
daß es noch stärker sei;
ohne sein Licht
wird alles zerrinnen,
es ertrinkt das Gesicht
in Mythe, Märchen und Mai.

Lange nicht allen
ist es gegeben,
aus blühenden Schmerzen
die Frucht zu gewinnen.
Lasse dich fallen,
dann wirst du schweben
und dich entsinnen:

Nicht nur aus Quellen
nährt sich das Leben
und das erhoffte Lied.
Siehe, im Herzen
und über den Wellen
wird sich dir geben,
was dich vermied.

Laß es nicht untergehn
in den inneren Bildern,
laß auch das Dunkle geschehn,
das Licht wird es mildern:

Alles braucht seine Zeit,
und selbst die Ewigkeit
braucht sie, um sich zu schildern.

Werfe den Stein! Du erspringst ihn nicht,
der flugfähiger ist als du, der zum Flug ihm verhalf;
aber im Nachsprung vielleicht übertriffst du dich selbst,
überspringst dich einmal, näherst näher dich an;
dieses sei menschlichstes Tun; und der Absprung genügt.

Epigramm (2)

Sei still, sei leise,
denn keine Reise
bringt dich als Gleichen zurück.

Wo wohl wohnen wir,
wo ist uns Heimat?
Auch im Drüben; und Hier,
irgend an einer Statt

des Himmels, der Erde:
das ist Vorübergang,
nicht ohne Beschwerde
und voller Abendklang.

Wirkliches Wohnen ist nur
im Herzen derer, die lieben;
dort ist die goldene Spur
heimatlich unvertrieben.

Nichts, das uns betrübt,
nichts, das uns erfreute,
auf dem Teiche, früh geübt,
spiegelt sich das Heute.

Aber was der Blick durchdrang –
wars das Gestern, wars das Morgen –
ist, da sich das Herz bezwang,
ganz im Offenen geborgen.

Währenddessen spiegelt sich
Wechselndes im Teich,
doch in uns entsiegelt sich
das geheime Reich

und wird offenbare Fülle,
und das Herz hält stand,
und das Heute ist nur Hülle
und nur dürftiges Gewand.

All die Fülle des Lebens,
all das mögliche Glück,
wir suchen es lange vergebens,
irgend liegt es zurück,

fern in vergangenen Leben,
doch eine Ahnung blieb:
jenes Nehmen und Geben
im Worte: ich habe dich lieb.

Was wir wissen, ist gering.
Was das Herz weiß, ist sehr viel.
Wenn sich erst ein Herz verfing,
ists des Schicksals ernstes Spiel.

Und dann gibt dem Schicksal Raum,
dessen ruhig, was geschieht:
hör, ein Blatt am Weltenbaum
singt dir still das Liebeslied.

Immer muß man zueinander reifen.
Alle schnellen Dinge sind Verrat.
Nur wer warten kann, wird es begreifen:
nur dem Wartenden erblüht die Saat.

Warten, das ist: Säen und dann Pflegen,
ist gestaltend in den Worten warten,
handelnd still sein und umhegen
erst den Keim und dann den Garten.

Wir kommen nirgends her,
wir gehen nirgends hin;
wir ruhen ungefähr
im fast erfüllten Sinn.

Wir denken dies und das,
doch das ist Teil und Schmerz;
die Welt ist Welt und Glas
und Juli oder März,

ist offen und nicht leer,
ist Ursprung, nicht Beginn;
wir kommen nirgends her,
wir gehen nirgends hin.

Wer nur einmal die griechische Nacht sah
und ihr standhielt,
der erschrickt nicht mehr
ob des eigenen Abgrunds.

TAGEBUCHBLATT

Über Páros geht die Sonne unter
über Pátmos kommt die Nacht herauf.
Jene jedoch,
die jetzt sich verbergen
werden am neuen Morgen
die Leuchtenden sein.

Nähmen wir immer als Hinweis,
was weise
sich so zurechtrückt,
daß unser Blick es gewahre.
Wie vieler Leben
wäre dann ganz –
und nicht Reise.

TAGEBUCHBLATT

Was auch geschah, was auch geschieht,
was immer auch geschehen wird –
was immer kam
und was dich mied,
was kommen,
was dich meiden wird:

nimm auch das Nichtgeschehene
als das Erfüllte an,
denn erst das Ungeschehene
macht das Geschehen dann…

So viele Stunden – ach, kaum ein Tropfen Zeit;
so viele Tage und, ach, kaum ein Regen;
wie viele Flocken Schnee und vorher Herbstlichkeit
führen zum Orte Ewigkeit und seinen Landestegen.

Ja, jener Ort liegt an dem andren Ufer,
dank dessen erst das unsere erwacht;
auch dort sind Lichter sternengleiche Rufer,
am Tage unsichtbar und sichtbar in der Nacht.

Doch alle Tage, Nächte, Ufer, Sterne
sind Abglanz dessen nur, was sie durchscheint
und ungesichtig, weder nah noch ferne
und kaum gewahrt, doch glanzdurchstrahlt uns meint.

Ganz klar und heiter
ist der innere Himmel und
weiter als er, um vieles weiter
der Aufstieg zum Grund.

Ungesäumt freilich
und überaus wissend –

kein Atem verhält sich im Hier...

Das Ariadnegedicht
1945

1

Du, der Inhalt der innigsten Jahre,
enziangeschmückte Ariadne,
endliche Antwort des Lebens
aus des Herzens beharrlich ganzem Bezirk:

Ach, es bedurfte nach der Unzahl an Stunden
kaum einer Viertelsekunde:
der irrliche Wandel im Dunkel
hellte sich auf beim Klange des traumschweren Tanzes
deiner verborgenen Gesten.
In ihnen lag die goldene Spur,   10
die Jahrzehnte hindurch immer gesuchte,
und das Wiedersehen weckte sie wieder
im doppelten Herzschlag,
der auch die früheren Tode enthielt.
Da verwandelten sich die dunkelen Lieder,
und die Schmerzen waren schon überspielt,
und die blauende Nacht ahnte den goldenen Tag.

2

Lauschtest du einst der dunkelstimmigen Lockung des Todes –
wie gut, daß du's tatest;
selbst der erste, der odysseïsche Dulder,   20
wußte vom Tode, daß auch dieser Musik sei:
Betörung zum Untergang
durch den verführenden Sang der Sirenen –
selbst heute noch sind sie die kündende Stimme des Sterbens.

An den Gestaden des Herzens
und an den Ufern der nächtigen Sterne
muß ein Jeglicher einmal verweilen,
daß er das Weinen erlerne,
dieses sprachlose Opfer ans Meer,
auf daß er um das Tödliche wisse.   *30*

Wir töten stündlich,
nur um zu leben –
wer aber tötet uns,
um zu sein –
wenn nicht eben dies Leben?

3

Immer ist es die Meerfahrt,
die Bezwingung der nächtigen mondenen Wasser,
die, im Tod von der Seele erlitten,
im Leben der Einzelne wieder
mit seines Herzens innerster Kraft   *40*
gültiger noch zu bestehn hat
und wissend manchmal besteht.

Es war «ein küneginne
gesezzen über sê»,
die der zu nördliche Held
durch die bestandene Meerfahrt erfuhr.
Und es fand der odysseïsche Dulder
am Strande Nausikaa;
es fand Wäinämöinen, der Finne,
am Rande des Nordmeers Annikki;   *50*

es fanden die griechischen Helden
Helena wieder in Troja,
und Theseus über die myrtische See hin
Ariadne auf Kreta.

Aus dem Dunkel der Zeiten
und dem der eigensten Seele
spricht in nächtigen Bildern
diese Not der Erfahrung,
daß um das Meer der Seele nur weiß,
wer bis in den Tod sie erfuhr.   60

Auch der skythische Weise verriet es:
«Es gibt drei Arten von Menschen:
lebende, tote und solche,
welche die Meere befahren.» –

Schluchzt dir die Not durch die Adern,
halt stand,
erfahre die Nacht und das Meer,
erfahre die Seele,
erfahr' Ariadne,
finde im Leben den Tod,   70
überhöhe sanft und behutsam das doppelte Reich:
eher bist du nicht Mensch.

4

Es ist immer die sanftere Stimme,
immer diese leise Erhöhung der geschehenden Dinge,
die uns gültiger anspricht:

ein bloßes Weinen im Stummsein,
da das noch stummere Salz
sich in die Winkel des Mundes vertut:
seltsam,
aus dem Spiegel der Seele 80
Tropfen des verlorenen Meeres nochmals zu empfangen,
während der Blick sich verschleiert
und monden Erinnern die Adern mühselig durchflutet,
daß selbst das sich seitwärts neigende Haupt
in der unausschluchzbaren Trauer
an die Sichel des Mondes gemahnt.

Aber wie wenig ist dies:

Lastet es selbst,
wie leicht doch ist es,
verglichen mit jener salzigen Flut, 90
aus der sich das kretische Eiland erhob,
wo bei den doppelsichelnen Hörnern des nächtigen Stieres
Mond, Meer und Nacht
die labyrinthische Irrnis erfüllte.
Wäre Ariadne nicht,
keiner entstiege dem Dunkel der Seele.
Verführend führt sie,
und es lichtet sich das Geheime
und führt die Liebenden heim
in das goldene Leben, 100
weil er das Tödliche gänzlich bestand.·

Aber in ihr ward diese Steigerung sichtbar,
in ihr, der Enziangeschmückten,
dank der umfassenden Lauterkeit ihres metallenen Blau:

116

diese Erhöhung,
daß leben lieben
nicht nur bedeute,
wohl aber werde und sei.
Schon in dem Klange des Wortes ist diese sanfte Erhöhung,
und derart auch wölbt nach einer tiefblauen Mitternacht   *110*
über die sternzerpflügte Landschaft des Herzens
sich die dunkele Bläue des Mittags.

5

Aber verfalle nicht dem bildreichen Beispiel;
nimm es beiläufig als Spiel,
nicht weiter als gänzlich verpflichtend
in seiner labyrinthischen Alldeutigkeit.
Entsinne dich stets der tiefen Verwandlung,
und dies so überaus wörtlich,
daß davon den Sinnen nichts mehr verbleibt.

Einstmals war es das weite myrtische Meer –   *120*
heute ist es die Träne.
Einstmals war es der mythischen Fülle dunkle und goldne
    Gestalt –
heute halte dein Herz in die bildlose Liebe.
Einstmals war es ein Tagtraum nächtigen Wunders –
heute sei es dir sanft überhöht ein wacher und ganzer Bezug.
Einstmals entfaltete sich naturhaft das dreifache Bild Ariadnes:
    Mutter, Schwester und schließlich Geliebte –
heute im goldenen Tage zerschmolz das mondene Dreibild in die
    gültige Wirklichkeit Mensch.

Jüngling und Mädchen,
Mann oder Frau
sind immer Getriebene,   *130*
dahin und dorthin,
überschicksalt und unfrei;
erst zum Menschsein erwacht
sind sie befreit,
und der Freieste geht
stets den Weg durch den Freier,
und die Umfreite wandelt sich stets
in die Befreite:

doch habe acht,
der du das zweideutige Nein der Nacht   *140*
schon getilgt,
daß kein Fordern, kein Herrschen mehr sei,
kein Zwang, kein Besitz,
aber das gebende Lassen:
in ihm verblassen
die urgründigen Bilder,
und es ersteht die ganze und heile Gestalt,
die sich dir eint.

Fall' nicht zurück in Bild oder Traum,
denen du schmerzhaft entstiegst,   *150*
und lerne es täglich von neuem:

die, von denen du oder ich sagst,
sie seien die Meinen,
wisse, daß sie nur die Gemeinten
einer innersten Strömung sind,
jene, welche ein lauterer Sinn

unserem Herzen eingab,
daß wir besitzlos sie meinen.

Rühr nicht an sie mit Taten,
gewähre der Hand keine Handlung,   *160*
aber steigere mild das Geschehen –
verwandle das Rot des entwirrenden Fadens
bedächtig und stetig
in das ungreifbare Gold der empfangenen Strömung:
sichtbarer stets durchwirke es Leben und Tod
und binde die einstmalige Rückkehr
sicherer noch in die dauernde Drift dem zugewiesenen Herz.

Darin, daß es geschieht,
und nicht daß einer es tat,
liegt die Entscheidung: *170*
in ihr hebt sich das Geschiedene auf,
und die unfaßbare Strahlung
wirkt den goldenen Faden
wirkender ein in das ganze Gewebe,
das zu bewahren
wir wahrlich nichts sind
als die leidvoll Gemeinten.

6

Dem Jüngling vielleicht noch geziemt es zu glauben,
er entführe die Braut
und führe sie heim.   *180*

Aber es wisse der Mensch,
daß wir stets Schiffbrüchige sind der entferntesten Himmel,
und die noch verborgene Blüte des Menschseins
ist auf Zeiten hinaus
heimatlos hier.

Wer die Heimat verlor,
sie seit langem verlor,
er trauere nicht
und nehm' es zum Gleichnis,
da ihn das Leid des Menschseins   *190*
zum Ausdruck erkor:

Nur Heimatlosigkeit weist
über den Menschen hinaus,
über sein Hier- oder Dortsein,
und es erahnt sich in ihr
die verborgene Blüte:
die gänzliche Liebe.

Diese irgendwie zu enthalten,
sie derart zu halten,
daß sie uns würdig befindet und hält: *200*
das ist's.

So aber,
wenn auch die dem Hiersein fremdeste
Heimat zu haben,
und damit dem Andern Heimat zu geben,
uneigene Heimat:
das ist's.

120

Trete hinaus,
erhebe dein Haupt:
es liegt auf Stirnen und Sternen ein Glänzen   *210*
– nur einen Schein lang in jedem Jahrhundert –,
da bricht eine winzige Spur der Liebe
tiefer ins Menschliche ein.

Sie zu bewahren,
Sie wissend zu hegen,
über Leben und Tod noch hinaus
milde sie im Anderen kennend:
das ist's.

Sie wirke in den geringsten der Gesten,
derweilen Sonne und Mond und Gestirne   *220*
nur blaß sind im Gleichnis zu ihr,
nur blendend und flimmernd,
noch brennender Stein und glühende Luft,
aber ohne die Milde,
die dein innerstes Wissen meint,
tritt Ariadne der Mensch
in dein Leben
und dessen immer gleichzeitigen Tod.

*

Du aber danke wie einst,
und wie in späterer Zeit   *230*
danke auch heute und hier
und zu jeglicher Stunde.

Rühme und preise
niemals und nicht;

sei leise;
sei weder dunkel noch licht;
nimm in des Herzens innigste Neige
die ergoldende Spur,
daß sie sich darin wirkender zeige
als die Seele in der Natur.   *240*

Heilige nichts, aber dienender gib
ihr die umfassende Richtung im ganzen Gewebe:
sie, die auch dich in ihr Blühen trieb,
bewahrheite sie, auf daß sie Leben und Tod überlebe.

Einst vergeht alles, bis nichts mehr blieb;
alles vergeht; alles; außer der Liebe.

ANMERKUNGEN

Zu Zeile 43 bis 46 siehe: «Das Nibelungenlied», Sechstes Abenteuer: «Wie
    Gunther um Brunhild gen Isenland fuhr».

Zu Zeile 47 und 48 siehe: «Odyssee», Sechster Gesang.

Zu Zeile 49 und 50 siehe: «Kalewala», die 18. Rune. (Sie beschreibt die Meerfahrt,
    die der finnische Held Wäinämöinen unternimmt, um die Tochter des
    Nordlandes, Annikki, zu freien; er findet sie an einem Morgen, Wäsche
    waschend, am Ufer: eine Situation, die in ihrer Urtümlichkeit über-
    raschend mit der Odysseus-Nausikaa-Begegnung übereinstimmt.)

Zu Zeile 53 und 54 siehe die erste von Plutarchs «Vergleichenden Lebensbeschrei-
    bungen»: «Theseus».

Zu Zeile 61 bis 64: Das Zitat stammt von Anacharsis, einem der sieben grie-
    chischen Weisen der Frühzeit.

Zu Zeile 126: Der für den Mann meist dreifache Aspekt des Weiblichen stellt sich
    oft auch in der Brechung: Mutter, Gattin, Tochter dar, die noch in
    später Zeit, in den Anna-Selbdritt-Gemälden, zum Ausdruck gebracht
    wurde.

DAS WINTERGEDICHT
1944

I

Nun endlich fällt der erste Schnee
und deckt die dunklen Kräfte zu.
Hüte das Feuer jetzt
und störe nicht den Schlaf
der Wurzeln und der Keime.
Laß die Natur, die sich verhüllt,
laß sie, die von Dir ging,
und gehe Du noch weiter von ihr fort:
über die Klarheiten,
über die durchsichtige reine Luft hinaus:
Was Wasser war, abgründig Wohnort
aller dunklen Stimmen,
gefror
und gibt sich selber Frieden:
Doppelter Schlaf liegt nun in allem,
wo sonst nur Schlaftraum war,
und blasse Monde finden auf den Teichen,
bevor es frühjahrt, keine Antwort mehr. –

Die weißen Winde und die weißen Wälder,
der weiße Himmel und der weiße Berg,
auch weiße Häuser, die vor soviel Weißem
fast grau erscheinen unterm weißen Dach.
Und dann die Sonne.
Eine weiße Sonne.

Und milde Schatten,
klargezeichnet die Konturen
von Zweig und Ast und Grat:

Nichts mehr an Überfluß,
doch Jegliches eindeutig
Dies und Dies und Das;
genauer Umriß und genaue Zeichnung
auf einem Hintergrund von Himmel und von Schnee:
sehr dünne Sprünge durch ein altes Glas.

Die Straßen Bänder der Vergänglichkeit
mit einem Rest an Mühsal in den Schleifen.
Und kühl die Mahnung an verborgnes Leben
in sanften Spuren,
die sich aus erster Überdeutlichkeit
mit einem stummen Schrei
weglos in blinde Ausweglosigkeit verlieren.

Dies also ist der Winter:
Dem Sichtbaren schon nicht mehr zugewandt,
das Unsichtbare zeigend.

Nun steht er reif und still
sich über das verschneite,
sich über morgenhaft und abendliches Land
in seiner reichen Armut neigend.

2

Wer spricht von Zukunft?
Wer mißt sich an
zu sagen:
«Es wird sein»?
Siehe hinaus

und sieh in dich hinein:
Es ist.
Das Mondene gewann
im Irdischen die Stimme,
und jeder wirklich wache Tag
brach aus dem dunklen Schicksal,
brach aus dem schweren Erbe
ein Stück der Qual
und eine und die andre blinde Scherbe
heraus und wurde Wissen.
Gewußtes ist kein Schicksal mehr.

Wir waren hier:
Wie schmerzhaft schön war jedes neue Frühjahr,
wie überschwenglich voll war jeder Sommer,
wie ohne Widerspruch ein jeder Herbst.
Was war, das ist;
und gänzlich ist es nur in dir,
solang du weißt, was einst gewesen ist.

Wer aber spricht von dem Vergangenen?
Nur Schatten sind vergänglich;
das andre bleibt.

So lasse denn vom Spiegel der Vergangenheit,
laß von der Zukunft ab:
die Sichtbarkeiten sind nicht wesentlich.
Der Winter mahnt,
Der Winter weiß.
Wissen ist machtlos,
aber unangreifbar.
Macht und Gewalt jedoch sind immer ohne Zukunft,

blind eine Dauer finstren Angriffs,
der höchstens töten kann.
Dem Winter aber ist die helle,
die weiße Dunkelheit.
Sei du, trotz allem Dunklen wach.
Wann, wenn nicht winters,
daß es dir gelänge?
Der Berge weiße Hänge
bergen den Widerschein
von einem unsichtbaren Glanze dessen,
von dem sie sagen:
«Seht, es wird sein!»
Der Winter aber sagt dir,
daß es ist.

3

Was ist?
Der Winter nur?
Sein Weiß?
Vielleicht ein weißes Wissen?

Wie schmerzt im winterlichen Tage
dies bloße Wort:
der Abend.
Und jenes andre auch:
das Land.
Ist denn ein Rest von Farbe in der Dämmerung?
Ist denn ein Rest ländlicher Sichtbarkeit
im Schneegefilde eines Abendhimmels?
Im Schneegefilde einer Abenderde?

Was stockt dein Herz
und wünschte Abendland zu sagen?
Siehe die vielen Fragen.
Und doch:
Mit jeder Frage fragen wir
nur nach uns selbst.

4

Antwort ist auch der Winter.
(Und jede Antwort
ist Tilgung des vorangegangenen Wortes.) –
Nimm es zum Gleichnis,
jenes letzte Licht, das gestern nacht
am hohen Berghang schien:
wer wollte unterscheiden:
war es das letzte Hüttenlicht der Erde?
War es der erste Stern?
Der helle Winterhimmel
ist greifbar nah;
und du bist dieser Himmel auch.
Kein Grund, zu unterscheiden.
Es fließen alle Sterne auch durch deine Adern.
Kein Grund, dem Nachklang alter Mythen
nachzulauschen,
da Engel sich auf ihre Art
einstmals ins Herz einnisteten,
bis daß sie später dann
das Haar dem Menschen aus der Stirne strichen:
da zerrann der Traum von Mond und Erde ihm,
da wußte er den Himmel;
und wußte ihn für ein und alle Male.

5

Was dir der Winter zeigt,
ist die Versöhnung
von Himmel und von Erde;
damit zugleich Verlust des Söhnlichen,
des grade erst Gewonnenen:
der Überzahl, des Dritten.

Doch höre auch,
und höre dies vor allem,
durch eine reine, klare Luft,
die allem Unsichtbaren,
die allem Unsagbaren
Träger ist
wie keine –
höre den Anruf, der
vom Außer-Himmlischen,
jetzt, da der Winter sorgsam dir
das Mondene,
das Erdene
und selbst das Überstirnte
zur Ruhe brachte –
höre den Anruf, der
vom Außer-Sternenhaften
sich weiß und wissend an dich wendet:

Es ist des Abendlandes
weiße Stunde:
es ist sein letztes Wissen.
Der Erde aber
und der Menschheit

ist es ein erstes neues Ahnen.
Sie wird es einst
in neuen Fahnen
hissen.

6

Dies ist kein Wunder.
Wunder sind für Blinde.
So nüchtern war noch nichts,
so aller Wunder bar:
wie liegt doch in den übernahen Fernen,
wie liegt doch in des Winters weißen Weiten
kristallen überreift,
was reifer ist als jede Frucht
und nicht zu blühen brauchte,
was unverderblich sich
anschickt,
auf daß es da und dort,
untrüglich, unvermessen,
nicht Wunde und nicht Wunder,
sich einsame:
Erstaunnis streuend,
ein Same ohne Grund
und ohne Frucht
und ohne Furcht,
einsam,
kristallner Klang,
durchsichtige Verschwingung,
das Reich der Engel überflügelnd
voll Unbeteiligung

noch über die Gleichgültigkeit hinaus,
aus der heraus den Engeln schon,
alles, was hier geschieht,
so sehr von gleicher Gültigkeit erscheint:
nichts Folge eines anderen,
ein Jedes: Sorge, Weinen, Lachen,
ein einzeln Gültiges
von kurzer Dauer,
und dessen stille Häufung
die Waage langsam aus dem Reich der Sterne
hinübersenkt
in außer-sternenhafte Ausgewogenheit.

Und alles dies:
mondener Tod
und erdenhaftes Leben,
die brachen und zerbrechlichen Begriffe selbst
von Schein und Sein,
von Werden und Vergehn
(da doch die Sterne selbst verfallen):

Siehe, mit einem Male stehn
die Dinge und Erscheinungen
im Rechten und im Richtigen –

Dies alles wäre Täuschung?
In jedem Falle sei es Tausch
wie alles.

Was Träne war,
vollzog die Wandlung zum Kristall,
was Lachen war,

warf sich noch hinter alle Himmel:
was Wunder,
daß dem geeinigten Bereich
von Leben und von Tod,
der im Erkennen wirklichte,
sich
– ach, welch ein ungeteilter Duft,
welch eine strenge Zärtlichkeit –
das wohlgewogne Maß der Güte,
die Innigkeit der Liebe
zuerteilten:
stimmlos die Stimme
aus dem Unsichtbaren überragend,
ein Unsichtbares,
das der weiße Winter
noch über alle Sichtbarkeit hinaus,
noch über weißen Tag und weiße Nacht,
über gewußten Raum,
über gewußte Zeit hinaus
wahrnehmbar macht.

7

Alles ist unterschiedlich wahr.
Und doch gibt es das Wahre,
das manchmal nehmbar ist,
wenn es sich gibt.

Wie klingt ein Kinderwort mir nach,
das mir der Wind herübertrug,
vorhin;

ich nahm es auf,
und jetzt erst spricht's mich an:

«Ich gehe jetzt nach Haus.»

Dem Kinde heißt das Mutter, Friede
oder Angst und Brot:
ein stilles ungewußtes Hiersein,
und unbedacht der Erde zugetan.

Doch jenem Manne dort,
der sorgsam an dem Rand der Straße steht,
wo zages Schmelzen sich im Rinnstein müht,
dem heißt es heute abend,
vielleicht erst morgen früh:
nie wieder aufzutauchen aus dem nachtverhängten
Brunnen seines Herzens:
wirbelnd ein Absturz
durch des Hirnes Labyrinth
in einen eignen, namenlosen Abgrund.

Und jener alten Frau,
die zaghaft aus der Armut ihrer Jahre
den ganzen Reichtum ihres Herzens
in abgemühten Händen hält,
die eben noch gebetet haben –
ihr heißt das Himmel,
ach, und endliche Erlösung.
Heimkehr und Hoffnung,
trauernd ein freudig mißverstandnes Glück.

So gehen alle sie nach Haus:

Besitzende, Besessene und jene,
die auch besitzen wollen:
gebunden alle,
keiner frei,
und alle
auf diese oder jene Art verloren
an Leben oder Tod.

Gehn durch den Winter
und vergessen
das Mögliche:
vergessen
der Winterklarheit ihrer eignen Herzen:
Sind ausgeteilt an Ahnen,
die vergingen,
und ist es viel,
so bringt die harsche klare Luft
ihnen den Glanz von einem Ahnen
möglicher Freiheit,
an der unwissend sie vorübergehn.

Wie nah an jedem Fuß
und jeder Hand,
wie nah an jedem Herzen
läuft diese Grenze hin,
die alles Diesseits
und die alles Jenseits
löscht:
da sich den überwachen hellen Sinnen
das außer-himmlische Bezogensein
auftut.

Im Reiche jenes Kindes,
jenes Mannes,
im Reiche jener alten Frau
braucht es den Mut,
und sei es selbst ein Mut zum Nein.
(Sie holen ihn, den andren, später,
vielleicht nach tausend Jahren ein.)

Im gänzlichen Bezogensein
(wenn überhaupt in einem In)
bleibt bloß das Opfer dieses Doppelmutes:
die strenge Demut,
die standhält,
wo nichts mehr aufgehoben ist,
da alles sich und jedes in der Waage
aufgehoben hat:

Lust und Verlust
ungegenwärtige,
doch stete Gegenwart:

das dunkle Reich des Todes und der Seele;
das wache Reich des Lebens und der Köstlichkeit,
die alles kostet,
und der alles kostet,
so und so;
das helle Reich des Himmels und der Läuterung,
notwendige Eroberung,
Arbeit am Oberen,
Entsprechung und Ergänzung,
wo nichts mehr spricht
vor dem Erkennen.

Frühjahr und Sommer und auch Herbst;
Empfundenes, Getanes und Erkanntes;
Bild, Blume und Gestirn;
ein Innen und ein Außen, ein Zusammen;
Ruhe, Bewegtes und Verwirklichung;
Schlaf, Traum und Wachsein:

All dies durchaus vorhanden
und stets,
trotz des Verflochtenseins,
mit jedem Atemzuge völlig unterschieden:

Aber darüber,
aber außerdem,
(du kannst,
es kommt nicht darauf an,
auch sagen: innerdem):
das Nicht-mehr-Reich:
das überwache Wissen.

8

Doch sieh des Wissens Armut auch:
Um etwas Unsagbares auszusagen,
nehmen wir doch das Gleichnis aus den Reichen,
die eben dieses Unsagbare kaum enthalten:

Die Sprache nähert höchstens an,
vielschichtig, doppeldeutig ist das Wort:

Im Laut Gefühl,
im Namen Bild,

im Tische Ding
und im Begriffe endlicher Verstand.

Was aber ruht dahinter?

Vergiß die zauberhafte Schmiegsamkeit,
all dieses Blühen, das in
Rose,
Amsel,
Abend
ist.

Wirf keinem deiner Wörter
Erinnerungen zu, die es verfärben.
Mit jedem Namen schon,
den wir den Dingen geben,
nehmen wir ihnen einen Teil der Wirklichkeit.
Und jeder Name, jedes Wort
ist unauslotbar.

Aber zur guten Stunde
wird in der Sprache es Entsprechung
des Gemeinten,
das sich aussagt:

nicht in des Wortes dunkler Herkunft
hellt sich das Wissen auf,
aber in seinem Umkreis:
im Flirren,
das noch ob jeden Wortes Umschein schwingt,
wird wahrnehmbar,
was dieses überwache Wissen weiß.

In ihm
steht über Brunnen, Flüssen und Gestirnen
dem Dichter der Versuch
des ganzen Inhalts angesichtig an
und ist
entsprechend
ein redliches lautloses Nicht-mehr-Sprechen.

So lautlos ist der Winter,
die weiße Zeit.
Behutsam
sei dir das Gleichnis milde,
das aus dem unsichtbaren Bilde
doch Zuflucht zu dir nahm.
Und birg das Angesicht.
Verschweige das Gedicht.
Der Engel kam.
Und auch das fernere Gefilde.

(Geschrieben am Nachmittag des 14. November 1944)

Das Totengedicht
1945

I

So, siehe her:
ein Zimmer, ein Fenster,
die Tür:
Wände und Ausblick,
und dann auch schmale Geräte:
Tisch, Stuhl
und ein Bett und ein Krug:
Dinge des Lebens,
und schon Dinge des Todes.

Darin richte dich ein;
richte dich ganz hinein in die doppelte Strömung
    des größeren Atems:
Tod und Geburt,
Stille und Lautsein.
Und vergiß nicht
diese, der Wände, noch andere Seite:
selbst sie, die unverrückbar dir schienen,
sind voller Wandlung:

ob Drinnen, ob Draußen –
alles ist beides,
– aber hüte, so denkend, dein Herz,
daß es dies nicht nur erfühle,
sondern klar darum wisse –
und die zerrinnende Zeit,
und der sich lösende Raum
ängste dich nicht:
aber sei doppelt wach,

denn die Toten,
die Toten
nehmen noch, eh' vor dem Monde,
teil an deinem eigenen Totsein
und ziehn dich hinüber:
ihr Ängsten ist groß;

du aber darfst sie nicht halten,
und es genüge ihnen und dir,
daß du auf ruhende Art um sie weißt:
diese Duldung ist Hilfe und Zuspruch:
und das dem Hiersein gemessene Maß
erträgt die zu frühe Entfremdung der Erde nicht anders
als in dem manchmaligen Zittern der Schläfen,
daß es sich bald ins Ruhige stimme
und nicht sich entleere
in den matteren Puls.
So aber wisse am Mittage schon
um den sanfteren Atem der Abendjahre
und gedenke der vielleicht noch schmerzenden Kindheit,
der so vieles wie wehrlos geschah,
das du jetzt nachholend entschmerzst.

2

Verweil noch bei den vergangen sichtbaren Jahren
und gedenke der Vielfalt all des Erfahrenen;
laß' es nicht bleiern werden
und übergib es niemals denen, die gingen:
sie könnten's nicht halten,
und Frevel ist es, ihnen zu übertragen,
was einzig dir zu enttragen geziemt:

Gedenk' auch der Treppen
und der Terrassen
südlicher Gärten,
wo die innere Ordnung des Herzens
sichtbarer wird und die natürliche wandelt.

Denn es ordnet sich alles
und klärt sich
wenn wir das Mittelnde fanden:
jenes, wo Leben und Tod sich verschmelzen,
so daß das Stumme zur Stimme wird
und die Stimme zu Stummem.

Sieh' derart ein im Stummsein sich schmerzendes Bild,
das Jahrzehnte hindurch unser Erinnern bewahrte,
damit es einst ins Gesagtsein träte
und aus trächtigem Dunkel
klar zur Stimme erwache
und sich lösend erlöse:

Siehe im schweigenden Garten am See,
im frühen Nachmittag und auf grünendem Grunde,
gelehnt an den fruchttragenden Baum,
die wie vergessene Leiter:
das erschütternde Bild verlorenen Tuns:
Leiter des Himmels und Baum auch des Lebens –
ach, und die heimgeholten Äpfel der Kindheit,
derer zu denken das Blut ins Mildere stimmt.

3

Jene aber,
die, wie man so sagt, dich verließen:
seien es Freunde, Eltern oder Geschwister –
also jene, die gingen:
was sie zu leisten versäumten
(vielleicht weil es ihr damaliges Maß übertraf),
laß' es nicht eingehen in dieses dein Blut,
nur weil es einst auch Teil des ihrigen war –
unbillig ist's von den Toten, die eigene Leistung
den Lebenden zu überbürden:
nimm sie nicht an,
aber hilf ihnen dadurch, daß du verneinst:
sie sollen es leisten:
Keinem bleibt das Seine erspart,
und das Schwerere ist's,
nachzuholen,
was allzutief in den eigenen Abgrund entsank.
Aber lausche ihrem manchmal warnenden Wissen,
wenn sie entmondet, entsonnt aus des unsichtbareren
     Lichtes größerer Fülle
sich einsichtig und schützend deiner entsinnen.

Niemals jedoch darfst *du* sie besitzen,
niemals sie dich;
gelassen,
ach, noch gelassener,
geh' deinen Weg,
neben dem ihren,
jetzt, hier und dort:
überall.

Lasse den Schrei und die Klage;
erschütternd noch gellt
Hiobs Weh durch die Welt,
diese Schmerzgeburt einer eigensten Stimme.

Lasse Lobpreis und Hymne;
Salomon sang
gültiger als jemals ein Späterer es noch vermöchte.

Lasse das Benedeien;
der himmlische Sternenmantel Marias
segnete mehr als jedweder Gesang.

Aber vergiß nie diese drei hohen Leistungen
dieser, der menschlichen Seele;
erinnere sie:
nimm sie nach innen ins Herz,
und danke, daß sie es taten,
gültig auch noch für dich.

Was aber die dir Verstorbnen auch fehlten,
so daß du an ihnen littest:
du richte nicht;
aber richt' dich hinein in die gänzliche Strömung:

Siehe, so wird dir jede Wand Wandlung
und das innere Fenster
öffnet sich hinter der Seele;
ob Bett oder Grab,
ob Krug der Tränen,
ob Krug nur der Brunnen,
es gilt dir ein Gleiches:

der tiefere Schlaf ist möglicherweise das höhere Wachsein,
jenes, welches so zehrt,
wenn es am hellen Tag dich befällt,
jenes, welches so nährt,
wenn es dich nächtens umhält.

*

Du sei mild mit den Toten:
mild sei dein Mitleid,
mild deine Trauer;
jetzt ißt du noch von den goldenen Broten;
mische in sie keinen Streit,
erricht' nicht von neuem die Mauer,
da du Leben und Tod überstarbst.

Mit den Armen oder den Reichen,
mit den Blühenden oder den Bleichen,
mit wem? – ach mit keinem allein sollst du dich
        vergleichen,
der du aus Ganzsein an Einzelnem darbst.

DAS ROSENGEDICHT
1946

I

Löse, löse,
entfalle dem irdisch-himmlischen Bande:
aus persischem Erbe
wächst sie dir zu
und überblühte das Kreuz:
sie, voller Durchschein:
die außer-himmlische Rose.

Damit du es ganz ermessest,
denk an des Flieders herzförmige Blätter,
diesen frühen Versuch der Natur
die Form der innersten menschlichen Stimme zu wagen;

und danke diesem, dem deinen
in Kälte und Glut der Tränenflüsse umgeschmolzenen Herzen,
daß es den wie betäubenden Duft der Syringe verlor
und sich in die milde Durchscheinung der Dinge entwuchs;

sieh' auch den sanftfarbenen Lotos,
dieses Erblühen des Wassers,
diese zarte Blüte des Schlafs und des Todes,
Abglanz des innen vorgeformteren Bildes,
das aus Geträumtsein zur Blume erwuchs,
Blume, die nächtens sich öffnet
und sich im mondenen Lächeln des Erhabenen spiegelt.

Aber die rankende Rose
ist die erwachtere Form,
schon über das Schauen hinaus,

lichtestes Licht alles Blühens,
durchsichtige Helle,
die sich dem Wind anvertraut
als die gelöstere Form.

Und manchmaliges Mal,
wenn der besänftigte Wind
sein erhellendes Ebenmaß und sein gleiches Gewicht
an Himmel und Erde verteilt,
stehet in seinem irdisch-himmlischen Flusse
und wissend um die durchsichtige Stunde
die Rose;
das Auge aber hebt sie hinüber,
über Blüte und Frucht,
und so entwächst sie dem Zwischenreich
sanft auch enthebend das Herz
in die Fernen, welche das Auge nie schaut.

Durchsichtig aber werden sie und die Welt,
wenn wir uns selber durchsichtig wurden,
von jener rosenblatthaften Durchsichtigkeit,
die ihrem eigenen Widerschein schon voraus ist;
so auch ist unser innerstes Wissen
uns immer selber voraus:
dies aber ruht uns gottheitlich an,
und es löst sich vielleicht,
sehr ob dem Haupte,
ein Immerblühendes
und kehrt uns zurück
in dunkelnder Stunde:

Was wir auch dachten und taten,

es kommt alles zurück,
stärkt oder schwächt uns;
doch es sinne ein Jeder
auch den kleinsten Gesten nach,
die von ihm fort
der Welt ein Mehr oder Weniger
gaben und nahmen;
vielleicht daß er die eine oder die andre noch zeitig genug erreicht,
um sie zu ändern und sich.

Denn auch im redlichsten Tun,
ach, auch hier noch, im gedrängteren Wort,
fälschen wir noch:
das reinere Sein aller Rosen
dient uns als Vorwand und Gleichnis;
sie aber leiden
diese Häufung an Inhalt,
und uns bleibt einzig zu hoffen,
daß in dem leichten gelösteren Schein,
der schon hinüberweht,
all diese menschliche Drangsal
durchsichtiger werde
und sich verkläre.

2

Manchmal aber –
und wisse dies gut
und halte es fest im innersten Herzreich: –
manchmal rührt eine totlebendige, eine wie fernere Stimme
    dich an,

ein herüberblühender Anruf dem innersten Ohre,
ach, ein Hauch, ach, eine wie kaum gesagte Weisung und Bot-
    schaft,
ein Zeichen deiner teilnehmenden Art am gänzlichen Wesen:
eine sanftmütige Güte der strengeren Milde,
die das im bloßen Hiersein heimisch Gewohnte
noch kaum zu erfassen vermag:
ungefragt eine Antwort
und fraglos geltend,
aus keinem Hier oder Drüber entstammend,
aber einstehend dafür,
daß sich das Ungeteilte,
über den Namen hinaus
selbst an uns Ausgeteilte
verschwendet;
ein ferner Duft,
gleichsam von Rosen,
welche kein Sommer beendet.

3

Gut ist's
die Dinge zu nennen
mit einfach-gerechten Namen:
dann ist das Wohnen gebürgt,
und klar der Schlaf überm Abgrund.

Gut auch ist es zu wissen,
daß unten
Schatten sind:
Schatten von Namen, Dingen und Taten;

die aber soll des Wortes wirkende Kraft
nicht benennen:
reuig-neidische Reste von einst,
abgestorbene Schemen;
und keiner warnt mehr vor ihnen,
aber mit jeglichem Jahr
sind es an Tausenden mehr,
die ohne Wiederkehr
ihnen verfallen.

Doch es geschieht ja
Jedem das ihm Gemäße,
und alles ist unerbittlich,
unerbittlicher noch
als wir es im Täglichen je wagen zu denken.

Soviel haltloser Absturz jedoch,
und Sturz auch der Zeit,
Absturz der Zeit,
überstürzende
Gram, Irrnis, Sorge, Jammer, Verzweiflung:
blindes, verschattetes Nichtsein –
aufscheinend schon im persephonëischen Rätsel
und dahinter, darunter, darüber,
wo, wie und wann auch,
so immer nur ortlos:
der goldenen Äpfel Lockung,
der lang schon verscherzten,
verlornen –
so viel haltloser Absturz dorthin,
rückwärts,
zu entstürzten Schemen und brachigen Schatten:

Ach, der Erde Zukunft ist Weinen,
und kurze Zukunft dazu,
nur ein kurzes Geschluchz,
und dann aus versiegten Tränenstürzen
der dörrende Brand
in leergeweinten Augen und Höhlen,
schmerzendes Salz den Wangen,
ausglühendes Zehren dem entworteten Mund:

Aber keiner wagt mehr zu warnen.
Windrose und Kreuz sind verwirrt.
Und warnte selbst einer,
sie töteten ihn.

Was tut's?

4

Wer steht noch ein?
Wer noch bewahrt?
Das Leid der Erde ist Lächeln
jenem
der um das Urleid,
der um das Ursprüngliche ahnt.
Dies aber trägt der Mensch,
ihm ist gegeben
zu tragen,
was Sterne nicht trugen
noch Engel.
Aber mancher versagt.
Viele.

Und doch gilt es einzustehen,
und des Vergangenen nicht zu vergessen;
es gilt um das Nachher wissend
dies zu bewahren,
und dies
ohne zu fragen
über die Zeiten hinaus
hinüberzutragen:

des Rosenblattes Durchsichtigkeit
und seinen unfaßlichen Widerschein,
an den sich kein Schatten zu hängen vermag,
der aus der Jubelheit,
weder bei Nacht noch am Tag
dem Dunkel oder dem Lichte verfällt.

Er steht über den Welten
und überblüht,
milde durchblühend das schmerzende Herz,
auch die unsere ganz.

Er wird noch gelten,
wenn aus der Untat der aufgerissenen Tiefen
der sonnengeraubten,
der goldenen Äpfel Brand
in der Rückkehr die Sonne und die Gestirne entsetzt:

es sitzt dann
noch steht
nichts mehr an gegebenem Orte,
wenn das Ortlose aufbricht;
und gewißlich:

keiner derer entgeht ihm,
die es beschworen,
da sie die Tiefen nicht gänzlich durchdrangen;
Keiner derer, die unzeitig die Schatten zweideutig benannten,
da sie das abgestorben Versunkne durch den Atem der nennen-
den Worte von neuem belebten;
dann ist es zu spät
das Gesagte zu wägen;
ihnen entführt es der Wind;
aber er bringt es zurück,
anfachend die entfesselten Brände: ·

dann ist hilflos dunkeles Schluchzen,
und kein mondenes Weinen errettet diese
sich in Kälte und Glut der Feuerflüsse umschmelzende Erde.

Und auch die Rose verbrennt.
Aber ihr Widerschein;
aber die Durchsichtigkeit,
der kristallene Durchschein:
dieser steht ein für das Herz,
dieser bewahrt.

DAS INSELGEDICHT
1947

I

Es soll noch gesagt sein,
was zu sagen selten gewährt wird;
der dunkele Mantel über den untergehenden Ländern
ist jährlich aus härterem Stoff
und keine Klage durchdringt ihn,
aber sie fällt ohnmächtig zurück und doppelt zerreißend
ins schon aufgeschrecktere,
ins immer entferntere Herz.

Nur noch Insel und Berg
versuchen abendlich ein Entferntsein,
schmalplätzige Orte über zweideutigem Wasser
und über der blind verwirrenden Fülle der Täler,
mit großen Strömen und trennenden Ufern,
die alles in die Bitterkeit schwemmen.

So also ist Ruch und Rauch;
klar aber die Sonne;
Meilen der Freude bleiben also verborgen,
und nur der klingende Raum,
der durchtönte,
überdauert die sterbende Zeit
und die Fragwürdigkeit alles Gebauten.
Doch wirf dein Herz nicht hinaus in den Weltraum,
nur weil der Weltraum dein Herz gebar,
denn im Wurfe würde es zu bröckelnder Zeit
und aus den Spannungsfeldern der Leere
würde es widerhallen, verwirrend;
aber ansichtig ihrer mindere stetig die Fülle der Bilder,

denn es ist nicht mehr die Stunde wohltönenden Singsangs,
wohl aber die der einsamen Kraft
meerentrungenen Eilands
und des dem Dunkeltale entstiegenen Berges.

2

Einstmals freilich und früher –
in der rückwärtsgewandten Blendung der Zeit –
wie war's doch?
Ward etwa nicht Apollo
auf der grablosen Insel
von der nördlichen, wölfisch-nächtigen Letho geboren,
auf Delos,
der Insel der Klarheit?
Jede Insel ist klar,
ein Stück Licht über dem Abgrund der Meere,
ein heller Gedanke über den wirren Bildern der Seele,
eine rettende Gegenwart,
wohlgesonnen
und immer diesem delischen Eilande gleich,
welchem die bittere Flut
nach der rasenden Tat der Erinnyen
Haupt und Leier des Orpheus vertraute,
da das Abgründige nicht die klare Stimme erträgt,
aber sie ausstößt,
wie die Meere die Inseln ausstoßen
und die Täler die Berge.

3

Doch wie ist's heute?
So viele Einzelne,
so viele Inseln
oder aber das Schwemmland der Massen.
Siehe wo einer hinüberreicht
zu jener einen,
wo bräutlich das Herz schlägt dem anderen Herz,
diese Insel der Adern,
wo Adern, Poren und Herzschlag verschmelzen,
da tritt noch einmal der große Blütengedanke
in das Wirkende ein,
dort erfüllt sich von neuem Uraltes:
daß, wer sich preisgibt,
gestärkt wird,
daß, wer sich verliert,
sich doppelt findet im geliebteren Herz.

Denn immer sind wir
voller Wandlung
zu dem unterwegs,
was uns übersteigt:
so wie die Inseln das Meer,
die Berge die Täler,
die Liebe die Herzen
sattsam und hell übersteigen.

GEDICHTFRAGMENTE

Vereinsamt und wie fortverloren . . .

Es gibt Tage, die uns tragen
wenn silbern sich der Herbst erhebt . . .

. . . uralte Blumen, neue Worte
die ihres Sommers warten . . .

Gleichgültig ist die Luft, die Wand . . .

Vielleicht, daß dieses uns niemals gelingt:
sicher zu wissen, wann in uns selber die Rose beginnt,
die Wolke, der Stein---- das Meer . . .

Der Abglanz schlafender Gedanken
auf einem Antlitz welches nichts mehr von sich weiß, . . .

Das Spiel der Tropfen in den brachen Lachen . . .
die Wolken zeigen---

Ach, dem Innern des Herzens entrinnt
auch nicht eine demütige Stunde---

Abschied
Die Stunde, welche auseinanderstirbt.
Der Schlag des Herzens der sich übertönt.
Ein Zittern in den Schläfen, das vergeblich wirbt,
und das sich schon ins Fernste eingewöhnt

Lebendiges Wasser---

Und die nicht wissen, daß sie gewinnen,
wenn sie verlieren

Wieviel taut unter den Händen uns hin
noch ehe es anfing uns zu vertrauen

Denn es weiß unser Körper mehr von den
    Sternen als unsre Gedanken

Die niemals abbrechende Ankunft
welche auch immer schon Abschied enthält

Jenseits der erfühlten Himmel
bleibt uns noch alles zu tun

Und wir gehen aus dem Schmalen ins Schmalste:
Wer aber ruft uns zurück in die Wiesen
da das Land wie verbrannt ist . . .

Im Hause drinnen, wo mit stummen Putten
sich leicht und hell die Treppe aufwärtshebt
wo längst verklungene Musik noch weiterlebt---

und der stillere Ruf der Dinge

Selbstgespräch
Wir wollen still uns zueinander setzen:
das Meer kommt fast bis hier zu uns herauf

Die Stille wird sich wandeln und das Meer . . .
    ach, daß sie leise sprächen und nicht übertrieben . . .

Aber die Helle des Herzens

Die Tage, die sich sommerhin entscheiden,
zu goldner Sonne und zu goldnem Feld---

Durchsichtig wird die rote Vogelbeere
das Leichteste verliert den Rest an Schwere,
Der Himmel in uns weitet seine Engen und tausendfältig
blüht im Herzen nun das Meer . . .

Wer aber spricht von all den dort verlöschten Jahren---

Neue spanische Dichtung
Übersetzungen (Madrid 1936)

DIE BAUERN

Man sieht sie marschieren, hart und rindenfarben,
Rinde, die unverändert den Axtschlag zurückstößt.
Wie Feuersteine, dunkelen Hauptes,
doch sprühende Glut in ihrem fruchtschaligen Traum.

Die Überwürfe riechen nach nassen Schafen,
es kleidet sie ein schlechter Dunst von Kartoffelsäcken,
eingespannt in Dung und Lehm, wie verwachsen
in ihre vertragenen, harten, klobigen Stiefel.

Mit dem Lärm einer dunkelen Schar beharrlicher Maultiere,
welche die Straßen und Steige überschreiten und ungehbar
    machen,
säen die Bauern sich wie riesiges Saatgut
in die tiefen Furchen der Schützengräben.

Viele wissen nichts. Doch mit der Gewißheit
dessen, der einen Stern stürmt, den man ihm darhält,
arbeiten sie von Sonnenauf- bis -untergang in der neuen
    Gewohnheit
den Tod zu töten, um das Leben zu gewinnen.

LIED DES GLÜCKLOSEN ENGELS

Du bist alles, das vergeht:
Wasser, das mich trägt,
das mich lassen wird.

Such' mich in den Wellen.

Das was geht und niemals kehrt:
Wind, der sich im Schatten löscht
und sich wieder regt.

Suche mich im Schnee.

Das, was niemand weiß:
Triebsand,
der mit keinem spricht.

Such' mich in den Lüften.

LIED DES MATROSEN

Stürbe meine Stimme fern dem Meere,
so trage sie dahin
und lasse sie am Ufer.

Trage sie zum Meere hin
und gib ihr ein weißes Schiff
zum Kampfe.

Ach, meine Stimme
vom Meere geprägt:
über dem Herzen ein Anker,
und über dem Anker ein Stern,
und über dem Stern der Wind,
und über dem Winde das Segel.

Penaranda de Duero

Fuhrmann,
warum siehst du mich so ernsthaft an?

Du hast vier apfelgraue Maultiere
und als Vorspann ein Pferd,
einen Karren mit grünen Rädern
und die ganze liebe Landstraße
für dich,
Fuhrmann.

Was willst du mehr?

Lerma

Oben, der Balkon der Kälte,
die Geländer der Lüfte,
der Himmel und meine Augen.

Unten, die Landkarte: drei Flüsse
und eine zerbrochene Brücke,
menschenleer.

Miranda de Ebro
(Überfall im Fluss)

Wäscherin am Fluß,
sieh, da kommt mit erhobenen Schnäbeln
ein Entengeschwader vorbei!
Gib acht, meine Wäscherin:
ein Entlein hißt in der Sonne
ein flatterndes Tüchlein
als Fahne.

Der Engel der Bodegas

Damals, als des Weines Blüte sterbend im Halbschatten lag,
und da sagten sie, das Meer würde sie vom Schlafe befreien.
An jenem Tage stieg ich hinab, tastend, zu deinem weißgetünch-
        ten feuchtduftenden Bereich
und fand, es könne eine Seele Kälte verbergen und Treppen;
es könne mehr als *ein* Fenster mit seinem Echo eine andere
        Stimme erwecken, wäre sie schön.

Die Blüte des Hinübergehns sah ich über deinem eigenen Her-
        zen schweben.
(Jemand hatte geschworen, das Meer würde dich vom Schlafe
        befreien.)
Damals fand ich, daß Mauern durch Seufzer fallen,
und daß es Pforten zum Meere gibt, die sich vor Wörtern
        öffnen.

Erinnerung an einen Himmel

> ... hinter den Fächern
> aus Federn und Gold...
> G. A. Becquer

Damals hatte der sich drehende Himmel noch nicht den Jasmin
    mit dem Schnee vereint,
noch die Lüfte an die mögliche Musik deines Haares gedacht,
noch der König befohlen das Veilchen in einem Buche zu
    bergen.
Nein.
Damals flogen die Schwalben
ohne im Schnabel unsere Buchstaben zu tragen,
starben die glockigen Blumen und Ranken
ohne nach Balkonen zu greifen und Sternen,
berührte
noch keine Blume das Gefieder des Vogels.

Damals, hinter deinem Fächer, erblühte der erste Mond.

MADRID HERBST

Stadt des trübsten heraufbeschworenen Unheils,
der nächtlichen Angst, die befiehlt, sich in die Furcht zu stürzen,
in leichenblasse Keller mit wachen Augen.

Durch deine zerstückte Erde und Vororte,
Stadt, durch deine verregneten kältestarrenden Vorstädte
gehe ich und trete auf verstorbene Blätter zwischen Schützen-
    gräben,
Pfützen und Schlamm.
Entblößt lehnen die Bäume ihre Zweige
auf Deckungen und lehmige Wände,
von denen unbeweglichen Auges die Schießscharten
einen vor Explosionen und Feuer furchtsamen Himmel er-
    spähen.

Stadt, die schon reif ist für Bomben,
Alleen aus Schutt und Viertel in Ruinen,
es überläuft mich ein Grauen, denke ich deiner Museen
hinter den Barrikaden, welche die Straßenecken versperren.

Da sind Häuser, deren demütige Wände in die Bühne
der Luft ragend, das Schauspiel zeigen
des Tischtuchs, der noch gemachten Betten,
der leeren Anzüge schweigsames Drama;
und in den Regalen
nichts als die kalten Kanten
der verminderten Spiegel armseliger Kleiderschränke;
Häuser, die sich hinter Sandsäcke ducken.

Angesehen wie niemals zuvor,
als Stadt, die auf der Erde ohne Deckung ruht,
die Front, deine Stirn erhebt sich, beschossen,
verwundet deine Flanke aus Bäumen und Ebenen;
aber dein Herz werden sie niemals als tot
begraben,
selbst wenn Berge von Schutt sein Schlagen
beenden.

Stadt, gegenwärtige Stadt,
du birgst in deinem Innern aus Unheil und Ruhm
den schöneren Keim deines zukünftigen Lebens.
Unter dem Dynamit deiner Himmel, prasselnd,
vernimmt man die Geburt des neuen Sohnes des Sieges.
Schreiend und stoßend weiht die Erde ihn ein.

FÜLLE

Ein herbstlicher Nachmittag, dem Westen entfallen,
so wie das Frühjahr selber.
Ein warmes Lächeln des Nackens,
das sich wendet und nur schwer uns willfährt.
Eine Wolke, rund wie eine Träne,
die einfältig wie der Irrtum ihr Dasein beschleunigt:

alles, was Schleier ist vor den Augen,
vergeht sanft inmitten einer unbestimmten Musik,
die abseits entstand, wo sich die Wörter nicht mehr berühren,
wo man den Schall nicht liebkosend zu greifen vermag,
wie sehr auch unsere Brüste sich dehnen,
wie sehr wir auch über dem Echo treibend
das Gewicht des Herzens auf einen Schatten vergessen.

Gib Linderung mir.
Das besänftigte Schiff
das Vergehen nur eines Tages, einer Fläche,
diese genaue Entgleitung zweier Maße,
besitzt die gleiche Empfindung eines Namens,
eines Schluchzens, das dreifach hinaustritt
und das gestorben sorgfältig sich aufhebt.

Unter Bändern oder Falten,
unter Papieren von der Farbe sehr alten Weines,
unter smaragdenen Platten, aus denen nie mehr Musik strömt,
ist die Spur einer Träne, einer Hand, des Elfenbeins oder des
      Kusses
fortgegangen und langsam erloschen,

und wächst mit den Jahren,
und stirbt mit den Jahren,
so wie ein Lebewohl,
so wie ein weißes Taschentuch, das plötzlich aufhört zu winken.

Wenn wir sanft die Erinnerung durchgehn,
wenn wir den eitelen Lärm, Ungnade, Geschrei oder
den eklen Vogel aus ansteckendem Lehme verachtend
uns dem Schweigen überlassen wie besänftigte Äste,
wie Zweige, die das Grün in einem Ausruhn vergaßen,
merken wir wohl, daß die Leere nicht leer ist, sondern *sie,*
    sondern wir selber,
sondern das Ganze oder Alles, wenn nicht das Einzige.
Alles, alles, meine Liebe, ist Wahrheit, ist schon dieses.
Alles ist Blut oder Liebe, ist Pulsschlag oder Dasein,
alles bin ich, der ich fühle, wie die Welt sich verschweigt
und wie so sehr das Schluchzen oder die Erde mich schmerzen.

LEBEN

Ein Vogel aus Papier in der Brust
sagt, es sei die Stunde der Küsse noch nicht gekommen;
zu leben – die Sonne knistert unsichtbar,
Küsse und Vögel, spät oder bald oder niemals.
Um zu sterben bedarf es nur eines ganz kleinen Geräusches,
des eines anderen Herzens, das aufhört,
oder des fremden Schoßes, der auf der Erde
den blonden Haaren ein Schiff ist.
Verwundetes Haupt, goldene Schläfen, Sonne, die untergeht;
im Schatten träum' ich hier von einem Fluß,
von Binsen, deren grünes Blut jetzt steigt,
den Traum, der sich ans warme Leben ruht.

GEDICHT VON DER LIEBE

Ich liebe den Traum des Windes,
der zusammen mit meinen Händen, des Nordens vergessend,
in den milden Morgen der Welt fließt, gesenkten Hauptes,
wenn es leicht ist zu lächeln, weil weich der Regen.

Im Schoß eines Flusses zu reisen ist Entzücken,
O Fische, Freunde, nennt mir das Geheimnis der geöffneten
    Augen,
das meiner Blicke, die einmünden ins Meer
und die Kiele der fernen Schiffe noch stützen.
Ich liebe sie – Leute vom Meer – die überm Wasser schlafen.

Menschen, die nach Amerika gehn ihre Kleider zu suchen,
sie, die am Strande ihre schmerzende Nacktheit lassen
und an Deck der Schiffe die Mondstrahlen zu sich herabziehn.

Wartend zu wandern ist Lächeln, ist schön,
und es haben ihr Wesen Silber und Gold nicht gewandelt,
sie springen über den Wellen, über den schuppigen Rücken
und leihen den hellen Stirnen Musik oder Schlaf.

Über den Grund eines Flusses hin entfernt sich mein Wunsch
von der Unzahl der Dörfer, und ich halte sie fast in den
    Händen.
Diese schwarzgekleideten Dunkelheiten
ließ ich hinter mir, gezeichnet im Rücken.

Es ist die Erde das Warten, die Wange,
ist ungeheuer ein Lid, wo ich weiß, daß ich da bin.

Du erinnerst? Es war Nacht, da man in die Welt mich gebar,
Nacht, deren Inhalt Schlüssel der Träume war.

Fische, Bäume, Steine, Herzen, Medaillen,
ja – über eurer bedächtigen Mitte
bewege ich mich; wenn ich kreise – Leute vom Meere – suche
    ich mir
den Weg der Zukunft, der noch jenseits
der Meere in meinen schlagenden Pulsen lebt.

Letzter Tod

Wenn er sich entfernt, hinaufsteigt, uns krönt,
dieser Raum weißglühender Zeit,
wird dieser flammende Krieg, in welchem wir stehen,
mit seinem Regen und Feuer
die brachen Felder der Geschichte verwandeln.
Alle Quellen sind Wunden,
und wenn sich für das Wasser die Erde aufreißt,
vergißt sie die Finsternis des Grundes.
Es gibt keine Ader der Lust,
die nicht aus dem fernen Brunnen der Bitterkeit käme.
Sich selber verzehrend, leuchtet das Feuer.
So auch wird unser Schmerz sein Rühmen haben.

UNSERE LEBEN

Unsere Leben sind Flüsse,
die in zukunftslose
Spiegel des Todes münden.
Dorthin geht unser Erinnern
und zeigt, was wir waren,
und was wir immer sein werden.
Spiegel, in welchem die Herzen
das Gelebte wiedererleben
in dem Gefängnis der Zeit;
und es umfassen in jenen reinen,
so hohen Horizonten
die Kräfte des Herzens:
Kindheit und Jünglingszeit,
Jugend und Winter.
Fern dem Tode zu sein
ist sich selber nicht sehen, ist blind sein.
Mit verlornem Gedächtnis,
umwölktem Verstehen,
wunschlos wandernd,
veränderlich, verleugnen wir uns.

TOD

Die letzten kaum mehr sagbaren Worte
fielen tief in den Brunnen seiner Kehle
und mit dem Lärme dessen, das nach innen flieht,
in ein endloses Wimmern.

Eine innere Eile verödete
seines Lebens fast starren Umriß.
Ich war bei alledem zugegen.
Es war inmitten der Seele,
wo sie zusammentrafen:
die letzte Röte seiner Wangen,
der Glanz seiner Augen, der letzte.

Als er veratmete, die Gläser auf seinem Tische
standen in Widerspruch mit sanften, lebenden Früchten.

MEINE AUGEN

Meine Augen, groß und so nahe
der Luft, sind die des Himmels,
und sehen ins Tiefe und mich,
und sehen mich an, innen.

Nachdenkend und ohne Blick,
mit geöffneten Lidern,
verhehle ich soviel an Schmerz
wie ich vom Unglücke zeige.

Jetzt sieht mich die Luft an
und weint in meinem dunkelen Körper;
ihr Weinen begräbt sich im Blut,
geht mir durch Adern und Fibern,
wird erdig und sucht nach Wurzeln,
daß es dem Erdreich entsprösse.

Meine Augen, groß und so nahe
der Luft, sind die des Himmels.
Im Gedächtnis der Luft
wird mein Leiden bestehen.

Du warst allein

Du warst allein und groß.
Ich sah, wie alle Vögel
sich hinter deiner Stirn versteckten.
Welch Kommen, Gehen, Wiederkommen!
Wie alle Dinge, welche bleiben,
begannen sie durch deine Augen einzugehen.
Ich wußte nicht:
stand ich neben dem Baume,
unter jenem so blauen Himmel,
oder waren die grünen Grenzen des Parkes
in deiner Stirne einbeschlossen?
Wenn von so vielem Eingehen schon
in dir die Dinge waren,
warst du die Welt in welcher wir lebten.
Damit die Sterne leuchteten,
war es genug, daß du die Augen schlössest.
Du warst allein und groß
und auch in dir.

WIND

Die hohen Ähren des Weizens
scheinen sich zu verfolgen.
Und im begrenzten Bereich
wird die grüne, drängende Eile
sich niemals dem Wasser ähnelnd
im Flusse befrein.
Immer zwischen vier Mauern
wird sich ihr Aufruhr pressen.
Ein fragendes Hin und Her
und nie das Verlorene findend
stoßen und treten sie sich,
kommen und gehen sie, richtungslos
schlagen gegen die Wände der Luft
ihre grünen, verwundeten Körper.

DAS UNSICHTBARE

Du gabst mir deine Liebe nicht und fliehst durch deine Jahre,
und läßt mir eine dauernde Erinnerung
an eine Jugend, die vollendet ist und bleibt.
Es werden andere dein Leben sich zerschellen sehn.
Ich aber werde stets in meinem Herzen halten,
was meine Augen nie an Glück besaßen.
Selbst ohne Sterben wirst du aufhörn da zu sein.
Dich werde ich, wenn auch vergangen, in meinem Antlitz
        tragen.
Und immer wirst du jung sein dem Erinnern.
Dieses, mein Leben, gewann ich, da ich dich verlor.

Juan Gil-Albert

An ein Landhaus

Du, das unbewohnte Haus
im festlichen Sommer unseres Schweigens!
Fühlst du nicht, daß der Freude die Flügel zerbrachen,
daß die Sträucher unnütz
die grünen Bänder verzieren, die niemand entlang geht?
Wohl ist zu seiner Zeit dein Laub ergrünt,
und die Leichtigkeit goldener Schmetterlinge,
das Gurren der Tauben,
und im Olivenbaum die werbende Zikade
zeichnen den zerbrechlichen Raum,
in welchem das Leben so wie in anderen Jahren dahinfließt.
Bald wird der reife Wein von den Spalieren hängen,
und sich ein Schimmer von Staub auf deinen Trauben
    sammeln.
Bald wird es lange her sein, daß deine zitternden Pappeln
über dem gelblichen Nebel
des Wassers Stimme in ihren kleinen Blättern enthielten,
und die Einsamkeit wird auf deinen verwilderten Balkonen
    wohnen,
den Ziegen zusehend, die zierlichen Halses
auf sanften Hügeln
die Immortellen weiden.
Und weil wir nicht wie früher
zu deinen glücklichen Sommertagen kommen werden,
nicht einmal die Hunde des Gartens
werden uns springend unter dem duftenden Nußbaum
    empfangen.
Ach, des Hauses, mit seinem von den Spalieren hängenden
    Wein,

dem Rauschen der Brunnen,
Haus wie in einer Schachtel aus Efeu!
Als lärmend das Auto in deinem Bereiche hallte
und du die schlecht gekleideten Jungen aussteigen sahst,
unter den Strahlen einer sommerlichen Sonne,
schienen sie deine geisterhafte Ruhe auszurotten,
sie, die aus der Verschwörung eines inneren Orkans kamen.
Die Zeit, die durch Überfluß dahinfloß,
wie in der Entfaltung einer Blume
hat sie sich fortkehren lassen, lärmlos;
wie hat eine unüberwindbare Kluft in so wenigen Stunden
        uns trennen können?
Riß, den man nicht hört und nicht sieht!
Über welche Umwälzungen
über welch zerbrechliche Bahnen floß das Leben,
wenn die untauglichen Gewehre dieser Jungen
dies lebensvolle Spiel
zerstören und wie Rauch zerwehen konnten?
Nicht weiter – unmächtige Stätte des Gebirges –
wenn du in kommenden Tagen plötzlich mich überfällst,
und mein Schatten über den frischen Pilzen einherirrt,
an die Schläfe eine wilde Dolde gepreßt,
und in den versteinerten Ohren der Nymphen
ein Geräusch vom Stamm des Baumes zurückläßt,
ein flüchtiges Zittern des Eindringlings –
es wird deshalb die Welt ihrem unaufhaltsamen Schicksale
        nicht Einhalt tun,
da der Menschen Füsse schon die neue Erde spüren,
und ihr heimwehloses Herz hinübertragen,
dorthin, wo du, ein unbewohntes Haus,
nichts bist.

JORGE GUILLÉN

DAS FELD, DIE STADT, DER HIMMEL

Fluß in der Stadt: wie groß!
mit seinen noch grünen Wassern
kommt das frühere Feld.

Die Platanenalleen
ahnen voller Verlangen
einen sanfteren Wind.

Erobern die unermüdlichen
Statuen endlich
den Himmel über den Plätzen?

Von neuem der Fluß. Er entfließt
mit dem Feld: und nimmt das
Verlangen der Straßen nicht auf!

Doch es ist gleich – – Danket den
Statuen!: Schon geht der Himmel zwischen den Häusern.

FREUDE IN VOGELGESTALT

O Laub des Sommers,
Liebe, Grün, Geraune, so gewichtloser Überfluß:
Welcher Gebundene gäbe dir
rühmliche Stimme ins Blatt, beifälligen Gruß,
Einklang des Sommers!

HERBSTLICHER BAUM

Schon reift
das Blatt seinem genauen, ruhigen Falle entgegen,
fällt. Fällt
in den ewig grünen Himmel des Teiches.
Gelassen
in sich hinein sinnt der Herbst im letzten Verfall.

Sehr zart
gibt das Blatt der Reinheit der Kälte nach.

Stromabwärts
sucht seinen Gott mit unaufhörlichem Laubfall der Baum.

SCHMALER FRÜHLING

Wenn der Raum, ohne Umriß, in der Strömung,
                    mit einer Wolke
seine großen Unschlüssigkeiten zusammenfaßt –
                    wo ist das Ufer?
Während der Fluß mit der gewundenen Richtung
                    sich neigend
und seinen Ausgang suchend, ein Zeichner,
                    nie sich beendet,
während das Wasser, von so hartem Grün,
                    seine Fische verneint
unter dem tiefen irrigen Widerschein eines
                    zitternden Windes –
wenn der Morgen, dank der schwingenden Spur
                    im Gezweige,
seine Alleen, die langsamen
                              leitet,
begünstigt von dem gewundenen Aufwege, welcher
                    in Einklang bringt
die allerzarteste Wellung des Himmels über dem Winde
                    über dem Winde
mit der sicheren Bahn der schäumenden Wasser,
                    die scharfsinnig steuern –
schmal ist der Frühling zwischen den Rudern
                    der Schiffer!

FRÜHES KRISTALL

Die Kälte ist nichts als ein Weiß.
Weiß mit einem Geruche von Grün.
Wie leicht
die Straße unterm verschütteten Himmel!
Es riecht
fast nach Apfel.
Frühzeitiges Grün!
Fast grün
bleibt der Reif
über dem Rasen.
Gern sähe ich
das Kristall,
genauer
den wachsenden Anfang!
Täler
umziehen die Dächer.
Ein wenig Acker
verstreut sich
mit dem Morgen.
Sehr frösteln an Türen
die pochenden Hände.
Sind das schon Klänge von Schnee
oder nur
von viel Reif?
Unberührte, noch entlegene Erde!
Die Entfernungen,
die sich ausbreiten im Kalten,
– wieviel Ausdehnung umfassen die Hände und Augen! –
warten und schweben
unter dem Morgen, kalt, abgründig, grün.

FLUSS

Wie heiter gleitet das Wasser
und eint die Stillen.
Nach langem Warten
treiben die Wellen
kristallene Schwerter den Fluß hinab.
Derer bedarf das Meer.
Doch über das Wasser hin
weht die wandernde Kühle
verliebte Stimmen:
die bitten, reden, beteuern...

Fiebernd der Herzschlag
des Stromes!
Unter dem Wasserspiegel
gleiten vertraute Himmel.
Die Muschel des tiefen
Windes hat sich erhellt.
Verliebter wehen die Stimmen,
wehen und sehnen.
Ach, wäre ich...
Wie sehnt sich der Fluß?

WERDEN

O Mond! Wie sehr April!
Wie ausgedehnt und süß die Luft!
Alles was ich verlor,
kehrt mit den Vögeln wieder.

In den frühen Stunden
des Morgens vernehme ich klar
die hellen Töne
ihres frohen Erwachens.

Der Mond ist uns nahe,
ganz still in der Luft.
Der, welcher ich war, ruht
hinter meinen Gedanken.

Die Nachtigall wird
ihre Sehnsucht singen.
Röte des Morgens
zwischen Himmel und Lüften!

Jene Zeit ist verloren,
die ich verlor? Es herrschen
die leichten, die göttlichen Hände
über den dauernden Mond.

DIE GÄRTEN

Die Tiefe der Zeit wohnt in den Gärten.
Sieh, wie sie sich niederläßt, eindringt.
Schon ist ihr Innerstes dein. Welche Durchsichtigkeit
von vielen Abenden, die für immer vereint.
Und deine Kindheit: von ihr erzählen die Brunnen.

Federico García Lorca

Die Untreue

Und ich nahm sie zum Flusse,
glaubte, sie wäre ein Mädchen,
doch hatte sie einen Mann.
Es war in der Nacht von Sankt Jakob,
und fast ein Stelldichein.
Die Laternen erloschen
und die Heimchen begannen.
An den letzten Straßenecken
berührt' ich ihre schlafenden Brüste
und bald blühten sie
mir wie Hyazinthensträuße zu.
Ihr gestärkter Unterrock
klang mir in den Ohren
wie von zehn Messern
aufgeschlitzte Seide.
Ohne Silber in den Wipfeln
schienen die Bäume größer
und ein Horizont von Hunden
bellt sehr fern vom Fluß.

*

Die Brombeeren durchschritten,
die Binsen und die Dornen,
macht' ich im Sand eine Grube
unter ihr dichtes Haar.
Warf die Kravatte weg,
sie ihr Kleid beiseite;
ich den Gurt mit Pistole,
sie die vier Leibchen.

Weder Narden noch Muscheln
sind von so zarter Haut
noch die Fenster im Mond
leuchten mit solchem Glanz.
Ihre Schenkel sind mir entwichen
wie überraschte Fische,
zur Hälfte voller Glut,
zur Hälfte voller Kälte.
Ich ritt in jener Nacht
den besten aller Wege
auf einem Perlmuttfohlen
ohne Zügel, ohne Spor'n.
Niemals, bei meiner Ehre, sag' ich
die Dinge, die sie mir sagte.
Genügend Verstand besitz' ich,
als dass ich davon spräche.
Beschmutzt von Küssen und Sand
nahm ich sie fort vom Fluß.
Die Schwerter der Wasserlilien
kämpften mit dem Winde.

*

Ich betrug mich auf meine Art.
Wie ein echter Zigeuner.
Ich schenkte ihr einen Nähtisch
und strohfarben glänzende Seide,
und ich wollte mich nicht verlieben,
denn sie hatte einen Mann
und sagte doch, sie wäre ein Mädchen,
als ich sie zum Flusse nahm.

KLEINE BALLADE
VON DEN DREI FLÜSSEN

Guadalquivir –
an Orangen und Oliven vorbei.
Die beiden Flüsse Granadas
fließen vom Schnee zum Weizen hinab.

Ach der Liebe,
die ging und nie wiederkam!

Der Guadalquivir
hat granatrotes Haar.
Die beiden Flüsse Granadas –
der eine Weinen, der andere Blut.

Ach der Liebe,
die im Winde verging!

Für seine Segel
hat Sevilla einen Weg,
auf den Wassern Granadas
rudern nur Seufzer.

Ach der Liebe,
die ging und nie wiederkam!

Guadalquivir, hoher Turm,
und Wind in den Orangenhainen!
Darro und Genil, tote Türmchen
über den Teichen.

Ach der Liebe,
die im Winde verging!

Wer wagt zu sagen, das Wasser trüge
ein Irrlicht aus Schreien –

Ach der Liebe,
die ging und nie wiederkam!

Es trägt Orangenblüten und Oliven
den andalusischen Meeren zu.

Ach der Liebe,
die im Winde verging!

LANDSCHAFT

Der Nachmittag bedeckte sich mit Kälte
aus Versehen.

Hinter trüben Fenstern
sehen alle Kinder
einen gelben Baum
sich in Vögel verwandeln.

Der Nachmittag liegt ausgebreitet
an den Ufern des Flusses.
Und eine Apfelröte
zittert auf den Dächern.

DAS SCHWEIGEN

Höre, mein Kind, das Schweigen.
Es ist ein Schweigen wie Wellen.
Ein Schweigen,
in welchem Täler und Antworten gleiten,
und das die Stirne ins Neigen bringt
der Erde zu.

GEBET

Wenn ich sterbe,
begrabt mich mit meiner Gitarre –
tief im Sande.

Wenn ich sterbe
zwischen Minze
und Orangenbäumen.

Wenn ich sterbe,
begrabt mich, wenn ihr wollt,
in einer Wetterfahne.

Wenn ich sterbe!

Kasside von dem lichten Tode

Ich habe mich oft an das Meer verloren,
das Ohr erfüllt vom Klange kürzlich geschnittener Blumen,
den Mund erfüllt von Liebe und Todeskämpfen
hab' ich mich oft an das Meer verloren,
so wie ich mich an manche Kinderherzen verliere.

Niemanden gibt es, der küssend
nicht das Lächeln der gesichtslosen Leute fühlte,
noch gibt es jemand, der ein Neugeborenes streichelnd,
der unbeweglich toten Pferdeschädel vergäße.

Deshalb suchen die Rosen auf der Stirne
eine harte knöcherne Landschaft
und die Hände der Menschen haben keinen anderen Sinn
als die Wurzeln unter der Erde nachzuahmen.

So wie ich mich an manche Kinderherzen verliere,
hab' ich mich oft an das Meer verloren.
Unwissend des Wassers gehe ich auf die Suche
nach einem Tod, einem Licht, das mich vollendet.

DAS WEINEN

Ich habe meinen Balkon geschlossen,
ich will das Weinen nicht hören,
doch hinter den grauen Mauern
hört man nichts als das Weinen.
Sehr wenige Engel singen,
sehr wenige Hunde bellen,
tausend Geigen gehen in eine Hand:
aber das Weinen ist ein ungeheuerer Engel,
das Weinen ist ein ungeheuerer Hund,
das Weinen ist eine ungeheuere Geige,
die Tränen knebeln den Wind,
und man hört nichts als das Weinen.

DAS LIED VOM KLEINEN TODE

Tödliche Wiese aus Monden
und Blut unter der Erde.
Wiese aus altem Blut.

Licht von gestern und morgen.
Tödlicher Himmel aus Gras.
Licht, Nacht aus Sand.

Ich bin dem Tode begegnet.
Tödliche Wiese aus Erde.
Ein kleiner Tod.

Der Hund auf dem Dach.
Einsam, meine linke Hand
durchstreifte endlose Berge
vertrockneter Blumen.

Kirche aus Asche.
Licht, Nacht aus Sand.
Ein kleiner Tod.

Ein Tod, und ich, ein Mann.
Ein Mann allein, und er
ein kleiner Tod.

Tödliche Wiese aus Monden.
Der Schnee ächzt und zittert
hinter der Türe.

Ein Mann; was noch? Das Genannte.
Ein Mann, allein, und er.
Wiese, Liebe, Licht und Sand.

ABWESENDE SEELE

Es kennt dich weder der Stier noch der Feigenbaum
noch die Pferde noch die Ameisen in deinem Hause.
Es kennt dich weder das Kind noch der Nachmittag
denn du bist gestorben für immer.

Es kennt dich die Fläche des Steines nicht
noch die schwarze Seide, in der du vergehst.
Es kennt dich deine stumme Erinnerung nicht
denn du bist gestorben für immer.

Der Herbst wird kommen mit seinen Schnecken
mit Nebeltrauben und Hügelgruppen
doch niemand möchte in deine Augen schaun
denn du bist gestorben für immer.

Weil du für immer gestorben bist
wie alle Toten der Erde – vergessen
in einem Haufen beschwichtigter Hunde.

Nein. Niemand kennt dich. Doch ich will dich singen.
Ich singe für immer deine Anmut, dein Antlitz.
Die herrliche Reife deines größeren Wissens.
Deine Neigung zum Tode, zum Hauch seiner Herbheit.
Die Trauer die deine mutige Freude enthielt.

Viel Zeit wird vergehen bis einer so klar
so reich an Gefahr und Wagnis wie du
wenn je in Andalusien geboren wird.
Ich singe deine Anmut mit Worten die seufzen
und gedenke der Oliven im trauernden Wind.

UMRISSE

I

Die Kälte des Morgens
glättet die Steine des Wassers.

Am Himmel zerschellt das Schiff.
Der Morgenstern ankert im Meere...

Kreisend aus seiner Höhe
fiel der Mond an das Ufer.

II

Der Nachmittag und der Fächer
waren schon auf der Schwelle des Fortgehns,
am Rande des Einklangs;
es verliert sich der Tag
über der Brunnenkante des Schattens.

Nun gleitet durch mein Herz hin das Schiff,
und über den Meeren gleiten meine Gedanken.

DAS MEER

Über das gebogene Band des Weges
hob seine schön gespannten Flügel das Meer.
Große, losgerissene Zweige von Wind
trieben über dem langsamen
blauen Strome des Tages.

Die Entfernungen schwächte
in gemessenem Wohlklang
dein weißes Gehen, dieses reife, losgelöste,
– ruhender Schoß, über dem Wasser gestorbener Fisch –,
traumsichere Richtung aus Feder und Schlaf.

Mir zerbrach die Arbeit unter den Händen.
In der Fahne erblühte die neue Rose.
Still lag das Schiff, träumte in anderen Häfen
von einer roten, ruhenden Blume
und Vögeln aus Nebel.

Meine Schritte waren vertrauend und findig
und verfolgten deine stumme Stimme behende.
Sie verloren sich an das Meer,
an den Mond und die Palme, welche von Kindheit her
meine offenen Hände umhegten.

Dein weißes Gehen war mein schönes Vorbild,
der Schöpfer neuen Durchgangs, neuer Wörter,
die ungeahnte Zuflucht meiner Ruhen,
das Maß dem friedlichen Geschehen
meines vertrauenden Schauens.

So kam ich zum wohlbevölkerten Schweigen,
– unberührter Frucht leuchtender Kern –,
wo das Erinnern in vielfachen Spiegeln von Licht
die Zeichnungen deiner
schönen Haltungen flicht.

RÜCKKEHR

Neben einem Baume
fügte sich in zahme Wellen das Licht,
während ein Widerschein
den Untergang spann.
Doch noch am Himmel hängend
verschüttete das Tuch
des Tages über das helle Meer
seine leichte Mutlosigkeit.

Der Abend war eine Lilie
aus weißem Porzellan;
heißes und schmächtiges Blatt
eines Sternes in Blüte;
Stimme von einem Abschiede
ohne Hand, ohne Wort;
Fächer, aufs schlafende
Wasser gefallen.

Das bemalte Geländer
des Balkons der Winde
hielt die fahle Fahne
des Mondes empor,
welche, als welk schon die Nacht,
schlaff wie ein Trauerschleier
und zu Schatten zerfallen
weich auf die Wellen fiel.

Der niemals dunkelnde Stern
schien ruhig und kalt,

währendes Siegel der Bahn,
der immer neuen und immer gleichen,
die in meinem Herzen und draußen
ihr unaufhörliches Kreisen verübt
und das offene Feld im
Leeren Frucht tragen läßt.

Brücke und Innenfläche der Welt,
Wölbung der Angst:
die Nacht, – schwarze Feder
des Vogels der Lüfte –,
in ihrem ungetrübten Gehäuse
aus Glas und aus Schuppen
bewahrte sie, wie eine Rose,
unser einmütiges Zittern.

Und ein anderes Mal kehrte der Tag,
straff und sehr schön gerichtet,
ein junger Schwimmer,
der gern zum Strande gelänge.
Und ein anderes Mal blieb mir der Baum
über dem Herzen errichtet,
ungepflückt noch am Ast
seine begonnene Frucht.

PEDRO SALINAS

AQUARELL

Traurige,
die Lieder von Sevilla
werden mit dem grauen Himmel
klarer, immer klarer.
In dem sonnenlosen Wasser
Schatten von Orangenbäumen
begraben ihre Blüten.
Oben
in den hohen Türmen
warten Mädchen
auf die goldnen Schiffe.
Unten
harren Jünglinge,
daß sich Gitter öffnen
in die fernelosen Höfe.
Ohne Farben bleiben
bleich die Türme.
Und vom Ufer aus
die Lichter,
die hoffnungslosen,
ertränken sich im Fluß.
Langsam sterbend,
blau und rosa, grüne,
trägt sie dann das Wasser fort.

SÜDEN IM WIND

Ah, Sevilla, Sevilla,
in Kriegen ungeübte, sage,
weshalb du alle Nachmittage
mit so viel Pfeilen mich verwundest,
mit dem Widerglanz der Kacheln
deiner hohen Türme?
Ah, Sevilla, Sevilla,
weshalb trocknet an der Sonne
dir der Märzwind
deine weißen
Friedensfahnen,
Kinderhemdchen,
Abendfahnen
auf den flachen Dächern?
Ah, Sevilla, Sevilla,
nimm mich dir zum Freunde!

Und so kamen seine Mädchen,
welche mir
die Wunden
banden
mit den weißen Linnen,
welche trocknend
auf den flachen Dächern hingen.

MEIN GLAUBE

Ich traue nicht der Rose
aus Papier,
so viele Male schuf
ich sie mit meinen Händen.
Und trau' auch nicht der
anderen, der wirklichen,
dem Kind der Sonne und der Jahreszeit,
der an den Wind verlobten.
Dir, den ich niemals schuf,
dir, den man niemals schuf,
dir traue ich, gereifter
und gewisser Zufall.

Die dir geschuldete Stimme

I

Weder Inseln, Türme noch Paläste
wünsche ich mir,
doch die Freude in Wörtern zu leben,
welche uns meinen.

Lege die Zeichen
und Bilder fort;
ich liebe dich nicht
als andere verkleidet,
ewig ein Kind von irgendwas.
Ich liebe dich als Lautere, Befreite,
als Unabänderliche, dich.
Ich weiß, wenn ich dich rufe
unter den Vielen
der Welt,
nur du wirst dann du selber sein.
Und wenn du mich fragst,
wer es sei, der dich ruft
und wer dich begehrt,
so will ich die Namen begraben
und die Vergangenheit!
Ich werde gehen alles zu vernichten,
mit welchem man mich überlud,
noch ehe ich geboren ward.
Und heimgekehrt zur steten
Namenlosigkeit des Bloßen,
des Steines und der Welt,

will ich dir sagen:
«Ich liebe dich. Ich bins.»

II

Ach, wieviele verlorene Dinge,
welche sich niemals verloren:
alles bewahrtest du auf.

Kleine Körner von Zeit,
welche einmal der Wind mit sich nahm;
Schriften des Schaumes,
welche einmal das Meer mit sich nahm,
gab ich schon lang für verloren.

Und für verloren die Wolken,
die meine Blicke
in die Himmel
zu heften begehrten;
auch die wirklichen Freuden
des Liebens, die Ängste
zu wenig zu lieben,
die Pein
meine Liebe zu steigern.
Für verloren gab ich all das,
was einstmals gewesen,
was niemals mehr ist.

Dann nahtest du;
aus dem Dunklen, erleuchtet
von junger, tiefer Geduld,
leichtfüßig, ohne daß deine
Vergangenheit, die du mir brachtest,
dir deine junge Bewegung,
dir deine zarten Gebärden beschwerte.
Als ich dich ansah, unter den ungetrübten
Küssen, die du mir gabst,
siehe, da waren die Zeiten und Wellen
gerettet, die ich verlor,
und auch die Wolken und Lieben.
Wenn sie mich flohen,
so nicht um ins Dunkle
zu sterben.
Denn in dir lebten sie fort.
Und was ich Vergessen nannte,
warst du.

J. Gebser und Luis Cernuda

La Rosa*

Esta es tu habitación, blancas paredes
En las cuales la luz se halló de nuevo;
Un resplandor en sombra de tus manos
Va sobre cada objeto y cada cosa.

Ya todo a ti se encuentra acostumbrado,
A tu temperamento y tu sonrisa;
La luz, poniendo paz entre las cosas,
Lentamente atraviesa las persianas.

Las formas que hacia ti lentas maduran,
Más lentas junto a ti han de apagarse;
Y hacia un rayo de luz cuelga una rosa,
Aunque más en la luz estar quisiera.

Crepuscular acoge la ventana
Un cielo y un paisaje ya tardíos.
Abre estival la mesa su madera
Y la rosa crepita nuevamente.

*Deutsche Fassung Seite 43.

D. H. Lawrence

Lied von einem Manne, der durchkam

Nicht ich, nicht ich, – nur der Wind, der mich durchblüht.
Es weht ein reiner Wind der Zeiten neue Richtung.
Wenn ich mich treiben lasse, tragen, – wenn er mich trüge!
Wenn ich empfinde, fühlend bin, o aufgetan, geflügeltes
    Geschenk!
Wenn ich – das schönste wäre es – mich überlasse und
    an den reinen Wind
Entliehen wäre, der seinen Weg weht durch
    die Wirrnisse der Welt
Gleich einem scharfen, ausgewählten Meißel, eingelegte
    keilende Klinge,
Wenn ich nur schneidend bin und hart wie eine Schere,
    wie eines Meißels Spitze
Von unsichtbaren Schlägen getrieben,
So wird der Fels zerspringen, wir werden zum Wunder
    gelangen, wir werden die Hesperiden finden.
O, dem Wunder, das in meinem Herzen siedet,
Wäre ich ein guter Brunnen, eine gute, heile Quelle,
Würde kein Raunen trüben, keine Stimme verdunkeln.

Was ist um das Klopfen?
Was ist um das Klopfen an der Tür über Nacht?
Es ist, daß jemand uns ein Leid antuen will.

Nein, nein, es sind die drei seltsamen Engel.
Lasse sie ein, lasse sie ein.

HÖLDERLIN
übertragen von Jean Gebser und Luis Cernuda
MADRID 1935

CANCIÓN AL DESTINO DE HIPERIÓN

Vosotros paseáis allá arriba, en la luz,
por leve suelo, genios celestiales;
luminosos aires divinos
ligeramente os rozan,
como la inspiradora con sus dedos
unas cuerdas sagradas.

Sin destino, tal dormido niñito,
alientan los sagrados seres;
púdicamente oculto
en modesta corola,
florece eternamente
para ellos el espíritu;
con pupila beata
miran en la tranquila
claridad inmortal.

Mas no es dado a nosotros
tregua en paraje alguno;
desaparecen, caen
los hombres resignados
ciegamente, de hora
en hora, como agua
de una peña arrojada
a otra peña, a través de los años
en lo incierto, hacia abajo.

Antes y ahora

En juveniles días a la mañana sentía regocijo,
por la tarde lloraba, y ahora, cuando más viejo soy,
dudando empiezo el día, aunque no obstante,
apacible y sagrado es para mí su fin.

Lo imperdonable
(Primera versión)

Si olvidáis los amigos, burla hacéis del artista,
pobre comprensión dais al genio más profundo,
Dios sabe perdonarlo; pero nunca perdona
que perturbéis la paz de los amantes.

Tierra nativa
(Primera versión)

Vuelve el marino alegremente hacia el tranquilo río
desde lejanas islas donde provecho obtuvo.
También yo volver quiero a la tierra nativa,
pero ¿qué he conseguido si no son sufrimientos?

Benignas riberas, vosotras por quienes fuí formado,
¿podéis calmar las penas del amor? ¡Ay!
¿O devolverme vosotros, bosques de mi infancia,
cuando retorne, mi tranquilidad nuevamente?

Aplausos de los hombres

¿No es celeste mi corazón, su vida más hermosa
desde que amo? ¿Por qué en más lo teníais
cuando más orgulloso y feroz era,
de palabras más rico y más vacío?

Gusta la multitud lo que el mercado precia
y sólo al violento honra el criado;
en lo divino creen
únicamente aquellos que lo son.

A LAS PARCAS

Sólo *un* verano me otorgáis, vosotras las poderosas;
y un otoño para dar madurez al canto,
para que mi corazón, más obediente,
del dulce juego harto se me muera.

El alma que no obtuvo en vida derecho
divino, tampoco abajo descansa en el Orco;
pero si un día alcanzó lo sagrado, aquello
que es caro a mi corazón, el poema,

bien venido entonces, oh silencio del reino de las sombras.
Contento estaré, aunque mi lira
allí no me acompañe; por *una vez*
habré vivido como un dios, y más no hace falta.

FANTASÍA DEL ATARDECER

Ante su choza en sombra tranquilo está sentado
el labrador, mientras arde la lumbre de hombre parco.
Hospitalariamente resuena al caminante
crepuscular campana por la aldea apacible.

También acaso vuelven los marinos al puerto
y en lejanas ciudades deja alegre al mercado
su rumor afanoso; bajo emparrado en calma
íntima brilla la colación de los amigos.

Mas yo, ¿hacia dónde he de ir? Viven los mortales
de premios y trabajos; tras fatiga y descanso
alegre todo está. ¿Por qué nunca se duerme
en este pecho mío la zozobra?

Por el cielo crepuscular la primavera abre;
rosas innúmeras florecen; quieto semeja
el mundo áureo. Oh, llevadme hacia allá,
purpúreas nubes, y que allá arriba

en aire y luz se aneguen mi amor y sufrimiento.
Pero como ahuyentado por inútil pregunta
el encanto se va. La noche cae. Y solitario
bajo el cielo, como siempre, estoy yo.

Ven ahora tú, dulce sopor. Anhela demasiado
el corazón; mas ahora ya, oh juventud,
también vas apagándote, soñolienta, intranquila.
Quieta y apacible es entonces la vejez.

MITAD DE LA VIDA

Con amarillas peras
y llena de rosas silvestres
asoma la tierra en el lago;
vosotros, cisnes benignos,
embebidos de besos
sumergís vuestra testa
en el agua sagrada y virgen.

¡Ay de mí! ¿Dónde buscar
durante el invierno las flores,
dónde el fulgor del sol
y las sombras del suelo?
Están los muros in pie
mudos y fríos, en el viento
restallan las banderas.

LOS TITANES

Pero no es
tiempo. Aun están ellos
desencadenados. No atañe lo divino a quienes no lo sean.

Que cuenta den
a Delfos. Otórguenme entre tanto horas festivas,
quisiera descansar, para acordarme
de los difuntos. Muchos han muerto,
generales en antiguos tiempos,
y bellas mujeres, y poetas;
y en los nuevos
muchos de entre los hombres.
Yo sin embargo estoy solo.
. . . .
. . . .
. . . . . y navegando por el océano
preguntar a las islas fragantes
hacia donde fueron.

Porque algo de ellos
ha quedado en fieles escrituras
y algo en las leyendas del tiempo.
Mucho revela el dios.
Que desde antaño actúan
las nubes sobre el suelo
y la sagrada tierra inculta arraiga laborando.
Cálida es la riqueza. Porque falta
el canto, que desprende al espíritu.
Se consumiría

y estaría en contradicción consigo mismo,
que jamás sufre
la prisión el fuego celeste.

Alegra no obstante
el banquete, o cuando en la fiesta
brillan los ojos y las perlas
al cuello de la virgen.
También juego guerrero
· ·
· ·
· · · · · y por los emparrados
de los jardines trompetea
el recuerdo de la batalla, amortiguándose
cerca del pecho esbelto.
Las armas sonoras descansan
desde padres heroicos hasta los hijos.
Pero me cerca zumbando
la abeja, y donde el campesino
los surcos hace, cantan delante
de la luz los pájaros. Algunos ayudan
al cielo. A estos ve
el poeta. Bien está en otros
sostenerse. Porque nadie soporta la vida solo.

Pero cuando está encendido
el laborioso día,
en la cadena, la cual
desvía el rayo,
desde la hora de su ascensión
celeste rocío resplandece;
entre los mortales también debe

lo elevado sentirse.
Por esto construyen ellos casas,
y el taller marcha,
y por los ríos va el navío,
y permutando se ofrecen los hombres
las manos unos a otros; tiene sentido hallarse
en la tierra y no en vano están
unidos los ojos con el suelo.

Pero vosotros percibís
otra raza también.
Que bajo la medida de lo brutal es necesario
para que lo puro se reconozca.
Mas cuando . . . .
. . . .
Y de lo hondo aprehende
para vivificarlo
el que todo lo mueve; creen ellos
que desciende el divino
hasta los muertos, y poderosamente le amanece
en el abismo desprendido,
percibidor de todo.
Pero no quisiera decirlo:
débiles se tornan los divinos seres,
aunque hierve ya todo.
Mas cuando . . . .
. . . . . . y sube
hasta la cima del padre, que

. . . .
. . . . . y el pájaro del cielo
se lo anuncia. Maravillosamente
llega él después en su ira.

LO MAS INMEDIATO

. . . . . abiertas las ventanas del cielo
y libre el genio de la noche,
el celeste asaltante que ha engañado
en tantas lenguas prosaicas nuestra tierra
y removió los restos
hasta ahora.
Mas llegará aquello que yo quiero.

. . . .
. . . .
Y nadie sabe;
. . . .
. . . .
. . . .
. . . .
Mientras tanto déjame divagar,
coger bayas silvestres
por tus senderos, oh tierra,
para apagar el amor hacia ti.
Aquí donde . . .
. . . . . rosas, espinas
y dulces tilos olorosos al lado
de las hayas, al mediodía, cuando en el pálido trigal
crece un ímpetu por cada tallo recto
y pliega la espiga el cuello a un lado
lo mismo que el otoño; mas ahora, bajo la alta
bóveda de encinas donde yo reflexiono
e interrogo a la altura, una campana
de antiguo conocida
suena a la hora con dejo áureo allá en la lejanía,
en tanto vela el pájaro otra vez. Quizá así sea posible.

La primavera

Cuando una delicia nueva brota por los campos,
otra vez la apariencia embellecida,
y en los montes, donde los árboles verdean,
aires más claros se muestran con las nubes,

cuánto gozo en los hombres. Alegremente
por las riberas solos van. Calma, deseo
y embeleso de una salud reverdecida.
La amabla risa tampoco lejos anda.

La primavera

Olvida el hombre las penas del espíritu,
que la primavera florece y hay brillo casi en todo;
el verde campo soberbiamente está extendido,
esplende ya el arroyo deslizándose abajo,
erguidos van los montes cubiertos por los árboles
y es magnífico el aire en espacios abiertos;
el ancho valle está dilatado en el mundo
y torre y ladera en las colinas se reclinan.

EL VERANO

Cuando la flor de la primavera pasa huyendo,
surge el verano, tal una guirnalda del año;
lo mismo que un arroyo al deslizarse por el valle
así es en torno suyo el esplendor henchido de los montes.
Cuando todo esplendente se nos muestra el campo,
es como el día, hacia el crepúsculo tendido;
las horas del verano son como el año que huye,
como breves estampas terrenas para el hombre.

EL OTOÑO

Alejandose van de la tierra esas leyendas
del espíritu que antes fué, después en su retorno
inclinado hacia la humanidad; mucho nos dice
el tiempo tan aprisa consumido.

No perdió esta naturaleza las imágenes
del pasado; como los días palidecen
en medio del verano, así el otoño vuelve hacia la tierra,
y el genio de la lluvia va otra vez por el cielo.

En breve espacio mucho ha concluído;
el labrador, que con arado se mostraba,
ve cómo el año se tiende hacia un final alegre;
con imágenes tales el día del hombre se depura.

El fondo de la tierra, adornado con rocas,
no es parejo a la nube, que de noche se pierde;
en un día dorado se nos muestra,
y una perfección tal no abriga queja alguna.

El invierno

Cuando la nieve pálida embellece los campos
y alto resplandor brilla por la amplia llanura,
suave y distante incita entonces el verano,
la primavera a veces cerca está en tanto la hora cae.

Va la radiante aparición; el aire es más delgado,
el bosque claro; de entre los hombres nadie cruza
por la calles lejanas; y en la calma se engendra
sublimidad, aunque no obstante todo ría.

La primavera no reluce con el brillar de flores
que es tan dulce a los hombres, pero están las estrellas
claramente en el cielo; en el cielo lejano
viéndose con agrado, sin mudar casi nunca.

Como llanuras son los ríos; toda apariencia
también dispersa surge; la leche de la vida
perenne se demora. Y la amplitud de las ciudades
surge con especial bondad en ilimitada distancia.

El invierno

Cuando sin ser vistas pasaron las estampas
del tiempo, viene la estancia del invierno;
vacío el campo, semeja la apariencia más suave,
huracanes soplan en torno y turbiones de lluvia.

Como un día de reposo, tal es el fin del año,
como el son de una pregunta; para que sea aquél perfecto
entonces surge la nueva inminencia de la primavera;
así brilla con su fausto la naturaleza en la tierra.

El cementerio

Silencioso lugar verdeante de hierba joven,
donde yace hombre y mujer y se yerguen las cruces,
adonde van acompañados los amigos,
donde fulguran en claro vidrio las ventanas.

Cuando en ti fulge la alta llama del cielo
a mediodía, cuando la primavera te frecuenta y se demora
y va la espiritual nube húmeda y gris,
con hermosura el día escapa dulcemente.

Qué tranquilidad hay cerca del muro grisáceo
encima del cual pende un árbol con frutos:
negror mojado de rocío, follaje todo duelo;
pero los frutos son densos preciosamente.

Hay en la iglesia una tranquilidad oscura
y también el altar en esa noche se recoge;
aún allá quedan varias cosas hermosas,
mas en verano canta alguna cigarra en el campo.

Allí, cuando las oraciones del pastor se escuchan
en tanto al lado está el grupo de amigos
que con el muerto van, qué vida singular
y qué espíritu, devotamente descuidado.

Bibliographische Anmerkungen zu den Gedichten

(Zusammengestellt von Robert Alder, Bern)

1926

Zwei Gedichte; in: «Der Fischzug», 1. Jahr, Heft 1, Berlin, März 1926; S. 4/5 (gez. Hans Gebser).

1931

Jede Stunde ist Tau (Gedicht, Vorabdruck aus: «Zehn Gedichte», S. 12); *In der Toskana* (Gedicht, erste Fassung); in: «Die Kolonne», 2. Jg., Nr. 2, Wolfgang Jeß Verlag, Dresden, 1931; S. 28 (gez. Hans Gebser).

Abend in der Campagna (Gedicht); in: «Die Kolonne», 2. Jg., Nr. 3, Wolfgang Jeß Verlag, Dresden, 1931; S. 28 (gez. Hans Gebser).

1932

Zehn Gedichte. Berlin, Verlag Die Rabenpresse, 1932. 15 S. Die schwarzen Hefte, Bd. 8.

Abend in der Provence; Volterra (Zwei Gedichte, Nachdruck aus «Zehn Gedichte», S. 7 und 9); in: «Der weiße Rabe», Nr. 3, Berlin, 15. Dezember 1932; S. 26 (gez. Hans Gebser).

1933

Toskana (Gedicht, Nachdruck aus «Zehn Gedichte», S. 8); in: «Der weiße Rabe», Jg. 2, Heft 5/6, Berlin, 1. Juni 1933; S. 41 (gez. Hans Gebser).

1935

Sieben Gedichte (2 Erstdrucke, 2 Nachdrucke aus «Zehn Gedichte», 3 Vorabdrucke aus «Gedichte eines Jahres»); in: «Poetisches Taschenbuch 1935», Berlin, Verlag Die Rabenpresse, 1935; S. 32–38 (gez. Hans Gebser).

Hölderlin (18 poémas, traducción de Hans Gebser y Luis Cernuda, nota de Luis Cernuda); in: «Cruz y Raya», núm. 32, Madrid, noviembre de 1935; p. 113–134.

– Diese Übertragungen erschienen in Buchform: *Hölderlin. Poémas.* Versión española de LUIS CERNUDA y HANS GEBSER. México, Ediciones Seneca (1942). 47 S. – Colección: El Clavo Ardiendo.

– Nachdruck in: ARTURO CAMBOURS OCAMPO, *Vida y poémas de Hölderlin.* Buenos Aires, «La Sirena» (1944). 76 S.

La rosa (Gedicht, aus dem Deutschen übersetzt von HANS GEBSER und LUIS CERNUDA); in: «Caballo verde para la Poesía», Director: Pablo Neruda, núm. 2, Madrid, noviembre de 1935; p. (7).

Das Fenster (Gedicht, Vorabdruck aus «Gedichte eines Jahres», S. 12); in: «Löse und binde, Poetisches Taschenheft 1936», Verlag Die Rabenpresse, Berlin, (1935); S. 5 (gez. Hans Gebser).

1936

Gedichte eines Jahres. (Berlin), Verlag Die Rabenpresse, 1936. 35 S.
Mit 2 Vignetten auf Schutzumschlag und Titel von Federico García Lorca.

Neue spanische Dichtung. Zusammen mit ROY HEWIN WINSTONE. (Berlin), Verlag Die Rabenpresse, 1936. 45 S.
Einzige von den Dichtern – RAFAEL ALBERTI, VICENTE ALEIXANDRE, MANUEL ALTOLAGUIRRE, LUIS CERNUDA, JORGE GUILLÉN, FEDERICO GARCÍA LORCA, EMILIO PRADOS, PEDRO SALINAS – autorisierte Übertragung.

Novalis (Fragmentos; selección, traducción y notas de HANS GEBSER); in: «Cruz y Raya», núm. 39, Madrid, junio de 1936; p. 63–92.

Kindheit (Gedicht, Nachdruck aus «Gedichte eines Jahres», S. 25); in: «Poetisches Taschenheft 1937», Verlag Die Rabenpresse, Berlin, (1936); S. (16). (gez. Hans Gebser).

D. H. LAWRENCE. *Lied von einem Manne, der durchkam* (Gedicht, Übertragung aus dem Englischen); in: FRIEDA LAWRENCE. *Nur der Wind...* Mit neunzig Briefen und fünf Gedichten von D. H. LAWRENCE. Berlin, Verlag Die Rabenpresse, 1936; S. 19.

1945

Aus dem *Ariadnegedicht* (Vorabdruck); in: «Du», 5. Jg., Nr. 7, Zürich, Juli 1945; S. 28.

Das Ariadnegedicht. Zürich, Oprecht, 1945. 21 S.
Mit einer Zeichnung von Gentiane Gebser.
Einmalige Aufl. von 400 Ex., davon 300 num., 100 nicht im Handel.

Das Wintergedicht. Zürich, Oprecht, 1945. 21 S.
Einmalige Aufl. von 400 Ex., davon 300 num., 100 nicht im Handel.

Gedichte (1924–1944). Zürich, Oprecht, 1945. 80 S.

1946

Tagebuchblatt (Gedicht, Nachdruck aus «Gedichte (1924–1944)», S. 51); in: «Berliner Hefte für geistiges Leben», 1. Jahr, Heft 5, Berlin, Oktober 1946; S. 389.

1950

Frühe Verse (1927). Frankfurt / M., Eremiten-Presse, 1950. (8 S.).
Nr. 3 der EREMITAGE.
Ges.-Aufl.: 200 Ex.

1952

Aus dem Rosengedicht. Privatdruck, Hans Feuz (Bern), August 1952. (8 S.).
Einmalige Aufl. von 25 num. Ex.

(Das) *Totengedicht;* in: «Matière», hg. v. Leo Maillet, Tremona / TI, Nr. 2, Herbst 1952; S. (6), Teilabdruck.

1954

Eine Sommerstrophe von Jorge Guillén (Übertragung aus dem Spanischen); in: «Neue Zürcher Zeitung», 175. Jg., Nr. 1931/32, Zürich, 8. August 1954.

1956

Das Totengedicht; in: «Hortulus», 6. Jg., 3. Heft, St. Gallen, September 1956; S. 84–88.

Tagebuchblätter (1953/55). (6 Gedichte); in: «Berner Lyrik. Eine zeitgenössische Anthologie», Bern, Haupt, 1956; S. 38–41.

1957

Emilio Prados. *Das Meer* (Gedicht). (Nachdruck aus «Neue Spanische Dichtung»); in: «Zyklen – beispielsweise», hg. v. V. O. Stomps, Stierstadt, Eremiten-Presse, 1957; Abtlg. S-III, S. 2/3.

Aussagen:
Ein Merk- und Spiegelbuch des Hintergrundes

Notizen und Tagebuchaufzeichnungen 1922–1973

Anmerkung des Herausgebers

Der Titel dieser Sammlung stammt von Jean Gebser und wurde von einer von ihm selbst geplanten Aphorismensammlung übernommen.

Für die biographischen Daten sei auf die Chronologie (S. 437), für die wenigen schon veröffentlichten Texte auf die Bibliographie (S. 444) am Ende des Bandes hingewiesen.

1922
Das Sehnen ist ein unbewußtes, ungewisses Sehen!

Reue ist eine Flamme, die sich selbst ernährt.

Ihr sprecht so viel von einem Ideal. Es wär' oft richtiger, von einem Ziel zu sprechen.

Je größer der Sprung einer Assoziation bei einem Menschen ist, desto größer der Geist. Er übergeht bei der Gedankenverbindung daher einzelne Kleinigkeiten und Selbstverständliches, um bei Bedeutsamem zu verweilen. Anders bei einem anderen Menschen, der erzählend die gewagtesten Sprünge macht (um geistreich zu erscheinen) ohne inneren Zusammenhang, ein Zeichen, daß er geistig nicht sehr hoch steht.

1923
Gedanken und Meinungen. Geistesprodukte, die im tiefsten Wesen doch nur der unreine Spiegel der Seele sind.

Je weiter ab das Ziel der Wünsche und Hoffnungen liegt, desto schöner leuchtet es. Je näher es kommt, desto mehr nimmt es an Schönheit und In-sich-Geschlossenheit ab.

Ein jeder Mensch, jede Gemeinschaft muß ein Ideal haben, nach dem sie immer strebt, um das sie immer kämpft! Kein Ziel! denn das ist zu erreichen und auf dem damit gewonnenen Höhepunkt folgt der Abstieg.

Groß ist allein das Unnennbare. Denn das Wahre, Reine, Seelenvolle kann man nicht nennen, und so ist Schweigen der größte Gottesdienst.

Hoffen, ist das zumeist nicht Schwäche, ganz furchtbar große Schwäche, ich meine hoffen, solange es nicht glauben ist?

Man sollte keine Menschen zwingen etwas zu tun, was sie von alleine mit etwas Willen tun könnten!

Jeder Fliederzweig duftet anders, jedes Tier ist anders als ein anderes, kein Mensch ähnelt dem anderen, nichts ist sich gleich, ein großes Meer einzelner bunter Steinchen, groß und klein, in allen Farben, das Gottes Wille zum All, zu dem großen Mosaik alles Lebenden geformt hat!

Lieben heißt meist Anklammern, selten geben wollen, ohne zu nehmen.

Mit dem Maße, mit dem man sich selber mißt, mißt man auch die anderen. Sagt ein Schlechter, der dort ist gut, braucht er noch lange nicht gut zu sein, sagt es ein Guter, wird es der Fall sein.

Ist nicht der Nebel all das Erdenhafte, das aufwärtssteigend erlöst werden will, und von der Sonne erlöst wird?

1929
Paracelsus sagt einmal: Nicht Saturn über uns, Saturn in uns ist es, der
uns regiert. Vielleicht könnte man es noch weiter aus dem Astrologischen
heraustragen und sagen: «Nicht die Sonne über uns, die Sonne in uns,
ist es, die uns regiert.»

1930
Der Gedanke ist schneller als das Licht: Möglichkeiten?

Alle Dinge haben zwei, nein, noch mehr, ja, unzählige Gesichter. Aber
die wirklichen Stunden haben nur eines. Und dieses eine prägt und hat
Gültigkeit und Dauer – bis zur Mächtigkeit der nächsten. (Ich spreche
von jenen Stunden, die man sich, wenn das Sterben kommt, vielleicht
hersagt, und meine von ihnen auch nur die, welche dann noch bestehen
können: weil sie es waren, die einen reifen machten – zu ihm hin.)

Jede Pathetik erscheint mir verdächtig. Ist es nicht so, als ob als ersten
der Sprechende sich selbst durch die Gewalt des Ausdrucks glaubt über-
zeugen zu müssen?

Sicher ist, daß man an diesen hohen Mittagen jetzt das Licht, diese blen-
dende, jede Farbe vernichtende Überfülle des Lichtes, singen hört: nein,
nicht die Wärme oder ihr duftgetränkter Widerklang von der Erde, aber
ein blendend Gelbes mit einem sehr hohen, vielleicht etwas vibrierenden
Ton, der noch um vieles höher ist als das Zirpen der Zykaden. Denn man
kann Licht hören. Ohne daß es eine Verwirrung der Bereiche ergäbe.

Es gibt Menschen, vor denen die Dinge Angst haben: nehmen solche, die
nicht einmal böse sind oder schlecht, sondern nur gleichgültig (auch
dann, wenn sie noch dies und das «schön» finden), die nie weiter sehen
als ihre Hand reicht, so sehr sind sie vom Besitzen-wollen besessen, –
nehmen solche Menschen Dinge in ihre Hände und werden sie dann von
ihnen entlassen und sind wirklich wieder wie freigegeben, so sind sie
getrübt.

Es gibt Sicherheiten, die ein ängstliches Warten (jedes Warten hat etwas mit der Angst zu tun) nicht aufkommen lassen.

Das Leben ist das Gerechteste, das es unter dem Himmel gibt.

«Ich»: ein entschlossenes Wort, eindeutig im Vokal, gesichert wie kein anderes.
«Du»: nicht Gegensatz, weiter flexibel, ausdeutbar und im Tone ganz geschaffen Resonanz zu sein, tragender, bewahrender Unterton.

Sie sagen «Spiel und Ernst» (wie sie «Tag und Nacht» sagen oder «Haß und Liebe» oder «gut und böse» oder all die tausend anderen falschen Formeln), und sie meinen einen ihrer gängigen Gegensätze, die wie wortlos übereingekommen die schmale Verständigung zwischen ihnen vereinfachen soll: aber sie vergessen durchaus, daß nichts ernster ist als Spiel. (Kinder wissen, ja tun es: wenn sie spielen: das ist wirklicher Ernst, unentstellt, und selbst ihr Lachen dann und wann ist nichts anderes als das Sichtbarwerden ihres schneller kreisenden Blutes und ihres vor Hingabe hüpfenden Atems.) Aber die Erwachsenen, sie, die sich erwachsen meinen, wissen nicht einmal, daß das meiste, das sie tun und handeln nur Spielersatz ist. Wie recht haben die Kinder: ich entsinne mich oft über diesen oder jenen, ja die meisten der Erwachsenen gelacht zu haben als Kind, vielleicht nur, weil ich fühlte, wie sehr sie selbst noch Kinder waren – nur daß sie dazu noch im Lügen und Verlogensein standen: das machte sie so lächerlich.

Hüpfen, dieses Überschlagen eines Schrittes im Gehen, könnte es nicht das Lachen des Körpers heißen?

Es kommt nicht mehr auf die Gefühle an, aber auf die Einfühlungen. (Ja, auf diese: Ein-Fühlungen.)

Alle Dinge, alles, was man aussagt, ist stets nur bedingt richtig. Aber es kommt darauf an, es trotz des Lächelns, das innen darüber aufsteht, zu sagen; und es wird gut gesagt sein, wenn von diesem Lächeln auch etwas in die Sätze fällt. Es braucht dies nicht immer gleich das schroffe: «aber» zu sein, oder ein «wenn» oder ein «denn». Es genügt meist die Wortstellung, die den Satz nachdenklicher gehen lassen kann oder auch ein Semikolon, oder wenn es viel ist ein «so», welches das Begonnene vorsichtiger weiterführt.

Es ist ratsam, alle Dinge, die man beschreibt, ganz klar und eindeutig zu beschreiben (indem man ihnen möglichst nichts andichtet oder sie vermindert, soweit das möglich ist). Stehen dann zwei, drei Dinge, Gegebenheiten ganz klar da, so ist die Atmosphäre von selbst gegeben. Auf sie kommt es an. Sie, die alle Übergänge in sich trägt, sie, die das Nebeneinander der Dinge im Raum bewahrheitet. Denn die Übergänge sind der Reichtum: in ihnen ist die Entwicklung, die Wandlung, das Zusammenfassende, in ihnen erst sind alle Möglichkeiten gegeben.

Man sollte niemals den Erklärern glauben oder jenen, die sich für solche ausgeben: sie erklären nur sich selbst.

Das Unmögliche kann eher geschehen als das Mögliche.

Alles, was geschehen wird, ist bereits geschehen, ist mehr oder weniger klar schon entschieden. Es ist viel, wenn es uns dann möglich sein wird, den Akzent setzen zu dürfen, um es lesbarer zu machen.

Man hat das Wort «Zufall» immer auf das Ding bezogen, das einem zufällt und niemals darauf, daß *man* einem Ding zufällt.

Spiel und Beispiel sind im Schachspiel Alfons XIII. noch ineinander – wegen der qualitativ-symbolhaften, nicht der quantitativ-statistischen Spielweise.

Wer fühlt denn den Jubel der Wiese, wenn ihr Gras blüht?

Wir wissen nur noch sehr wenig von unserem Körper. Dieses, daß man Macht hat über Arm, Rumpf, Beine. Damit hört es fast immer auf. Aber wir haben sie auch über die Adern, den Magen, das Herz – immerhin, man kann so sehr Nein sagen zu allem mit all seinem Dasein, daß das Herz langsamer zu schlagen beginnt und aussetzt.

Das Feuerwerk

Vor einigen Tagen feierte die Stadt, in der ich wohne, irgendeine hundertjährige Wiederkehr. Jedenfalls gab es des Abends ein Feuerwerk. Ich bin kein Freund derartiger Veranstaltungen, aber ich war an jenem Tage sehr guter Stimmung, und das festliche Getriebe in den Straßen machte mir

Vergnügen. So kam es, daß ich des Abends wie viele andere auch zu einem der die Stadt umziehenden Hügel hinaufstieg, um mir das Feuerwerk anzusehen. Ich muß zugeben, daß es ein prächtiges Feuerwerk war. Man hatte nichts vergessen, die Stadt hatte es sich etwas kosten lassen. Es gab nicht nur gewöhnliche Raketen und blaue und rote und gelbe Kugeln, es gab auch Feuerräder zu sehen, große gelbe Meersterne am Himmel und goldenes Geregne, aus dem sich im Niederfallen bunte Lichter lösten. Die Leute kamen aus dem Staunen gar nicht heraus. Und auch aus dem Lachen nicht, weil es stets von neuem komisch wirkte, daß die Detonation erst eine kurze Zeit nach der Lichterscheinung hörbar wurde. Ja, von einzelnen Raketen kam der Schall erst bei uns an, als diese bereits verlöscht waren. Selbstverständlich wirkte das komisch. Kurz vor dem Schluß des Feuerwerkes gab es eine Reihe von Raketen, die unter starkem Zischen sehr hoch in den Himmel rasten, um sich erst im langsamen Fallen zu ihrem ganzen Licht zu entschließen. Unter diesen Raketen war eine, der es, nachdem sie ihre größte Höhe erreicht hatte und nun langsam zu fallen begann, nicht gelang, ihr vorgesehenes Leuchten zu beginnen. Zwar, sie versuchte es. Sie flammte ein kleinwenig auf, schien dann zu verlöschen, um es nach einigen Sekunden, bereits ein wenig tiefer, von neuem zu versuchen. Ich gebe zu, daß ich in das Gelächter der Leute über diese erfolglosen Bemühungen der Rakete einstimmte. Es fordert auch im Leben zum Lachen heraus, wenn man einen sieht, der einen großen Anlauf zu einer Sache nimmt und dann im entscheidenden Moment dem Aufwand des großartigen Anlaufes nicht zu genügen vermag, besonders dann, müht er sich auch noch nutzlos um diesen Erfolg ab, er, der einzige, der nicht zugeben will, daß es nutzlos sei. Also ich lachte anfangs mit. Aber ich war froh, daß sich das Interesse der anderen an dieser Rakete verlor, da es bereits neue und größere zu sehen gab. Ich war froh, daß nun keiner mehr ihrer achtete, die noch immer fiel, immer noch dann und wann aufleuchtend, um scheinbar zu verlöschen, und die sich dann doch noch einmal und noch ein zehntes und zwölftes Mal anstrengte, ihr wirkliches und ganzes Leben zu leben. Aber es gelang ihr nicht. Vielleicht hätte es nur eines kleinen Windstoßes bedurft, daß sie aufgeblüht wäre, strahlend, da doch der Himmel, der die langsam fallende noch immer hielt, dunkel war, ein großer und breiter Hintergrund für ihr Leuchten. Aber es gelang ihr nicht. Es war grausam ihr zuschauen zu müssen, diesen gequälten Versuchen, die immer schwächer wurden, immer geringer, je mehr sie sich der Erde näherte, so daß ich bereits meine Augen anstrengen mußte, um ihr winziges Aufleuchten noch wahrnehmen zu können. Wäre sie etwas näher gewesen, so hätte man vielleicht versuchen können, aus vollen Lungen zu blasen, so wie man eine Lampe anfacht, daß sie heller scheine. Aber sie war zu weit entfernt. Und man konnte nichts tun, als diesem allem untätig zusehen. Denn ihr zuzusprechen oder für sie zu wünschen, das wäre natürlich sinnlos gewesen. Und war es denn dann zum Schluß eine Befreiung, als sie, die während ihres langen Niederfalles seitlich abgetrieben worden war, kurz vor dem Aufschlag in den Fluß, noch einmal ein letztes Aufleuchten versuchte, ein kleinwenig heller als die vielen Male zuvor, da ihr Weg nun gleich zu Ende war? Denn danach konnte ich nur noch die schwarze Bahn vermuten die sie zog, ehe der Fluß sie aufnahm.

1931–1936

Der Spaziergang

Die Luft ist von einer Leichtigkeit, daß man glaubt, sie bis in die Füße einzuatmen. Und der Himmel ist hoch und von einem dünnen, durchsichtigen Blau, das selbst noch durch das Wolkenfeld, das sich weiß über seine südliche Seite zieht, hindurchscheint. Ich liebe diese hohen, durchsichtigen Wolken, die der Wind gerillt und gefurcht hat. Ich sehe dann und wann zu diesem zarten, sichtbar gewordenen Winde hinauf, dem gegenüber der wirre Flug der Schwalben klarer gezeichnet steht. Ich bleibe stehen. Natürlich gehen mich die Wolken etwas an. Alle Dinge gehen mich etwas an. Wenn das Gras des Abends müde wird und sich schließt, so ist das kein belangloses Ereignis. Die Tiere auf den Wiesen hören auf zu grasen. Der Wind biegt die Halme nicht mehr so unsanft nieder. Es geschieht so vieles, was wir vergessen haben, als sei es gar nicht mehr vorhanden. Alle die einfachen Dinge, die deshalb noch keine Selbstverständlichkeiten sind, weil sie sich einfach aufführen; das Wasser, das über den Weg rieselt, das sich teilt und seltsame Umwege macht und sich wieder vereinigt, um im Grase zu verschwinden. Die Steine auf dem Wege, die noch warm sind von der Sonne, und man kann ihre Wärme sehen, so betäubt ist ihre Farbe, ein stumpfes Grau und Braun und Weiß. Wenn die Nacht kommt, wird die Luft über ihnen ein wenig zittern und sie werden wieder glänzend werden. Ich werde nicht müde zu gehen und stehen zu bleiben und wieder weiter zu gehen. Ich schaue hier zu und ich schaue dort zu. Es gibt so vieles zu sehen.

«Café de la Estrella»

Hier sind die Wasserkrüge aus bräunlichem Ton und der Zucker ist in Papier eingehüllt. Im Griff der langstieligen Löffel steht ein kleiner unauffälliger Stern.

Manchmal geht ein Windstoß über die Marquise, die dann etwas knattert, manchmal klatscht einer in die Hände, daß der Kellner komme.

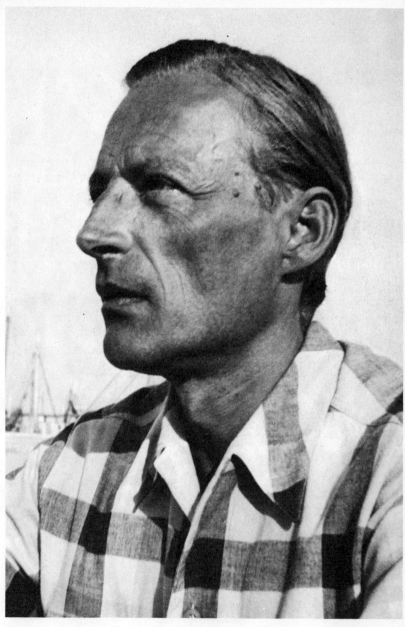

1954

На знаке:
外国人未経許可不准趍越

БЕЗ СПЕЦПРОПУСКА ВХОД ДЛЯ
ИНОСТРАНЦЕВ ВОСПРЕЩЕН

OUT OF BOUNDS FOR FOREIGNER
WITHOUT SPECIAL PERMITS

Jean Gebser am Ende des restaurierten Teiles der «Großen Mauer». 1961.

1963

1967

1968

1970

September 1972

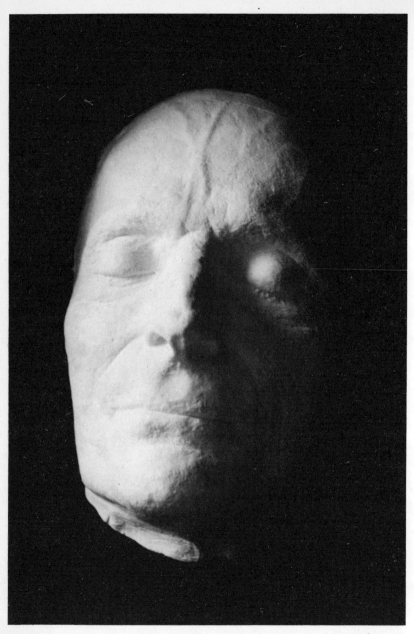

Maske

Hin und wieder wird ein Stuhl gerückt. Menschen gehen vorüber, Männer und ganz junge Burschen, auch Kinder, seltener Frauen oder Mädchen. Die Kinder bringen etwas freudigen Lärm über den kleinen Platz. Die Menschen gehen schweigsam vorbei. Schweigsam sind sie auch an den Nebentischen. Kaum daß man es hört, wenn sie sprechen. Sie sind zu zweit, zu dritt, zu viert. Sie rauchen, trinken Anis oder Café. Nicht eine Frau ist unter ihnen. Nicht ein Mädchen. Männer, junge und alte, die meisten in Anzügen aus schwarzem Tuch oder Samt. Der Inhaber dieses kleinen Cafés spricht manchmal mit diesem oder jenem, manchmal bedient er sie auch selbst. Ich sehe ihm gern zu, wenn er das tut. Seine Bewegungen sind gemessen und von einer männlichen Zartheit.

Ein Wagen fährt über den Platz und biegt in eine Querstraße ab. Die laute Stimme eines Polizisten schreit ihm nach, daß man jene Straße nicht befahren dürfe. Da wendet sich der Cafébesitzer langsam um: «Mir scheint, daß es nicht nötig war, so laut zu schreien. Jedenfalls ist das keine Art, Menschen anzuhalten, nicht wahr?» Der Polizist versucht sich zu verteidigen. Der Inhaber des Cafés entgegnet ihm sehr ruhig, daß er sein Verhalten mißbillige. Die an den Tischen stimmen ihm zu.

Der Wagen hat gewendet. Er fährt noch einmal am Café vorbei und verschwindet.

Der Matrose

Ich bin allein im Wagen, doch im letzten Augenblick, während sich der Zug bereits in Bewegung setzt, steigt ein Matrose in mein Abteil, ein älterer Mann mit breiten und derben Bewegungen. Seine Augen haben etwas Unsicheres, und einmal, ehe er sich zum Fenster hinauslehnt, um einem Kameraden zuzuwinken, fährt er mit dem Handrücken über sie hin. Dann greift er in eine seiner Taschen und sucht hastig nach etwas, das er vor lauter Eile nur schwer zu finden vermag, und wirft schließlich dem Zurückbleibenden sein Paket Tabak zu. Er winkt dann mit einer schweren Hand, die er langsam hin- und herführt, bis sie ruhig und still wird. «So-», wendet er sich schließlich in den Wagen zurück und unterbricht sich, da er meiner ansichtig wird, schiebt seine Seemannsmütze in den Nacken und nimmt mir gegenüber Platz. «So-», wiederholt er leiser und drückt seine Hände ineinander, daß aus ihnen das Blut weicht. Diese Hände sind über und über tätowiert. Unwillkürlich bleibt mein Blick auf ihnen haften. Als ich aufschaue, sehe ich, daß der Matrose lächelt. «Hier auch», sagt er und schiebt seine Mütze noch tiefer in den

Nacken, so daß sein kahler Kopf sichtbar wird, auf dem in ungelenken
Buchstaben «Bon soir» steht. Dann läßt er die Hand sinken und unsanft
auf die Bank aufschlagen. «Das ist lange her, damals war ich so alt wie
Sie jetzt sind. Mein Gott, ich war schon ein paar Mal um die Welt herum-
gefahren. Ja.» Er macht eine Pause, dann fährt er fort: «Wissen Sie, tuen
Sie es nicht. Auch nicht ein einziges Mal.»

Seine Stimme ist über den letzten Worten etwas heiser geworden. Ein
dünnes Lächeln zieht über sein Gesicht. Dann setzt er seine Mütze zu-
recht, öffnet sein Bündel, entnimmt ihm Wurst, Brot und eine Flasche
Wein. Er bietet mir davon an und beginnt zu essen. Er ist ganz mit
seiner Mahlzeit beschäftigt. Er ißt langsam und sieht kaum auf. Vor den
Fenstern beginnen die Telegraphendrähte kurzatmige Bögen zu beschrei-
ben, und während sich die Landschaft immer neu verwandelt, eilt der
Zug in wachsender Fahrt dem Meere zu.

Dort ist ein Teich voller Lotos. Da ich ihm gegenüberstehe, muß ich die
Augen schließen. Aber auch im Dunkeln leuchtet mir die Blüte entgegen.
Welche Milde, wieviel Hinziehen, der Schmelz, ein Anflug von Farbe,
soviel vollendete Form, daß diese Blüte den ganzen Himmel tragen
könnte. Form, die nicht aufhört wo sich der Rand der Blätter zeichnet
(– wie unsere Hand in guten Tagen, geöffnet, eine unendliche Reich-
weite erfährt – aber nicht zum Greifen).

Die kleine Ortschaft

Ich habe heute jene kleine Ortschaft verlassen, in der ich gerne gewesen
bin. Jetzt, da sie hinter mir liegt, begreife ich nicht, wie ich von ihr habe
fortgehen können. Aber es war sicher richtig so. Es ist gut fortzugehen,
bevor die Gewöhnung kommt. Es bleibt einem dann das, was man ließ,
nahe und vertrauter. Und es bleibt vielleicht die Erinnerung an einen
Baum, dessen Blüten im Mittage ganz der Sonne geöffnet waren, der sich
unbehindert hatte entfalten können und schön war. Es bleibt vielleicht
eine Straßenbiegung, die unbelebt im gelblichen Nachmittagslichte lag
und über die einmal der glitzernde Widerschein eines sich öffnenden
Fensters flog. Es bleibt immer dieses oder jenes. Und vielleicht weiß ich
jetzt mehr von den Bäumen und all jenen Dingen, nach denen man nicht
greifen soll, die da sind und auf jene ungewisse Art zu einem Teil unseres
Daseins gehören, welche wir nicht ganz ausfindig zu machen vermögen.

Ich werde weiterfahren, irgendwohin weiterfahren. Es ist ganz gleichgültig was man tut. Aber es ist nicht gleichgültig, wie und wo man ankommt.

Notiz

Jene, die das, was sie als Kind erfuhren, nicht vergaßen: den ersten Schmetterling, der taumelnd durch die Sonne flog, den ersten Tau am grünen Gras, die erste Wolke, die weiß am Himmel vorüberzog, unendlich langsam zog und leise sich verändernd: jene, die diese nahen Ereignisse hinüberretteten über das Wachstum des Verstandes und des Herzens hinaus und das Greifbare nicht verlernten, verweilen geborgener in der gefühlten Welt und lassen das Erklären dort, wo das Ursprüngliche eine reinere Sprache spricht, als sie es vermöchten. Denn was bleibt uns denn anderes, als einfach dem Einfachen gegenüberzutreten?

Jene Jahre gehen schnell vorbei, da man auf unfragbare Fragen blinde Antworten erhielt. Eine Landschaft bleibt die, welche sie ist. Gleichgültig steht sie uns gegenüber, und nur die Kraft, mit der wir sie fühlen, macht, daß sie uns ansieht und uns mit sich verbindet. Immer sind wir es, die den ersten Schritt tun müssen, selbst dann noch, wenn wir, wie wir es als Kinder taten, auf eine untätige Art handeln und die Bereitschaft im Warten auf das, was kommen kann und vielleicht auch niemals kommen mag, der stärkste Ausdruck unseres Lebens ist. Erst zu denen, die den Dingen nicht mehr nachlaufen, kommen die Dinge.

Die meisten Plätze vor dem Café sind besetzt, nur in der vordersten Reihe bleiben einige Tische frei. Auf einem von ihnen sonnt sich eine Katze.

Vom Vieux Port kommt ein Geruch von Tang. Die schrägen, gelben Sonnenstrahlen werden immer wieder unterbrochen von den Vorübergehenden, deren Schatten über die Katze streichen. Alle gehen sie in einer Richtung, ein buntes Band aus Gesten, Stimmen, Farben. Bis dann plötzlich ein greller Ruf das Band zerreißt: «Petit Marseillais! Petit Marseillais!». Der Mund des Rufenden ringt mühsam dem eiligen Laufen dieses letzte langgezogene –ais ab, das die Adern an den Schläfen deutlicher macht. Sein Kopf ist etwas nach hinten geneigt. «Petit Mar--!», da sieht er die Katze und bleibt stehen. Er beginnt sie zu streicheln, langsam und mit einer sanften Hand. Unaufhörlich gehen die Menschen vorüber und über den Tischen herrscht der wirre Lärm der Stimmen.

Der Junge steht noch immer dort. Dann, unvermittelt, hebt er den Kopf, zwinkert mit den Augen, rückt mit einer kräftigen Bewegung, die durch den ganzen Körper geht, die Zeitungen zurecht. «Voilà!» Und dann wieder: «Petit Marseillais! Petit Marseillais!».

Es war auf dem Postamt einer kleinen Stadt. Die Schalter waren, als ich hineinkam, noch nicht geöffnet und es warteten bereits einige Leute. Ich stellte mich in die Reihe der Wartenden. Neben mir stand ein ganz junger Mann in blauem Monteuranzug. Er stand mit dem Gesicht zum Schalter und schrieb. Das heißt, er schrieb nicht eigentlich, sondern bedeckte ein Stück Papier mit Strichen, Kreisen, Arabesken, mit jenen seltsamen Figuren, die uns die Langeweile eingibt. Er sah kaum hin, was er da malte. Eine Hand machte Zeichen, von denen der Kopf nichts wußte. Kreise, Kringel, Schleifen und dann stand mit einem Male ein großes, klar geschriebenes A da, und langsam fügte die Hand ein sorgsames d hinzu und schließlich ein anderes a. Dann ging ein kleines, überraschtes Zucken über seine Augen, die soeben noch ohne Blick gewesen waren. Er wandte ein wenig den Kopf, wurde meiner gewahr und deckte mit einer leisen Bewegung die Zeichnung zu.

Die Vergangenheit: man muß sie abtragen, wie man einen alten Anzug zu Ende trägt. Schließlich entwächst man allem.

Die Dinge, die zwischen Himmel und Erde eingewebt sind sagen zu können in klaren, hellen, fast gefrorenen Worten ––

Unser Körper weiß mehr von den Sternen als unsere Gedanken.

Die kürzeste und sicherste Verbindung zwischen zwei Punkten ist der Bogen.

Jene, die beim Anblick eines schönen Dinges ihr Entzücken laut wiedergeben müssen, die nicht innehalten, die immer sofort reagieren müssen: sie wissen es nicht, daß sie Angst haben, diese Schönheit könnte sie überwältigen. Sie sind nicht fähig, sie ganz aufzunehmen, zu spiegeln und ruhig zu ertragen. Sie können nichts halten – selbst wenn es zu ihnen kommt, verwirren sie das Kommende derart, daß es sie flieht und mit Ausrufen und lauter Stimme verfolgen sie es jetzt und tuen leidig, daß ihnen all das entgeht, was andere durch ihr Schweigen vielleicht doch zu halten imstande sind.

Es kommt nicht darauf an Romane zu schreiben, deren Vorwurf eine Auseinandersetzung mit sozialen Fragen sei, sondern es sollte in jedem Buche, das etwas gilt, ja, es muß heute ein jedes Buch, das etwas gilt, eine gewisse, ganz unverkennbare Atmosphäre der neuen Zeit tragen – dies ist das Entscheidende. In Cocteau's Werken ist – so gesehen – sehr viel von dieser neuen Zeit; daß er bekehrter Katholik wurde, ist von hier aus gesehen Angelegenheit zweiter Ordnung. Dasselbe geschieht mit Virginia Woolf. Dasselbe mit Rilkes letzten Gedichten und Elegien. Jene kristallene Luft, jener Grund von Eisblumen, das neue, strahlende Grau – dieses sind die Merkmale. Alles andere verschwindet dem gegenüber.

Es ist eines nötig: einmal in seinem Leben wenigstens eines ganz getan zu haben. Ganz. Mit allem Einsatz. Bis zum stärksten Verlust. Bis zur endgültigen Aufgabe des eigenen Ichs. Einmal über sich selbst hinausspringen und an die Himmel rühren. Einmal die Spannung so weit zu treiben, daß es nur noch das Entweder-Oder gibt. Wenn man da hinüber kann, dann kann man durch.

Warten: das heißt vor allem anderen Wachsein.

Wenn man spricht, ist man einem Menschen gegenüber. Das kann zuweilen hindernd sein. Wenn man schreibt, ist man dem Horizont gegenüber, und dem Himmel, das sollte eine Verantwortung sein.

In H. G. Wells: «Geschichte unserer Welt» finde ich eine Karte, welche «die Welt nach Herodot» darstellt. Die Form dieser Welt ist durchaus die eines Embryos.

Man muß sich erst einmal so leicht gemacht haben, daß man sich vom Winde forttragen lassen könnte, um etwas Wirkliches beginnen zu können, das lebensfähig ist.

Himmel: ein Wort von ausgesprochen geringer Plastizität. Etwas überaus Streifendes, Wehendes, Inkonstantes. Man halte dagegen das spanische cielo: der ganze spanische Himmel spiegelt sich in ihm, mit all seiner klaren Plastizität, mehr noch: auch das Runde ist in diesem Wort, das nichts von einem Weitergehen hinter ihn weiß. Das französische ciel ist dagegen schon, wenn auch um Grenzen wissend, weiter und durchsichtiger, während das englische sky – (heaven ist nur das aufbewahrende Wort für einen lieben-Gottes-Himmel) trotz seiner Fülle ein sehr starkes Vorstoßen ist.

Wenn ich: Himmel sage, so meine ich jenes Gefühl von Vertrautsein mit ihm, das unsere Füße von der Erde haben. Eine Wiese ist immer nur dem Himmel gegenüber, ein dauerndes Hinaufsehen. Unser nackter Fuß weiß sehr viel von der Erde, doch bereits in den Händen, die sich erheben können, ist das Wissen um Wind und Sterne. Unser Scheitel aber trägt gewißlich den Himmel. Man mag in diesem letzten Satz nicht eine Maßlosigkeit des Körpergefühles sehen. Scheitel und Haupthaar des Menschen sind in der Natur eine sehr einzigartige Erscheinung. Durch sie reichen wir auch sichtbar hinüber in die drübige Wirklichkeit. Nicht umsonst ist das Haar das Organ, mittels dessen wir am stärksten elektrische und atmosphärische Erscheinungen wahrnehmen. Ihr Ergrauen, dieses Verlieren der wiegenden Farbe, dieser Wandel zum Glanz des Silbers ist wie die Annäherung zu dem, was hinter den Himmeln ist. Vielleicht hängt damit auch zusammen, daß die endgültigsten, reifsten, entscheidendsten Gedanken aller Völker im Alter geschrieben werden. Natürlich darf man das nicht verallgemeinern. Aber es scheint mir, daß die Perückenmode des 18. Jahrhunderts von dieser Überlegung aus ein Ansehen erhält, das sie nicht nur zum Rahmen des Gesichts stempelt, wie Kassner meint.

Ein Stern ist uns nicht ferner und nicht näher als jener Stein dort oder jene Blume. Wir könnten den Stein aufheben? Wir könnten die Blume brechen und in unser Dasein ziehen? Schließlich gab es welche, die auch mit dem Himmel vertrauten Umgang hielten. Von einem gewissen Punkte an ist es gleich, was wir zu uns hereinnehmen.

Buddhas Stil der Reden: Wiederholung, Europas Stil: Aufbau.

Mut ist nur zu oft eine Flucht nach vorwärts.

Gewiß – die Welt der Kernphysik ist nicht unsere Alltagswelt – daß sich deren Körperlichkeit und Materialität im Immateriellen verliert, scheint für unser tägliches Leben unverbindlich – aber diese Immaterialität ist gewissermaßen die Wurzel all dessen, was unserer materiellen Ausformung zu Grunde liegt.

Es gibt Wörter, die für unsere Zeit fast etwas Sagenhaftes bekommen haben. Zufrieden. Wie viele könnten noch von sich sagen, sie seien zufrieden, sie seien also zu Frieden gekommen?

Die Einstellung des Spaniers zum Tode; soweit man überhaupt von Einstellung sprechen kann. So wie der Stierkampf nichts ist, als ein zu höchster Anmut und Kunst gesteigertes Spiel mit dem Tode. Mit was spielt man? Mit den Dingen, die da sind. Das ist es: er ist da, wie ein Blatt da ist, oder das Leben oder der Stein. Bei den Begräbnissen hier gibt keiner der Nachfolgenden sich die Anstrengung ernst zu sein. Sie schlendern hinter dem Sarge her, rauchend, lachend, und sprechen gar nicht leise. Es ist nicht Gefühlslosigkeit oder Empfindungslosigkeit. Eher noch das Unphilosophische des Spaniers (es gibt kaum eine spanische Philosophie, wenigstens nicht das, was wir unter Philosophie zu verstehen erzogen wurden). Der Tod ist aber etwas Brüderliches, etwas so nah Verwandtes und aus alter Gewöhnung her Vertrautes, daß er nicht ängstigt.

Ich liebe es, unter Kultur nicht das zu verstehen, was einer sich aneignete, sondern all das, was man gewohnt ist unter Takt, Anstand, Menschlichkeit, Gradheit usw. einzeln darzustellen. So betrachtet ist das spanische Volk ohne Zweifel eines der kultiviertesten Völker Europas, wobei man allerdings den Begriff Volk durchaus auf seine sogenannten einfachen Schichten beziehen muß. Der unglaubliche Vorteil dieses Volkes ist der zivilisatorische Rückstand des ländlichen Spaniens. (Rückstand, der, will mir scheinen, durchaus kein Zufall ist, sondern eben in dieser Kultur und der ausgesprochen hohen Intelligenz seinen Grund hat.)

1938
Erklärungen sind nicht immer, was ihr Wortstamm voraussetzt.

Vor zwei Jahren, im Sommer 1936 anläßlich meines Rilke-Aufsatzes, schrieb ich von den zwei Seiten der Dinge, der uns zu- und der uns abgewandten Seite und meinte, wenn es gelänge, über die uns abgewandte Seite hinauszukommen, ständen wir mitten im Leben zugleich mitten im Tode. Mit unseren menschlichen Sinnen nehmen wir nur die uns zugewandte Seite der Dinge wahr. Ich glaube, daß es in uns Fähigkeiten gibt, auch die andere zu erfahren. Tritt dies ein, verliert die Welt den vermenschlichten Charakter, den wir ihr geben und erhält ihren ganzen, objektiven Charakter zurück. Auch dieses könnte man als eine Art Gottwerdung des Menschen ansehen.

Man muß sich vorsehen, damit ein gewisses Nachdenken nicht zu einem Jonglieren mit geistigen Dingen wird. Es sollte in jedem Satze, den man schreibt, etwas von dem Leben sein, das jetzt zu mir heraufschallt, da ein Zeitungsverkäufer «Paris Soir» ausruft. Alles ist einfach, nur die Tatsache, daß wir nicht mehr einfach genug leben, sondern unter Hindernissen, macht alles kompliziert. (Doch wir können dieser Komplizierung auch dankbar sein: nur wer durch sie hindurchging, kommt zu der echten Einfachheit, die ohne diesen Durchgang lediglich Primitivität bliebe.)

Ein Tagebuch kann nur zu einem geringen Teil ein Spiegel sein. Die wahrscheinlich wichtigsten Gedanken sind uns so nahe und selbstverständlich, daß man über sie kaum redet, wieviel weniger aber erst schreibt. Ein Tagebuch ist ganz einfach ein Ventil, ein Notizheft. Ich schreibe ein, was mir gerade zu der Minute, da ich schreibe, in den Kopf kommt, möglichst ohne Kontrolle, möglichst ehrlich. Auf diese Weise kommt dann vielleicht doch einmal etwas von ganz unten herauf ans Tageslicht – und sieht dann womöglich nicht einmal schön aus.

Jede Doktrin, jedes Dogma, ja, fast jede Lehre ist nichts als Verteidigung, Vergewaltigung, Lüge hinsichtlich des lebendigen Lebens.

Das Wort: Glaube ist mir unerträglich. Nur akzeptierbar insofern es: unbeweisbares Wissen bezeichnet.

Hoffnung soweit sie nichts anderes als eine abwartende Haltung bezeichnet, ist mir genau so unerträglich wie «Glaube». Hoffnung als Zuversicht auf spätere Verwirklichung, d. h. auf Realisierung, Sichtbarmachung eines latent vorhandenen Zustandes (evtl. vorerst nur ausgedrückt durch die für ihn bestehende Bereitschaft) ist schon annehmbarer.

Sie müssen immer einen Zaun um sich aufstellen, um sich nicht zu verlieren bzw. zu verirren. –

Sisi, ein Mädchen von drei Jahren, Tochter des Besitzers eines Restaurants, findet, als sie durch den Speisesaal geht, eine Blume auf dem Boden, hebt sie auf, wickelt sie in ein Stück Papier ein, bringt sie zu dir und sagt: «Ne la réveille pas, elle dort.»*

Am Rand des Sees gegen Abend: die Wasserhühner an den weitläufig gewundenen Ufern, Wasser und Himmel von bläulichem Grau mit einem Schimmer wie Perlen.*

* Aus dem Spanischen übersetzt von Dr. Heinz Temming.

Wo der Zynismus anfängt, hört die Tragik auf, und das bitterste Leid und die bitterste Verzweiflung werden dort zu einer Farce, wo die Achtung und die Haltung verlorengehen.

Die sprachlichen Grenzen unserer Ausdrucksmöglichkeit, die es nicht gestatten, mehr als jeweils einen Gedanken auszusprechen, während vor der Festlegung durch das Wort ein ganzer Akkord von verschiedenen zusammenstimmenden Gedanken in unserem Geiste lebendig ist. Diesen Parallelismus der Gedanken schriftlich darzustellen, ohne große Wiederholungen des Orgeltones, ist das eigentlich Schwierige im Essay.
    Wieviel umfassender und erleichternd in dieser Hinsicht ist die chinesische Schrift, die bildlich, rhythmisch und sprachlich zugleich wirkt.

Die Sprache ist etwas Begrenztes – wie sollte man also mittels ihrer etwas Grenzenloses ausdrücken können? Erst im Weltraum erhält die Grenzenlosigkeit Maß.

Erfahrung einerseits – und Bestätigung einer Ahnung, eines als vorhanden Vorgefühlten andererseits – das sind zwei grundverschiedene Dinge.

Als Nietzsche den ersten Teil des Zarathustra an Wagner sandte, kreuzte sich dieser mit Wagners Sendung des Parzivals an Nietzsche. Er soll diesem «Zufall» eine gewisse Aufmerksamkeit zugewandt haben, indem er das Gegensätzliche dieser Werke noch unterstrich. Was er nicht unterstrich – und es bleibe dahingestellt, ob wissend oder unwissend – ist, daß die Sprache des Zarathustra durchaus die Übersetzung Wagner'scher Akkorde in die Dichtung ist. Dieses aber scheint mir, und immer wieder, die menschlich stärkste Tragik Nietzsches.

Gewiß: man kann nicht alles haben. Aber man muß haben, was man ist.

Blaue Wolken, von einem Blau wie Schiefer, zwischen anderen grauen und gelblichen, wie mit Pastell gemalt. Sie standen am westlichen Himmelsgewölbe über den schneebedeckten Gipfeln. (Ihr Schimmer und Widerschein über dem Weiß des Schnees färbte sie in unendlichen Schattierungen.)*

Eines der Mädchen, das hier im Haushalt hilft und um des Kochen-Lernens da ist, vergißt von einem zum andern Mal, wie ein Gericht zu-

---

* Aus dem Spanischen übersetzt von Dr. Heinz Temming

bereitet wurde. «Ja, Sie müssen etwas denken», sagte ihr die Besitzerin. «Ach, ich denke nicht gerne», war die Antwort.

Existieren im Chinesischen mehr Ausdrücke für die Farben-, Geruchs- und Geschmacksnuancen als in den europäischen Sprachen, die an keinem Wortreichtum für dieselben leiden?

Jedwedes Dogma ist mir aufs heftigste zuwider. Mir genügen meine eigenen «Gesetze», auch dann, wenn ich unter ihnen leide, weil ich sie noch nicht gänzlich zu ordnen imstande war.

Ich sage niemals: das ist so. Ich sage immer oder setze als gesagt voraus: für mich, ist das so, oder: ich sehe es so, oder: meiner Meinung nach... Ein anderes Vorgehen ist unbescheiden, also auch taktlos.

Platon läßt Sokrates fragen: «Was ist Wahrheit?» Aber er gibt keine Antwort auf diese Frage. Abgesehen davon, daß auch eine Lüge Wahrheit sein kann, – es gibt so viele Wahrheiten als es Menschen gibt. Die endgültige aber ist gleichbedeutend mit der Natur. Wobei ich in die Natur alles Dasein und alle Daseins-Äußerungen einbeziehe. Also das ganze abstrakte Spiel, das man erfand, um sich zu erklären: Materie, Geist, Seele, Bewußtsein, Unbewußtsein, Kosmos etc. etc.

Die Notwendigkeit, daß ich eine bessere Einteilung des Tages vornehme. Die äußere Ordnung zurückwirkend auf eine beginnende innere. Besser: der Versuch, durch eine auferlegte äußere, die innere zu begünstigen.

Was soll geschehen, da man von unserer Zivilisation nicht erwarten kann, daß sie sich ändere? Muß das Radio die Menschen taub schreien, muß ihre Technik sie töten, damit sie von neuem anfangen können zu leben? Die Einsicht, daß diese Technik ad absurdum geführt ist, lassen sie nicht aufkommen.

Die Verbindung zwischen Essen und Denken ist eine sehr intime.

Wir sehen heute noch Sterne, deren Licht zu Lebzeiten Christi erloschen ist: wer sagt uns, daß der gestirnte Himmel uns ein exaktes Bild seines augenblicklichen Zustandes gibt? So wie er tatsächlich ist, sehen wir ihn niemals, weil immer noch Lichtquellen vorhanden sind, die wir für Sterne ansehen, die aber in Wirklichkeit nicht mehr leuchten, nicht mehr scheinen. Diese Überlegung ist sicherlich nicht ermutigend und stellt jede Erscheinung in Frage. Aber schon das Wort Erscheinung besagt ja, daß wir mit Wirklichkeiten an sich nicht rechnen dürfen, sondern nur mit dem, was uns als solche (wirkend) erscheint. Nur der Gedanke an die Raum-Zeit-Einheit mildert diesen Eindruck und die Vorstellung, daß diese in dauerndem Fluß ist – ordnen wir uns diesem Fluß ein, löst sich das Problem.

Dem Zerstörungstrieb steht ein Ordnungstrieb gegenüber. Daß eine ordnende Bestrebung durch die gesamte Natur (und nicht nur durch ihre Anlage) geht, steht wohl fest. Es fragt sich nur, inwiefern man Zerstörungstrieb und Ordnungstrieb einander entgegensetzen darf, denn mir scheint, sie seien ein und derselbe, die sich nur in ihrer immediaten Auswirkung als gegenteilige manifestieren.

Die Tatsache, keine verwandtschaftlichen Beziehungen mehr zu haben, fühlt man besonders wohltuend dann, wenn man bei anderen die Fülle derartiger Bindungen und Fesseln feststellt.

Einmal nachts in Ouchy am See: das gegenüberliegende französische Ufer vollständig verdunkelt (wie immer seit Kriegsausbruch); klarer, großer Sternenhimmel; die Spiegelung des Mondes im Wasser – und die eines großen Sternes.
Astrologie? Ja. Natürlich gibt es derartige Einflüsse. Sonne und Mond beeinflussen uns ja auch. Warum dann nicht auch ein Stern, der größer als die Sonne ist und dessen Licht die Kraft hat bis zu uns zu gelangen? Aber sie wissen noch immer nicht, oder vielleicht wissen sie es nicht mehr, wie sie das alles verstehen und auslegen sollen. Das meiste, was heutzutage sich als Astrologie ausgibt, ist nichts als aufgeplusterte, phantastische Kombination mit Zufallstreffern.

Ist es nicht tröstlich zu denken, daß kommende Generationen mit einem Lächeln auf unsere Überlegungen, auf unser Herumtapsen herabsehen werden?

Im ersten Bande des «Journal» von Mauriac entsetzt seine Einstellung zu der Tat einer Mörderin, wobei ganz klar ist, daß in diesem Falle mehr der Ermordete als der Mörder (wie so oft!) «schuldig» war. (Diese Tatsache präzis formuliert zu haben, ist ein unzweifelhaftes Verdienst Werfels.)

Es ist vorzuziehen, embryonale Gedanken wieder in das «Vergessen» zurückfallen zu lassen, denn eines Tages kommen sie doch herauf, an die Oberfläche, ins Bewußtsein, mag es auch Monate, ja vielleicht Jahre dauern. Dann sind sie wenigstens ausgereifter, ausgeformter, substantieller geworden. Man darf seinen unterbewußten bildenden Kräften sehr viel zutrauen. Alles braucht «seine» Zeit. Um einen kleinen Kern kristallisieren sich so allmählich befreundete und eines Tages tritt dann ein ganzer klarer Kristall ins Tageslicht. Klare, durchsichtige Gedanken, und nicht irgendwelche – darauf kommt es an.

Anstatt das Publikum an einen gewissen Grad von Qualität und an geistige Verantwortung zu gewöhnen, laufen die Herausgeber dem Publikumsgeschmack nach.

Was uns «übernatürlich» erscheint, ist nur über oder unter unserem Verstand, also außer-verstandesmäßig.

Wieviel wirklichkeitsnäher der Franzose im Vergleich zum Deutschen ist, drückt sich am besten in den beiden Wörtern «maintenant» (von la main und tenir?) und «jetzt» aus.

Man muß unbedingt dahin kommen, seine inneren Sturzbäche auch dann leiten zu können, wenn ein plötzliches Schmelzen, hervorgerufen durch irgendwelche seelischen Ereignisse, stattfindet. Es handelt sich dabei weniger um eine Zähmung, um eine Art Wildbach-Regulierung, sondern darum, daß man gewissermaßen vorbereitet für derartige Vorkommnisse einige Mühlen an seinen imaginären Ufern aufgestellt hat, die seine an sich zerstörenden Kräfte nun plötzlich in positive Arbeit umzusetzen vermögen. Denn es kommt nicht auf das Gegebene an sich an, sondern auf das, was man daraus macht. Geschieht dies lange genug, formt sich allmählich das Gegebene in die angedeuteten Bahnen und Möglichkeiten von selber um. Auch ein Sturzbach wird im Laufe der Jahrtausende zu einem friedlichen Fließen. Die seelische Energie aber kann gewisse Entwicklungen auf eine Sekunde reduzieren, die in der bereits entschiedenen Natur Jahrtausende beansprucht.

Tier, Tal, Blume und Berg sind irgendwie bereits entschieden. Nur der Mensch hat jeweils noch die Möglichkeit, sich zu entscheiden. Falls das, was wir Leben nennen, jene Spanne zwischen Geburt und Sterben, mehr als ein Versuch ist, wofür vieles zu sprechen scheint, so ist es ohne Zweifel ein Sich-Entscheiden. Was aber bedeutet dieses Wort? Da es ein extremes Wort ist, weil es den äußersten Begriff des Scheidens, des Trennens darstellt, fällt es mit seinem Gegenwort: «einen» zusammen.

Seine eigenen Leiden und Schmerzen so unpersönlich werden zu lassen, daß die Lösungen, die ihre Aufhebung herbeiführen könnten, zugleich Lösungen für eine größere Allgemeinheit zu werden vermögen. Dieses nicht um des Namens, des mißlichen, mißverstehenden Ruhmes oder dergleichen willen, sondern aus einem eingeborenen Gefühl menschlicher Verantwortlichkeit heraus.

Sie kennen nur die Beziehung zum Bargeld, zur Quintessenz alles Baren, wie schon das Wort sagt – wen nimmt es wunder, daß wir dann heute in einem baren, chaotischen Zeitalter leben?

Sie gehört zu jenen Menschen, die alles fortgeben, sich aufzuopfern wissen. Es ist ihre Natur. Man nennt es oft fälschlicherweise Güte, wo es nur innerlicher Zwang und Notwendigkeit sind.

Die Masse ist immer maßlos.

«Das Leben ist ein Traum» ist ein Thema aller Zeiten und Breiten. Sentenzen, die das ausdrücken, habe ich gefunden bei chinesischen Autoren, persischen, ägyptischen, griechischen (Pindar). Dort hat dieses Thema noch eine konkrete Realität. Bei Calderón (siehe sein allegorischer Stil = lebendig gemachte Bilder) und Novalis dagegen erscheint dieses Thema mehr als eine Erinnerung an einen Zustand der Menschheit, der mit den Pythagoräern endgültig abgeschlossen worden ist.*

Die Einheit des Denkens und Fühlens: Man kann Gedanken fühlen, z. B. bei einem anderen, oder bei sich selbst (mir ist ein Gedanke «gekommen») im allmählichen Bewußtwerden derselben: das Fühlen die Blüte, der Gedanke die Frucht. Wenn der umgekehrte Vorgang eintritt, daß nämlich Gefühle gedacht werden, ein Vorgang, den man als Wunschtraum bezeichnet, tritt die neurotische Mißbildung ein: die Fehlleitung der Gefühle, der Kurzschluß des Denkens: die Natur wird auf den Kopf gestellt. Das schließt nicht aus, daß auch auf diese Weise etwas erreicht werden kann, nur das Wie spürt man dann als falsch, etwas scheint dann selbst an den so gewonnenen Leistungen verdorben. Diese Nicht-

---

* Aus dem Spanischen übersetzt von Dr. Heinz Temming.

Befreiung aus einem derartigen Zustand steht der dauernd stattzuhabenden Verwirklichung entgegen, dem Gleichgewicht, dem ganzen Leben,
dank dessen der Mensch durch seine eigene innere Bewußtwerdung die
Natur vorwärts und weiterbringt.

Solange wir von Schicksal sprechen, haben wir die Begegnung mit uns
selber verfehlt.

Schicksal, ein Stolpern über die immer gleichen Fehler und Trümmer
aus der Vergangenheit heraus in die Zukunft. Eine Verneinung der
Gegenwart. Schicksal ist Teilung der Welt. Nur im Schicksal gibt es
Raum und Zeit. Ohne Schicksal zu sein, über seinem Schicksal zu stehen
ist die Einbeziehung des Todes ins Leben, ist zur Blüte werden für alle
Kräfte der Natur.

Die Schwierigkeiten bei der Darstellung meiner Ansichten über die Möglichkeiten der neuen Entwicklung des abendländischen Weltgefühls bestehen darin, daß eigentlich nur ein Ausgangspunkt gegeben ist, der
auch den gegensätzlichsten Anschauungen gemeinsam sein muß. So z. B.
die Verneinung des Christentums. Das Peinliche ist, daß wilde Ideologien der Rechts- und Links-Extremisten diese Verneinung sich aneigneten,
sich nur auf die Tatsache dieser Verneinung stürzten, also den Ausgangspunkt mit dem eingeschlagenen Weg verwechselten. Man wird dies sehr
klar auseinandersetzen müssen, um einer Fehldeutung vorzubeugen.

Man könnte mir sagen: vieles von dem, was du erwünschst, finden wir
in der Mystik, in asiatischen Philosophien, etc. verwirklicht. Wozu also
deine Bemühungen? Sie sind unnütz, denn was du sagst, ist ja beispielhaft gegeben.

Das ist falsch. Und es ist falsch, weil es eben keine Mystik, keine
asiatische Philosophie ist, die zu übernehmen für uns, mit unserem Weltgefühl kaum möglich wäre. Es ist nicht einmal eine mehr oder minder
fragwürdige Interpretation alter, vergangener, naher beziehungsweise
ferner Lebenshaltungen. Es ist der Versuch, eine neue, latent bereits
existierende, uns, und nur und ausschließlich uns gemäße bis in das
klare Licht des Bewußtseins emporzuheben.

Niemals den Versuch machen zu überzeugen, niemals bekehren wollen,
niemals überreden.

Nur das Einverständnis ist von Dauer, alles andere geht auf tönernen
Füßen und ist nur eine Art Rückversicherung (ich denke das und das:

gelingt es mir, noch einige von dem Wahrheitswert zu überzeugen, den ich ihm zuspreche, gelingt es mir, zu erreichen, daß dieses, was ich denke, vielen richtig erscheint, festige ich auf Grund der gewonnenen Mehrheit meine eigene Ansicht und Stellung – auf die Mehrheit kommt es aber niemals an!).

Neue Gedanken können niemals wieder ungedacht gemacht werden. Was ans Tageslicht trat, bleibt im Tageslicht. Wenigstens auf die Dauer eines Tages. In der menschheitlichen Entwicklung aber ist ein Tag oftmals einige Jahrhunderte lang. Alle Unterdrückungsversuche, alle Hindernisse, die man neuen Gedanken zuteil werden läßt oder ihnen entgegenstellt, sollte man eher begrüßen: sie fördern das Wachstum, sie stärken jene, welche durch ihre Kraft die Gegenbewegung auslösten. So gesehen haben die heutigen Diktaturen auch ihre positive Seite.

Das «denn» und das «wie» sind mir zwei sehr lästige Wörter. Besonders aber das vergleichende «wie». Die Nacht ist durchaus nicht *wie* ein schwarzer Rachen. Sie ist entweder Nacht, oder wenn man es durchaus will: sie ist ein schwarzer Rachen. Die meisten «wie» sind wirklichkeitsverfälschend. Entweder man identifiziert, oder man läßt es sein. Diese Stellungnahme entspringt keiner anti-intellektuellen Betrachtungsweise, wohl aber dem Bedürfnis nach Klarheit und Sauberkeit.

Der Verzicht auf das «denn» kann, braucht aber nicht zu einem anti-intellektuellen Verlust des Logischen führen, wohl aber ermöglicht er eine Zunahme des Konkreten auf Kosten des Abstrakten. Damit ist jedoch schon sehr viel gewonnen.

Es gibt eigentlich nur ein einziges menschliches Problem, ein gesamtmenschheitliches Kernproblem: die Einheit zu verwirklichen. Alle anderen Fragen sind nur Komponenten, Ableger oder Verdrehungen dieser Kernfrage.

Für uns, die wir von jedweder Lösung durch unser einseitiges Abgetriebensein in die Ratio weiter entfernt erscheinen als je eine Kultur, eine Annäherung an den erwünschten, vermißten Einheits- und Ordnungszustand zu finden, wird besonders schwer sein. Der überspitzte Intellekt führte bereits teilweise (Bergson) zum Anti-Intellekt, die überspitzte Trieb-Auslegung zur Anerkennung eines Todestriebes, also zum Anti-Vitalen. Das alles sind keine Lösungen, aber Sackgassen der Verzweiflung. Die Diktaturen sind gewissermaßen die versperrenden Wände dieser Sackgassen. Es gibt dagegen Ansätze zu möglichen Lösungen: Jung, de Broglie und das unverdorbene Herz, das vermutlich die Frage nach Herkunft und Bestimmung eher beantworten kann, als der bloße Verstand. Was im Moment geleistet werden könnte? Nur Pionierarbeit: das notwendige Aufräumen mit alten Vorstellungen, Begriffen, Meinungen, die einmal ihre Gültigkeit hatten, die wir aber mitschleppen wie ein Baum einzelne trockene Blätter noch bis ins Frühjahr an sich duldet.

Die Entwicklung vom mythenbildenden Menschen zum religionsstiftenden und weiter zum abendländisch denkenden: ist diese Entwicklung nicht der sehr schwierige, sehr langsame Weg zu einer immer stärkeren Intensivierung des Bewußtseins? Dinge, die der Mystiker noch aus unbewußtem Vermögen «wußte», wissen wir heute. Alle wissenschaftlichen Erkenntnisse sind nur dann gerechtfertigt, wenn sie nicht im Hinblick auf materielle Machterweiterung oder wegen möglicher «Beherrschung der Natur» durch den Menschen versucht werden, sondern einzig und allein, wenn sie zu der echten Erkenntnis des Ganzen als Bausteine betrachtet werden. Erweitertes Wissen ist zugleich auch intensiviertes Bewußtsein. Ist umfassendere Einsicht. Ist verstehendes Erkennen. Erkennen ist aber auf eine gewisse Art auch ein Eins-Werden, wobei dieser Begriff im Deutschen durch seine Beziehung zur Liebe einen besonders lebendigen, warmen Unterton erhält. Jedwedes Wissen soll schließlich nur zur tieferen, lebendigeren Einsicht führen: also das Gute, die Güte in der Menschheit fördern.

Wie ist eine Überwindung des Staates möglich? Jetzt ist er ein aus dem Intellekt geschaffenes Gebäude, mit all den dadurch bedingten Fehlern. Die Nation ist keinesfalls seine Überwindung; vielleicht wird es einmal die Menschheit sein.

Den Gedanken, daß es keine festen Punkte mehr gibt, daß die Dinge untereinander bezogen sind, ausdehnen auf das Verhältnis der Menschen zu- und untereinander: es gibt keine «Herren» mehr, die befehlen, alles regelt sich von Mensch zu Mensch. Kein Autoritätsprinzip – aber das der gegenseitigen Achtung.

Wenn die Gotik Angriff ist, ist der romanische Stil der tragende. Nur in gewissen asiatischen Stilarten, in chinesischen Dachformen und denen der Tempel von Angkor, fand ich bisher jenes Bescheiden auf die menschlichen Möglichkeiten, welche die europäischen Stilarten so leicht vermissen lassen.

In der Mystik und in jeder schöpferischen Dichtung (Lyrik) und im intuitiven Erkennen und Wahrfühlen, Wahr-wissen zeigt sich ein Rest jenes schauend wirkenden Sinnes, der erst mit den intellektualisierenden Griechen, wahrscheinlich vorübergehend, dem Abendlande verlorenging, denn sowohl die Ägypter, Babylonier und Assyrer besaßen ihn noch.

Es scheint, daß er im asiatischen Kulturkreis, trotz stärkster Weiterentwicklung des Intellekts, niemals ganz verlorengegangen ist. So erklärt sich das Fehlen jedweder Sündenfall-Sage und jedweder Erbsünde-Vorstellung bei den Chinesen. Jener Zweig der Menschheit hat anscheinend die Bewußtwerdung vitaler überstehen können, weil er, was wie ein Wunder auf uns wirkt, trotz ihrer die unbewußt und schauend wirkenden Sinne nicht verkümmern ließ. Es ist anzunehmen, und genügend Anzeichen sprechen für diese Möglichkeit, daß der abendländische Mensch durch Intensivierung seiner Bewußtseinssphäre, einerseits in Richtung auf das sogenannte Unbewußte, andererseits durch einen noch stärkeren Vorstoß in den intellektuellen Möglichkeiten, zu einer ganz neuen Haltung und Einigung gelangen wird.

Warum der christliche Mensch einen von der Natur verursachten Vorgang, wie es seine Bewußtwerdung darstellt, als Schuld, als Sünde aufzufassen vermochte – dies ist mir durchaus noch nicht klar. Nichts das wurde ist naturwidrig. Naturwidriges existiert überhaupt nicht.

Wir befinden uns ohne Zweifel nicht nur in diesen augenblicklichen Jahren im Übergang aus einem scharfumrissenen Teile des großen platonischen Sonnenjahres in den nächsten, sondern darüber hinaus auch noch in einer vollständigen, gerade jetzt fast vehement sich äußernden Umwandlung. Alles scheint auf eine Zusammenfassung, die auf einer neuen, höheren Bewußtseinsstufe liegt, hinzuzielen.

Unsere Epoche ist jene, in welcher sich zum ersten Male auf eine klare, unphantastische und aufrichtige Art die Andeutungen für das Erscheinen einer neuen Sinnes-Möglichkeit kundtun. Wirklichkeiten, wie sie in Julien Green's Romanen geschildert werden; eine ähnlich «übersinnliche» Atmosphäre, wie man heute zu sagen geneigt sein könnte, in Cocteau's Werken; ähnliche Momente in den Bildern Braque's und Picasso's – sie sind alle nur Symptome für die allmähliche Bildung dieses neuen Sinnes. Dieser freilich darf keinesfalls mit einer mißgeleiteten, wiedererwachenden Hellsichtigkeit verwechselt werden. Eher mag es sich um eine Fähigkeit handeln, die dieser vielleicht ähnlich ist, sich von ihr aber dadurch unterscheidet, daß sie auf einer gewissermaßen höheren

Ebene, getragen auch von einer klarsichtigeren Intelligenz, zustande kommen wird, nein (falls nicht alle Anzeichen trügen) die bereits zustande kommt.

Man verwechselt bzw. man identifiziert immer noch fälschlicherweise das Sterben mit dem Tode. Dieser ist kein Zustand eines Nachher, sondern bildet mit dem Leben eine Einheit, ist dessen Gleichzeitigkeit. Wir sind immer, in jedem Augenblick zugleich im Leben und im Tode. Das Sterben aber ist eine jener Handlungen, jener Verwandlungen, die wir des öfteren im Leben vollziehen, nur mit dem Unterschied, daß diese Verwandlungen nicht immer so greifbar sichtbar vor sich gehen wie das Sterben.

Die Sonne beschreibt keinen Kreis, sondern eine Ellipse. Der Kreis hat nur einen Brennpunkt, die Ellipse hat zwei. Das Ausschlaggebende sind nicht Leben und Tod, sondern das Sein. Aber es ist noch etwas anderes: Die Sonne beschreibt eine Bewegung am Himmel und übers Jahr wird sie am gleichen Punkte stehen. Doch die Frage ist, ob sie tatsächlich am gleichen Punkte stehen wird. Jedenfalls nicht auf exakt dem gleichen, sondern ein wenig höher oder tiefer, ein wenig mehr rechts oder links, ein wenig mehr vorn oder hinten: ein geringer, ja ein fast unscheinbarer Unterschied: aber ausreichend, daß wir wissen: der Kreis schließt sich nicht, niemals, immer bleibt eine Öffnung, bleibt die Möglichkeit. Nicht Kreis, nicht Vollendung; aber die Spirale, aber das Werden.

Gegensätze sind ein Hilfsmittel zur Begreiflichmachung von Gedanken. Gegensätze verschaffen Maß und Wert. Das Unbewußte kennt sie nicht. Das Bewußtsein formt sie. Worauf es aber ankommt, ist, über sie hinauszukommen. Also z. B. über Gut und Böse zu stehen. Nicht aber «jenseits von Gut und Böse», das erstens nur ein Abseits ist, zweitens noch ein «Diesseits» zuläßt. Über Gut und Böse stehen ist aber auch noch ein mißverständlicher Ausdruck, denn er enthält zugleich: unter Gut und Böse. Über Gut und Böse stehen, das ist in der ganzen Wirklichkeit stehen.

Der Dualismus hat heute seine geschichtliche Aufgabe erfüllt, die darin bestand, dem abendländischen Geiste jene Spannung, jenes Gerichtetsein zu verleihen, dank dem es ihm möglich wurde, nach unsäglichen Mühen und Leiden ihn aufzulösen, also eine neue Ebene, eine weitere Beziehung zu finden.

Gelingt es einleuchtend das Gegensatzpaar Raum und Zeit aufzulösen, deren beider Nicht-Existenz zu erweisen und aufzuzeigen, daß sie nur ein und dasselbe sind (was ich aber nicht mit dem Rilkeschen «Welt-innenraum» bezeichnen möchte, da dieser einen neuen Gegenbegriff «Weltaussenraum» erschließt), so wird es ein Leichtes sein, nachzu-weisen, daß Begriffspaare wie:

Seele und Leib

Himmel und Erde

Männlich und Weiblich

auch nur Fehlbegriffe sind, die aus dem *vorübergehenden Unvermögen* des Menschen entstanden, ein Ding oder einen Begriff nur dann zu den-ken und begreifend verwirklichen zu können, wenn dieser durch ein so-genanntes Gegenteil plastisch gemacht wurde. (An das Vorgehen der Chinesen: «Maß» gleich «kurz-lang» erinnern.) Warum ist man noch niemals so konsequent gewesen, dieses: «les extrêmes se touchent» richtig zu Ende zu denken?

Die Sucht unseres Zeitalters nach Klassifikationen, diese Sintflut von -ismen – was sind sie anderes als das vergebliche Mühen, Ordnung in eine Welt zu bringen, die aus den Fugen zu gehen droht. Doch der heu-tige Mensch ist wie ein Bibliothekar mit seinen Zettelkästen: registrieren ist die Hauptsache und dann ad acta legen. Alle diese Versuche zu ordnen sind zum Scheitern verurteilt: nicht wegen des Ordnenwollens, sondern wegen des Standpunktes des Ordnens.

Es gab Gedanken, bevor der Mensch Gedanken hatte. Bis jetzt war er noch nicht fähig, die echten zu denken, weil alles an der Krücke des Bewußtseins stolperte – er wird über diesen Krückenzustand hinaus-kommen.

Zwei Arten der Reaktion auf die geistige Revolution zu Anfang des Jahrhunderts (Einstein, Freud, Planck u. a.) waren möglich. Die eine war eine Flucht vor ihr; sie fand ihren Gipfel in der nationalistischen «Revolution des Nihilismus» und im absoluten Nichts eines Heidegger. Die andere Reaktion war der Versuch einer Lösung, einer Anwendung, die u. a. Rilke unternahm. Nur eine große pulsierende menschliche Grundhaltung kann sie erleichtern, ermöglichen. Sie wird sich nach dem Zusammenbruch der Diktaturen, die nur der Ausdruck der Flucht ganzer Völker vor dem Nichts (dem Neuen: der Leere) zu einer von ihnen gut-geheißenen Führung darstellt, möglich sein. Es ist symptomatisch, daß

Deutschland diese neuen Ideen hervorbrachte, aber als erstes Land mit nicht imstande war sie zu ertragen, sie durchzuführen und vor ihnen floh. –

Vorahnungen unseres neuen Welt- und Lebensbildes finden wir überall. Daß diese sich zu ihrer Zeit nicht durchsetzten, ist erklärlich. Aristarch von Samos ging Kopernikus um 2000 Jahre voraus. Daß diese Vorahnungen vorhanden waren, darf uns nicht Wunder nehmen: alles ist als Anlage bereits in der Menschheit vorhanden, nur braucht ein jedes «seine» Zeit. Kommt es zur Unzeit, wird es hintangehalten, um erst zu einer günstigen Zeit wieder aufzutauchen.

Der Surrealismus: dieser Versuch durch bewußte Einbeziehung des Unbewußten eine «surréalité», eine Überwirklichkeit zu gestalten, wobei nur eine Unterwirklichkeit herauskommt. Sie haben nämlich nicht daran gedacht, daß nicht alle Unterbewußtsein dazu geeignet sind, öffentlich ausgestellt zu werden. So konnte das Pathologische wuchern wie bei Dali und anderen mehr. Er ist ein Vorstoß und als solcher begrüßenswert, aber er ist ein Vorstoß in falscher Richtung, unter falscher Akzentuierung und als solcher bedauerlich. Schon seine Herkunft, seine Vorliebe für die dunklen Dichter, macht ihn verdächtig: Trieb, und nur Trieb ist ein Rückfall ins nur Biologische.

Jede echte Verwandlung ist schwierig, weil sie leicht zum Vorwand einer Verfälschung, zu einer Flucht nach rückwärts wird.

Aus den Archetypen etwas machen, ist Verfälschung. Sie verwandeln ist Schöpfung. Das erste ist nur kritiklose Anerkennung einer Erbschaft, ein schädigendes Gebrauchen uns nicht zukommenden Kapitals. So behandelt führen sie zu einer willkürlichen Abhängigkeit – zur Stagnation, werden fiktive Größen, verlieren ihre wirkende Kraft, ihre mißgeleitete Energie produziert das Dämonische, schließt ab, so wie es die Ideen Platons taten. Diese zu verneinen aber ist noch lange keine Rückkehr zum Chaos.

Hin und wieder im Lauf der Jahre zu fühlen, wie die Fülle des Erlebten während der letztvergangenen sich wie eine wärmende Sonne in einem ausbreitet, so daß man sich geschlossenen Auges und unendlich vertrauensvoll in diese Fülle der Bilder, Lüfte und Regungen zurücklehnen kann: darauf kommt es an. Darauf, das Leben zu spüren, das einem großen Strome gleich durch unser Herz geflossen ist, zu dem man nichts tat, als ihn fließen zu lassen. Um dann, im Zurückschauen, auch beim Gewahrwerden der vielen bitteren und schweren Stunden, zu fühlen, wie fruchtbare Schwemmerde sich in das Herz gesenkt hat, aus der einmal noch etwas wird blühen wollen. Und wenn es kein Kunstwerk ist, so wird es das Sterben sein: ein blühendes Sterben.

Wie leicht ist es, in Frankreich zu leben, wo jeder bedacht ist, durch Höflichkeit (die mehr als eine oberflächliche, nämlich eine weise ist) die Kleinigkeiten des Alltäglichen dem Mitmenschen angenehm zu machen. Schließlich setzt sich der Tag in seinem Ablauf aus nichts als einer Reihe vieler Kleinigkeiten zusammen. Der Prozentsatz der erträglich, womöglich lächelnd gestalteten, entscheidet über das Gesicht des Tages.

Schade und bezeichnend, daß es im Deutschen kein Äquivalent für den spanischen Begriff: serenidad gibt.

Solange die kleinen Dinge des Alltags nicht gemeistert sind, soll man von den sogenannten «großen Dingen» und Problemen lassen. Nur ein richtiges Lachen über eine Alltäglichkeit ist die Gewähr für ein richtiges Weinen des Herzens gegenüber dem «Unalltäglichen», den «erhabenen, erhobenen Problemen». Diese sind nicht erhoben. Erhebung verfälscht sie nur. Daß ich richtig esse, daß ich mit meinen Mitmenschen vernünftig auskomme, daß ich anständig mein Geld verdiene, diese Dinge zu lösen, das ist genau so wichtig, ja die Voraussetzung für jedwede «höhere» Gedankenarbeit.

Fehlender Humor = fehlende Einbildungskraft.

In keiner Zeit ist so viel von Kultur gesprochen worden, wie in der heutigen: es ist dies der beste Beweis, daß wir keine Kultur mehr haben. Von Selbstverständlichkeiten spricht man nicht viel.

Daß die Erbtheorien übertreiben, ist gewiß, wobei ich Familien-Vererbung im Auge habe, nicht die natürlich bestehende «ererbte» und allen Menschen mehr oder minder gemeinsame Gesamtanlage. Andererseits scheint auch die Umwelt-Theorie gelegentlich übertrieben zu werden: Jeder hat die Möglichkeit, sich bis zu einem gewissen Grad von seiner Umwelt loszusagen, loszulösen und sich seine eigene zu schaffen (z. B. nach Verlassen des Elternhauses, der Familie, des Vaterlandes). Wie weit das in den einzelnen Fällen gelingt, hängt ausschließlich von dem Grad innerer Substanz, innerer seelischer Energie des Betreffenden ab: ist also eine Qualitätsfrage.

Ein Genie ist, wer die Erfahrung überspringen kann. Das aber erfordert eine höchst seltene Fähigkeit: geistigen Weitblick gepaart mit seelischem Tiefblick.

Wo man beginnt Rücksichten zu nehmen, beginnt die Lüge.

Der Lebensmut und die innerliche Stärke, die sich darin aussprechen, daß der Franzose für Unglück: malheur sagt. Dieser Ausdruck ist keinesfalls eine Verniedlichung, keine Verkleinerung – wohl aber ein Weitersehen, ein messendes, wägendes Einordnen.

Wir töten dauernd, um zu leben: wer tötet uns, um zu leben?

Das Verneinen ist nur eine andere Form des Bejahens.

Der Körper ist keinesfalls das Gefängnis der Seele.

Es gibt eine gewisse Art von Stolz, die weder Dummheit noch Traditionsdünkel ist, sondern geistiger Geiz. Andererseits wird Wertbewußtsein oft mit Stolz verwechselt.

Energie (als Charaktereigenschaft) ist allzuoft nur angeblich sinnvoll angewandte Aggression.

Alles was uns zustößt, geht von uns aus.

Vollständige Aufrichtigkeit und gänzliche Selbstdisziplin sind die zwei Grundanforderungen an jeden Menschen.

Erkenntnis und Einsicht

Die wissenschaftliche Forschung der letzten Jahrzehnte hat ein neues wissenschaftliches Weltbild hervorgebracht. Aber die Frage danach, was wissenschaftliche Erkenntnisse und Funde wert seien, die sich nicht in das allgemeine Bewußtsein des täglichen Lebens übertragen, ist berechtigt.

Wissenschaftliche Erkenntnisse sind immer «vérités» im Sinne Descartes', sind Wahrheiten, aber nicht die Wahrheit. Und es hat immer wissenschaftliche Erkenntnisse gegeben, die trotz ihres Wahrheitsgehaltes sich gegen das Bewußtsein der Zeit nicht durchzusetzen vermochten. Ein geradezu klassisches Beispiel hierfür ist die Vorstellung von dem heliozentrischen Weltbild.

Alkmaion von Kroton, der erste abendländische Wissenschaftler, machte um 500 vor Chr. die entscheidende, ja die ungeheure Entdeckung, daß das Gehirn die ausschlaggebende Rolle im beseelten Körper spiele. Damit war für den Menschen ein neues Zentrum gefunden, der entscheidendste Schritt aus dem Traum ins Wachsein endgültig vollzogen. Darüber wird noch an anderer Stelle zu sprechen sein. Hier sei nur festgehalten, daß diese auf den Menschen bezügliche Entdeckung des Alkmaion sich durchsetzte, während die seines Zeitgenossen und Landsmannes Philolaos, welche sich auf das Universum bezog und besagte, daß die Erde um die Sonne kreise, von dem Bewußtsein seines und der folgenden Jahrhunderte nicht eingesehen wurde. Und sie wurde nicht eingesehen, trotzdem Aristarch diesen heliozentrischen Gedanken des Philolaos einige Jahre später auf überzeugende Weise ausbaute und stützte. Dieser Gedanke blieb Erkenntnis, er wurde nicht Einsicht, kam nicht zur Wirkung, setzte sich nicht durch. Nicht das heliozentrische, sondern das geozentrische Weltbild bestimmte bis zu Kopernikus das des abendländischen Menschen: zweitausend Jahre hindurch schlief die Erkenntnis des Philolaos unter dem Bewußtsein der westlichen Menschheit.

Eine andere Vorstellung, die ebenfalls von den Pythagoräern in eine westliche Lehrform gebracht wurde, und die sich vor allem auf die Gehirn-Untersuchungen und die embryologischen Forschungen des Alkmaion stützte, war jene der Lehre von der Seelenwanderung, die erst heute wieder, wie es scheint, im Abendlande an Einfluß gewinnt.

Diese Beispiele, zum wenigsten das des heliozentrischen Weltbildes, zeigen, daß es mit wissenschaftlichen Erkenntnissen allein nicht getan ist. Der Grad der Aufnahme- und Tragfähigkeit des Bewußtseins, dessen Kraft Gedanken nicht nur zu erkennen, nicht nur anzuerkennen, sondern einzusehen, sondern ihrer inne zu werden, also zu assimilieren, also ins Wirkende zu heben, ist von Bedeutung. Seit den Pythagoräern ist, im Unterschiede zu China, das Abendland so gut wie immer von der Forschung ausgegangen, um aus ihren Ergebnissen ein Weltbild aufzubauen. Die Vorherrschaft der Ratio, die sich zum ersten Male in Alkmaion äußerte, brachte es mit sich, daß das erste Wort bei den Forschern lag; der Philosoph hatte dann die Aufgabe, die wissenschaftlichen Erkenntnisse ins Allgemeingültige umzusetzen. Alkmaion und Philolaos gaben die Grundlagen für Pythagoras; Ptolemäus und Euklid jene für Aristoteles; Kopernikus und Kepler jene für Giordano Bruno; Einstein und Planck bis zu einem gewissen Grade jene für Bergson. Was aber die Forscher niemals gaben, war Sicherheit, jene Sicherheit, jene seltene Haltung, die sich nicht mehr auf ein «mich» oder «dich» bezieht, sondern schon auf das ganze rückbezogene Sich, und die in ihrem persönlich-unpersönlichen Ausdruck jene Weisheit ist, die sich nur in Asien findet. Die Forscher gaben niemals Weisheit, sondern nur Wissen in seiner niedrigsten Form: sie gaben Kenntnisse; und die seelische Kraft des Bewußtseins reichte nicht immer aus, diese Spiegelungen des Unbewußten zu ertragen. Selbst das kopernikanische Weltbild ist trotz aller Inbrunst eines Giordano Bruno niemals ganz anerkannt worden. Auch Freud spricht gelegentlich darüber, wenn er es die «kosmologische Konkurrenz» nennt, die überwunden werden müsse, und welche durch Einsteins Gleichsetzung der beiden Weltbilder auch bis zu einem gewissen Grade rationell als überwunden betrachtet werden darf.

In diesen letzten Jahrzehnten nun scheint sich das Verhältnis zwischen Forscher und Philosoph zwar noch nicht umgekehrt, wohl aber weitgehend ausgeglichen zu haben. Um diesen Satz zu beweisen, wäre eine weitschweifige Kleinarbeit nötig, die nachwiese, daß die großen Umbrüche um 500 vor Chr. und um 1500 nach Chr. ihren ersten sichtbaren Ausdruck lediglich von der Wissenschaft erhielten und nur zweitrangig in Philosophie und Kunst zur Geltung kamen. Dieses dürfte für die Philosophie zutreffen, während die Kunst, als unmittelbarer Ausdruck der seelischen Struktur und ihrer Veränderung, immer ein Indiz dafür war, wie weit rationale Erkenntnisse bereits von dem allgemeinen Bewußtsein ertragen werden konnten. Es gab Zeiten, in denen die Ratio dem seelischen Vermögen vorauseilte. Eine solche war unter anderen die Renaissance. Es gab andere Zeiten, in denen dagegen das seelische Vermögen der Ratio voraus war. Eine solche war ohne Zweifel die Romantik. Einsichten eines Ritter, Novalis, Carus, Nerval, Keats und anderer werden erst heute allmählich rational bewiesen, also erkannt.

1941

Der Einbruch des neuen Bewußtseins in unsere Zeit

1

Die Mehrzahl der heutigen Menschen lebt nicht aus eigener Kraft, sondern von den Sensationen und Katastrophen dieser Zeit. Sie lebt aus der Angst vor ihnen: sie ängstet sie sich an; sie lebt aus Haß gegen sie: sie liebt sie also letztlich. Nicht die Zeit als solche ist das Erschreckende, sondern die Bereitschaft zu ihr, dank derer sie erst möglich wurde.

Dieser Zeit aber, deren Vordergrund mit einem derartigen Maß an Unmenschlichkeit und zerstörender Gewalt überladen ist, muß auf einer anderen Ebene ein ausgleichendes Maß an Menschlichkeit und aufbauender Güte entsprechen. Das Erschütternde ist, daß beide Arten des Geschehens, jene der sichtbaren Zerstörung und jene des noch fast unsichtbaren Weiterbauens, einen gemeinsamen Ausgangspunkt haben.

Es ist leicht, diesen allgemein bekannten Ausgangspunkt zu nennen: er ist die Jahrhundertwende. Es ist genau so leicht, diesen zu bestimmen: als den Zeitpunkt, der den allgemeinen Zusammenbruch sämtlicher bisher gültigen Werte zum ersten Male ganz deutlich in Erscheinung treten ließ. Und es ist fernerhin leicht, die seit vierzig Jahren zunehmenden Erschütterungen, welche in den kommenden Jahren ihren Höhepunkt erreichen werden, zu bezeichnen: sie sind heute handgreiflich vor aller Augen, sie erfassen sämtliche Gebiete unseres Lebens. Und gerade weil sie sich auf sämtliche Gebiete des Lebens erstrecken, scheint es auch leicht, von jedem einzelnen ausgehend eine Erklärung zu finden und den sicheren Ausweg zu zeigen.

Aber es ist niemals etwas mit einer Erklärung oder mit einem Ausweg getan. Am allerwenigsten mit solchen, die von Teilgebieten ausgehend auch nur Teilerklärungen sein können. Selbst wenn diese Teilerklärungen der einzelnen Gebiete in ihren Folgerungen zusammengefaßt werden, so ergeben diese nur eine Summe, aber keine Lösung. Hier also liegt die Schwierigkeit: eben weil wer von den Teilen ausgeht, auch nur zu größeren oder kleineren Teilresultaten kommt, aber niemals zum Ganzen.

Trotzdem ergibt sich aus der menschlichen Anlage heraus eine gewisse Berechtigung für die Teilbetrachtungen. Von dieser Berechtigung ist in den letzten Jahren reichlich Gebrauch gemacht worden. Der große Umbruch, der eingetreten ist, wurde und wird als Krise empfunden, aber selten genug als Krise schlechthin. Je nach Veranlagung und Neigung des einzelnen Betrachters erhält diese Krise ihre Färbung und Betonung als eine soziale, politische, kulturelle, wissenschaftliche, wirtschaftliche, religiöse, moralische, seelische, geistige –; man kann sie noch unendlich adjektivieren.

Eine Krise ist Verlust des Gleichgewichtes. Sie ist Krankheit. Sie ist das Sichtbarwerden dieser Krankheit, sie ist gegebenenfalls ihr Höhepunkt. Aber man wird nur krank, um wieder gesund zu werden. Und Gesundung ist Wiederherstellung des Gleichgewichtes. Jene jedoch, die kulturelle, soziale, wissenschaftliche oder sonstige Teilrezepte verschreiben, stützen sich auf Teildiagnosen. Sie behandeln Einzelsymptome, aber nicht die Krankheit als solche. Sie belasten einzelne Organe, und selbst, wenn sie das eine oder andere Organ heilen sollten, so geschieht es auf Kosten der übrigen, die desto stärker erkranken. Alle jene, die so vorgehen, fühlen, daß sie letztlich auf dem falschen Wege sind; denn entweder wollen sie durch ihre Ausführungen überzeugen, oder sie wollen durch ihre Programme bekehren; im schlimmsten der Fälle wollen sie neben ihren neuen Dogmen keine anderen dulden. Wer aber überzeugen will, ist selber noch nicht überzeugt; wer bekehren will, ist selber noch nicht bekehrt. Der eine wie der andere braucht den durch ihn Überzeugten oder Bekehrten, um seiner kleinen Wahrheit dank der gewonnenen Mehrheit aufzuhelfen; doch diese wird dadurch nicht größer. Es kommt niemals auf die Menge an, die immer nur Summe zu sein vermag, sondern nur auf den Wert. Wer jedoch unduldsam ist, weiß von allem Anfang an, daß er im Unrecht ist. Greifen die Überzeuger und Bekehrer an, so braucht der Unduldsame nicht nur Gewalt, sondern vergewaltigt bereits. Doch der Angriff und der Gebrauch von Gewalt sind Zeichen der Schwäche, der eigenen Unsicherheit. Alle die so handeln, geben vor, heilen zu wollen und fühlen nicht, daß sie am stärksten von der Krankheit befallen sind.

Was Krankheit als solche sei, ist noch nicht ausfindig gemacht worden. Sie gehört zum Leben wie die Gesundheit, sie ist vielleicht nur deren andere Form. Sie ist Bewegung. Ja, sie ist womöglich zu starke Bewegung, weil sie auch ein Gleichgewichtsverlust ist. Sie ist ein Zuviel und ein Zuwenig. Sie ist Mangel und Überfluß. Etwas bricht in den Körper ein, und solange dieses Etwas nicht wieder abgeworfen oder angeglichen wurde, tritt keine Heilung hervor. Wird es abgeworfen, so handelt es sich um eine vorübergehende Heilung, denn wirkliche Gesundung ist immer auch zugleich eine Bereicherung, mag diese nun körperlich, geistig oder seelisch in Erscheinung treten: Letztlich ist sie in allen drei Bereichen.

Jenes Etwas, das um die Jahrhundertwende sichtbar wird, jenes plötzliche Zuviel und Zuwenig, das sich im Gleichgewichtsverlust unserer Zeit äußert, ist durchaus nicht, wie so viele meinen, ein bloßes Generationenproblem. Die Nähe des vergangenen Jahrhunderts verführt dazu, unsere Zeit als Reaktion auf jenes zu betrachten. Sie ist es nur in einem ganz geringen Maße, insofern das vergangene Jahrhundert der gradlinige Umweg zu dem unsrigen ist. Und es ist deshalb ein müssiges Beginnen, das seelische Erdbeben, welches seit vier Dezennien das Abendland heimsucht und immer weitere Gebiete erfaßt, durch die Konstruktion eines Kausalzusammenhanges erklären zu wollen. Ursache und Wirkung sind nur für den Kurzsichtigen zwei getrennte, zerlegbare Erscheinungen. Es gibt nur eine wirkende Ursache: eine (Tat-)Sache oder einen Grund, der von Ur her wirkt. Und wem dieser Ausdruck nicht behagt, kann die Vorzeichen vertauschen: es gibt nur eine ursächliche Wirkung. Beide Fassungen sagen das Gleiche aus.

Auch die Erklärung durch den Generations-Gegensatz ist also eine Teilerklärung, ist das Pendelspiel von Tag und Nacht. Was vorhin im Lichte stand und Wahrheit war, soll jetzt im Dunkel stehn und Fehler sein. Doch morgen schon wird es womöglich wieder Wahrheit sein, eine etwas andere Wahrheit, weil ein etwas anderer Tag. Die meisten aber spielen nur immer Tag und Nacht und vergessen, daß sie auch einmal Sonne spielen könnten. Sie spielen nur immer Wachen und Schlafen und vergessen, daß das Herz immer denkt.

Wer es wagt, mit dem Herzen zu denken, wird vielleicht etwas weiter kommen. Das ist ein gefährlicher Satz. Doch wer sich nicht ins Meer warf, wird niemals schwimmen. Das Herz aber ist ein formendes und geformtes Meer. Doch hat es auch ungekannte Tiefen. Daher die Schiffbrüchigen, von denen nur die wenigsten diesen Mächten die Klarheit ihres eigenen Herzens entgegenzusetzen vermögen, wie Odysseus es tat, den die Wellen schlafend an den Strand zurücktrugen: schlafend, zutiefst vertrauend, denn sein Herz dachte das klare Meer, und auch das klare Ufer.

2

Der einzelne Mensch besteht nicht nur aus der Summe seiner Entwicklungen. Viele jedoch bestehen nicht einmal aus diesen, und von den anderen gehen die meisten sich selber aus dem Wege. Diese, die nicht aus sich selbst gelebt haben, sondern sich von den Ereignissen der Zeit leben ließen, haben dann ihr qualvolles Sterben. Sie jedenfalls vertrauen ihrem Herzen nicht. Andere halten von Zeit zu Zeit inne. In dem Augenblick, da sie zurückschauen und die Vergangenheit zusammenfassen, um sich selber besser zu sehen, wächst in ihnen nicht nur die Gegenwart, sondern, einer Art Spiegelung gleich, wächst in ihnen auch ihre Zukunft. Indem sie sich so zusammennehmen, geschieht jener innere Ruck, der anscheinend von der zusammengeschauten Vergangenheit ausgelöst wird, an dem aber im gleichen Maße das Zukünftige teilnimmt, da dieses sich stärker in ihnen zu verwirklichen beginnt. Das Werdende kommt ihnen gleichsam entgegen, das innere Wachstum erhält seinen Antrieb von den gespiegelten Möglichkeiten her, von dem gewissen Ahnen um sie.

Jenes Rückwärtswenden, das zugleich eine Wendung des Zukünftigen in die Gegenwart hinein auslöst, kann zu einem jener Augenblicke werden, da der Einzelne «über sich hinauswächst». Ich beziehe mich also dabei nicht auf die gebräuchlichen Anlässe, die diesen Vorgang im allgemeinen bezeichnen: daß Einer in der Gefahr oder der Entsagung plötzlich mehr ist als er schien, daß Einer in der Liebe oder im Haß plötzlich sich stärker fühlt als er sich selber stark glaubte. Ich beziehe mich auf jene vielleicht seltenere Erfahrung, die vielen erst in der Stunde des Sterbens zuteil wird, wenn ein allertiefstes Erinnern sehr viel Licht in sie fallen läßt. Doch dieser Vorgang, diese Vergegenwärtigung der Vergangenheit wäre allein nicht ausreichend, so viel Licht aus so viel erinnerter Dunkelheit gebären zu können, wäre nicht unvermutet auch alle Zukunft im Spiel, die plötzlich Gesicht erhält. Gesicht aber ist Licht. Daß es aus dem Dunkeln geboren wird, aus dem Eindringen ins Dunkelnde, welcher Vorgang Erinnern genannt wird, aus jenem Vorgang also, der das Innere ergreift, erfaßt, erreicht, erhört: darin liegt seine Wirklichkeit.

Da das Sterben weniger ist als der Tod, könnte es sehr wohl diese innere Begegnung sein, die sterben macht, weil sie die Kräfte des Einzelnen übersteigt. Viele Krankheiten jedenfalls dürften hier ihren Ursprung haben: eben weil der Einzelne im gegebenen Augenblick diese Art des

Sprunges nur strauchelnd ausführen kann. Erst wenn ihm nach wieder-
holtem Anlauf, nach manchem Rückschlag und Fieber der Sprung wirk-
lich gelingt, ist er auch wirklich gesund. Besser gesagt: erst dann ist er
überhaupt wieder, denn im Worte gesund verbirgt sich auf eine geheim-
nisvolle Weise das Wort sein.

Der plötzliche Einbruch des Möglichen, dieses Etwas', das ruckartig,
sprungartig dem Menschen zustößt und ihn blendet und verwirrt, ist
eine fast untragbare Bereicherung, die mehr ist als die Summe des Ver-
gangenen, mehr als die ganze zusammengefaßte Kraft des Heute. Sie
löst im Leben des Einzelnen meistens eine Krise aus, die entweder ins
Sterben oder in die Gesundung mündet. Sie gilt zudem für den Einzelnen
im gleichen Maße wie für größere Menschheitsgruppen.

Dem Erinnern entspricht auf einer anderen Ebene das Gedächtnis, so
wie dem Wissen auf der anderen Ebene die Kenntnis entspricht. Während
Gedächtnis und Kenntnis verstandesmäßige Vorgänge sind, die an einem
gewissen Punkt angelangt an der Begrenztheit ihres Organes scheitern,
sind Erinnern und Wissen Vorgänge, an denen auf eine ergreifende Weise
nicht nur sämtliche Organe des Körpers teilnehmen, so daß das Herz
selber zu denken beginnt, sondern die darüber hinaus selber Organe zu
sein scheinen, welche auf eine sehr viel innigere Weise als unsere leiblich
sichtbaren mit den Organen der Welt in Verbindung stehen.

Alles was sich ausschließlich auf den Verstand stützt, ver-steht sich, steht
sich zu Ende. Das schließt nicht aus, daß er, der Intellekt, dieses Dazwi-
schen-Gesetzte (nämlich gesetzt zwischen unsere Organe und die der
Welt), solange die zauberhaftesten Dienste auszuführen vermag, als er
das ist, was er wohl sein soll: Brücke zwischen unseren Organen und
jenen der Welt. Er vermindert sich aber, wenn er zur Absicht wird. Denn
jede Absicht ist, wie schon das Wort besagt, eine Verminderung: eine
Verminderung der ganzen Sicht. Wird er zu dieser, so wird auch jede
seiner Äußerungen Selbstzweck. Es entsteht die Unterbrechung zwischen
dem, was der Mensch als Einzelner, und dem, was er in der Welt ist.
Der Gedanke ist dann nicht mehr etwas, was der Einzelne der Welt zu
verdanken hat, sondern wird zum Hirngespinst. Doch nur die Gedanken
sind etwas wert, die sich auf die intensivste Weise unserem Sein assimi-
liert haben, so daß selbst die leiseste Geste sie auszudrücken vermag.
Sie sind Antwort, sind Melodie, die in uns eindringen, ohne daß wir es
womöglich bemerken, und die uns überraschen, wenn sie aus unserem

Herzen, in dem sie gereift sind, aufsteigen. Sie sind in ihm zum Blühen gekommen, sind von ihm gedacht worden und wurden Wissen. Durch derartiges inneres Wachstum nimmt der Mensch Anteil an der Gestaltung der Welt. Und dank des menschlichen Herzens können und werden noch neue Blumen entstehen.

Die Gaukelspiele des Verstandes, der sich selber genügen will; jene flitternde Vorführung brillanter Jonglierkunststücke, sind nichts als künstliche Blumen, die im Rampenlicht echt erscheinen, den wirklichen Tag aber fliehen müssen, der sie verraten würde. Dank des vorgeführten Gedächtnisses, das zu einer Art Zettelkasten wurde, aus dem in lustigem, doch staubigem Spiel und in wechselnden Farben die Zettel aufflattern und ihr kleines törichtes Wesen treiben; dank der vorgeführten Kenntnisse, die ein scharfes Hin und Her von Frage und Antwort erlauben, führt diese Art der Betätigungen des Verstandes ein vielbewundertes Dasein. Doch es gehört wenig Charakter dazu, so zu spielen. Und nur Charakter könnte hier noch retten. Dort aber wird nichts Lebendiges erblühen, wo eine Unterbrechung eingetreten ist. Wo alles auf den toten Punkt gekommen ist, da ist selbst das Herz schon wie gestorben oder nur noch die Maschine, welche genügend Blut in das Frontalhirn treibt, um dieses zu seinen Hirngespinsten zu verleiten. Der Verständler verliert mit dem echten Herzschlag den Takt und das Taktgefühl. Hier, aber nicht nur hier, berührt er sich mit dem Dummen. Während bei dem Intellektuellen das Herz zur Maschine wurde, ist es im Dummen zu ungeformter Empfindung entartet, denn Empfindung ist eine Entstellung des Gefundenen und wird deshalb leicht zu dickträufiger Sentimentalität. Der Intellektuelle und der Dumme, beide wissen von der Welt genau so wenig wie von sich selbst.

Mit dem Herzen denken, heißt lebendig denken. Heißt über dem Dröhnen des Gewitters, das Aufgehen der Blüte nicht überhören; über den Teilausdrücken des Menschlichen, den gesamtmenschlichen Ausdruck nicht übersehen; darauf verzichten, überzeugen, bekehren oder vergewaltigen zu wollen, um jene Stelle, jene Ebene zu finden, von der aus gesehen alles auf sein natürlich wirkendes Maß zurückgeführt wird. Wer mit ungetrübtem Herzen denkt, gestaltet die Wirklichkeit.

Aber es sind derer sehr wenige, die das vermögen. Von der Erkenntnis zur Verwirklichung ist es ein weiter Weg. Der «gute Wille» hilft dabei nicht viel; er ist immer nur die Ausrede der Charakterlosen. Die Anstrengung hilft noch weniger; sie ist schon zu sehr Nachbar der Gewalt.

Ein gewisses Bescheiden vermag vielleicht etwas. Und das Bemühen, einsichtig oder womöglich aussichtig, keinesfalls aber jenes, absichtig zu sein.

Mit ungetrübtem Herzen, also beinahe vollkommen seiend, zu denken und so die Wirklichkeit wirkend zu gestalten, bleibt etwas Wünschbares. Der Versuch, die Krise unserer Zeit darzustellen, indem sie auf ihr natürlich wirkendes Maß zurückgeführt wird und dadurch auch ihre Zukunft verrät, kann deshalb nur den Wunsch nach einer Annäherung an die Wirklichkeit darstellen.

Eine Annäherung jedoch ist eine Beziehung. Das Wünschbare zu wissen ist also insofern gut, als es eine stärkere Beziehung schafft. Ich aber will von jener ausgehen, die zwischen den beiden Sätzen besteht:

Mit jeder Frage fragen wir nach uns selbst; und:

Alles Angeschaute ist Antwort.

3

Die Geschichte der Menschheit ist mehr als eine bloße Aufeinanderfolge erstehender, blühender, vergehender und sich ablösender Kulturen.

Die Geschichte des Abendlandes ist mehr als ein bloßer Bewußtseinswandel.

Betrachtungsweisen, die dieser Auffassung entgegenstehen, führten zu einem Leerlauf, aus dem pessimistisch der Untergang des Abendlandes erklärt oder proklamiert werden kann. Selbst noch die Summierung der letzten Kulturen zu einer Summe, welche durch das europäische zwanzigste Jahrhundert dargestellt wird, sagt gar nichts aus, es sei denn etwas Negatives: daß diese Summe, trotz aller gegenwärtig aufgesammelten bisherigen Tätigkeiten, Leistungen und Erfahrungen des Menschen, als Resultat doch nur die Zerstörung ergibt.

Andererseits führt die Zulassung eines Bewußtseinswandels lediglich zu der Anerkennung verschiedener Betonungen seelischer und geistiger Werte; und das Unvermögen der Generations- und Zeitbefangenen, sich in vergangene Kulturen einzufühlen, läßt diesen Wandel als etwas, das par hazard geschieht erscheinen, denn von Zufall zu sprechen, der etwas uns sinngemäß Zufallendes ist, geht hier nicht an.

Die Entwicklung der Menschheit ist der Weg zum Bewußtwerden ihrerselbst. Die Entwicklung des Abendlandes ist die Entwicklung des Bewußtseins.

Geschichte ist waches Gedächtnis, ist bewußt gewordene Erinnerung.

Aus den Träumen der Menschheit sind die Mythen entstanden; aus dem Fühlen die Religionen; aus dem Denken die Lehren.

Der Weg vom mythenbildenden zum religionsstiftenden und weiter zum abendländisch denkenden Menschen ist der sehr langsame, sehr schwierige Weg zu einer immer stärker sich herausbildenden Intensivierung des Bewußtseins.

Einst wurde der Mensch von der Welt gedacht. Dann dachte die Welt im Menschen. Heute ist der Mensch so weit, daß er versucht die Welt zu denken, aber er weiß sie noch nicht. Zum Teil fühlt er sie noch, zum anderen träumt er sie noch. Wohl aber weiß sie um ihn. Er aber muß sie mit dem ganzen Bewußtsein wissen. Denn es gibt nur ein Bewußtsein, das Universale.

Zu erkennen, in welchem Maße die Welt dem Menschen jene Rolle zugedacht hat, an der er so schwer leidet und die ihn so überaus selig macht: daß er immer stärker zum Mitträger des Weltgedankens wird, – dieses zu erkennen sollte nur aufrechte Demut zeitigen.

Es gibt so etwas wie eine Sorge der Welt um den Menschen, eine Art durchdringender, klarer Liebe, die jedes Augenlid überschattet, wenn es sich im Schlafe schließt. Daß sie immer auch im wachen Auge sein möge, wäre die Forderung nach der Göttlichkeit des Menschen.

Was heute noch eingebildet ist, wird morgen ausgebildet sein. Das will sagen, daß alles nur eine Frage der Sichtbarwerdung ist.

Dort wo Eingebildetes zu Ausgebildetem sich wandelt, beginnt ein Teil des Bewußtseins. Doch darüber, was Bewußtsein sei, darüber dürfte ein Einvernehmen bestehen. Was es wird, da jedes Sein gleichzeitig auch ein Werden ist, wäre eine andere Frage.
  Eine weitere Frage ist, wer an dem menschlichen Bewußtsein teil hat. Bisher wurde es, wie es scheint, immer nur vom Menschen aus betrachtet, als etwas, das nur durch den Menschen geschaffen wurde, als ein denkender, verstandesmäßiger Vorgang, der seinen Sitz im Frontalhirn hat. Aber das große Geheimnis, – und es ist erlaubt, hier einmal diesen Ausdruck auf ein Ereignis anzuwenden, das sich in größter Klarheit vollzieht, – das große Geheimnis dieses Vorganges sind die Kräfte, die ihn in die Wirklichkeit treiben. Diese Kräfte sind nicht nur jene, welche

ihren Ausgang vom Menschen aus nehmen. Sie arbeiten gewissermaßen von außen, – um diesen widerspruchsvollen und anfechtbaren Ausdruck zu gebrauchen, – an diesem Bewußtsein und der zunehmenden Bewußtwerdung mit. Anders ausgedrückt besagt dieses, daß nicht nur die Organe des menschlichen Körpers, sondern auch die Organe des Universums an diesem Vorgang, der ein dauerndes Ereignis und weniger eine Fähigkeit ist, beteiligt sind.

In der deutschen Sprache gibt es ein einziges Wort, welches sich auf kein anderes reimt und das sich deshalb auf alle reimt: der Mensch.

Es gibt nur Wechselwirkungen, mehr oder weniger starke Beziehungen. Ursache und Wirkung aber sind, wie ich schon sagte, ein und derselbe Vorgang und keine Folge. Die in ihm verteidigbare Zeitfolge ist ein optischer Fehlschluß. Ein Nacheinander besteht nur als Sichtbarwerdung einer Äußerung, nicht als stets vorhandene Gegebenheit. Die Vorgänge im Bewußtsein, die Vorgänge, die im bewußten Sein sich abspielen, können als Beweis angesehen werden, sofern dieses bewußte Sein von ausreichendem und aushörbarem Maß und Wert ist. Es kommt nur auf die Grenzen an. Besser, es kommt nur auf die Grenzenlosigkeit an.

Die Grenzenlosigkeit ist es, die unsere Zeit verwirrt. Oder doch die Erweiterung der Grenzen. Denn es gibt keine Standpunkte mehr. Nur noch die Beziehungen.

Was erhalten kann, ist das Wissen, daß es nicht darauf ankommt aus Punkten und Mittelpunkten, aus Standpunkten und Perspektiven ein Weltbild aufzubauen, eine Form zu gestalten. Was erhalten kann, ist einzig und allein das Wissen, daß jedes Atom unseres vielgliederigen Menschseins Form ist, die sich dauernd verwirklicht, und daß die Beziehungen, die zwischen unseren Sinnen herrschen, auf eine natürliche Weise den Beziehungen entsprechen, die zwischen den Sternen bestehen: und die deshalb Form sind, weil sie sich ständig wandeln.

Wäre der Mensch nur das Maß aller Dinge, so wäre es kläglich um ihn bestellt. Es ist zu hoffen, daß er auch der Wert und der Ton aller Dinge sei.

Ich habe nicht die Absicht zu erschrecken. Am allerwenigsten die, anzugreifen, denn jedes Erschrecken-Machen ist ein Angriff. Ich habe überhaupt keine Absicht. Ich wünschte zu schreiben wie einer der singt;

der ein Lied singt ohne zu wissen, daß er es singt. Der sich hin und wieder unterbricht, doch das Lied singt in ihm fort, und so nimmt er es plötzlich wieder auf. Und dann, genau so plötzlich, hört er es auch, und hört sich zu, wie man einer Knospe zuhört, die aufblüht, oder der reifen Frucht, die sich löst und fällt.

Der Augenblick des Erblühens und auch der Augenblick der sich lösenden Frucht ist jedes Mal ein ruckartig in Erscheinung tretender Vorgang.

Ähnlich ruckartige Vorgänge erschütterten immer von neuem die Menschheit. Und jedesmal traten neue Möglichkeiten in Erscheinung. Jedes Mal wurde das Bewußtsein reicher, selbst dann, wenn es sich vorübergehend einzuengen schien, um einen bestimmten Teilzustand zu erreichen. So wie jemand, der Klavier spielen lernt, wohl mit der Hand spielt und dem, was der Hand Ausdruck verleiht, der aber nicht vergessen darf, Teilen dieser Hand wie dem Ringfinger und dem kleinen Finger, seine besondere Sorgfalt zuzuwenden und sie auszubilden. Ist das erreicht, so wird die ganze Hand nicht nur Instrument, sondern auch Ausdruck: sie verwirklicht die Fülle ihrer Möglichkeiten.

Unsere Zeit ist trotz oder wegen ihrer sichtbaren Zerstörungen eine Zeit der überquellenden, sich gestaltenden Fülle. Die Umlagerung von mythischem, unbewußtem Geschehen in denkendes und bewußtes ist von einer entsetzlichen und zugleich herrlichen Größe. Klar zeichnet sich dieser Vorgang ab, klar spiegelt sich dieser Weg in seinen Äußerungen, in seiner Gestaltwerdung. So wie die Bahn der Gestirne sich unmerklich verschiebt und aus dem Kreise die Spirale entsteht, so zeichnet sich durch die Jahrtausende der Menschheitsgeschichte die Bahn ab, die der Gedanke der Welt nahm und nimmt, um immer sichtbarer, immer hörbarer zu werden.

Wer sich dessen bewußt werden möchte, was geschah und was geschieht, muß innehalten, um zu sehen was ist, und um dann zu sehen, wie es wurde. Wer um sich selber wissen will, fragt zuerst: was bin ich jetzt, und dann: wie wurde ich es; beides zusammen klärt auch das Kommende.

1941–1942

Man wird zu dem, der man ist.

Warum vergleichen? Nichts ist sich gleich.

Was ist ein Mensch im Schlafe? Wahrscheinlich ist er doppelt soviel als am Tage, denn acht Stunden Schlaf stehen gegen sechzehn Stunden Wachsein.

Der Käfig des pythagoreischen Zahlensystems und der unentschlüpfbaren Harmonik...

Nicht Ursache und Wirkung, sondern: Wechselwirkung.

Es hat einmal einen Zustand der Menschheit gegeben, in welchem die Zunge noch nicht zum Sprechen diente.

Wer von den Teilen ausgeht, kommt immer nur zu größeren oder kleineren Teilen. Im besten der Fälle zu Summen. Nie zum Ganzen. Was jetzt im Schatten ist, wird morgen in der Sonne sein.

Alles Angeschaute ist Antwort.

Die meisten Menschen gehen sich selber aus dem Wege.

Viele Bäche verrinnen im Sande. Sie sind deshalb nicht verloren. Nicht jedes Leben kann ein Strom sein.

«Alles fließt»? ja, weil alles ruht.

Zu viel Erklären macht die Dinge dunkel.

Alle Ideen (wie Perspektive etc.) sind nur Krücken. Die Gotik, das Zeitalter des Angriffes (auch gegen Gott), das jetzt zu Ende geht.

Die Bücher, denen wir am meisten verdanken, sind jene, die unseren Ansichten entgegenstehen.

Wahrnehmen ist etwas, das wir für wahr nehmen. Die Sprache ist bescheidener als unsere Auslegung.

Alle Zukunft ist latent vorhanden. In der Anlage ist alles schon verwirklicht. Der Mensch soll denken – er soll noch mehr.

In unseren Adern ist nicht nur die Erde, sondern auch Sonne und Mond, wahrscheinlich sogar auch die Sterne.

Wir leben nur dank der Sonne? Also lebt die Sonne auch nur dank unser. Stürbe die Menschheit heute, die Sonne würde gleichzeitig sterben.

Der Sprung aus dem mechanistischen in das vitalistische Weltbild ist erfolgt. Einige Völker strauchelten: da gab es die Diktatur.

Es gibt keine festen Punkte mehr; wer nicht in sich Halt findet, ist schon untergegangen.

Nur die Gedanken sind etwas wert, die sich auf die intensivste Weise unserem Sein assimiliert haben, so daß die leiseste Geste sie auszudrücken vermag.

Wir leben nicht trotz, sondern dank der Widersprüche in unserer Natur. Aber wir *sind* nur, wenn wir uns nicht mehr widersprechen.

Das Zeitalter der Revolution ist vorüber. Es gibt entweder sprunghaft scheinende Evolutionen oder sozialbetonte Rebellionen.

Auch die Asiaten kannten Menschenopfer (in der archaischen Zeit): trotzdem keine Erbsünde-Vorstellung!

Der Einfluß Ciceros auf Petrarca (eloquentia): nicht so sehr die Schrift über die Götter fesselt ihn als die Tatsache der intellektuellen Überredungskunst!

Descartes konnte noch von den durch ihn gefundenen «vérités» sprechen; mit voller Aufrichtigkeit und dabei die Wahrheit, die seine, sagen.

Für Nietzsche wurde der Zarathustra nicht zum Sprungbrett über den Abgrund; er blieb in der Zarathustra-Rolle stecken, er fuhr sich, angesichts des Abgrundes fest: hier liegt das Tragische seiner Situation.

Nicht die Natur ordnen zu wollen, bzw. die Welt –, sich ihr einordnen. Beim Ordnen spielt nur der Intellekt eine Rolle. (Organisation als Entartung!) Beim Einordnen die Kräfte.

Weder Spekulation noch Synthese, aber Bindung, *wissende* Bindung.

Schon Pythagoras bedurfte eines Alkmaion, um seine Seelen- bzw. Lebenswanderungslehre zu formulieren.

Wer in einem brennenden Hause ist, sieht nur das Feuer. Wir sind heute in einem brennenden Hause.

Von der möglichen Gestaltung der Zukunft zu sprechen, ohne die östliche Welt einzubeziehen, ist bei dem heutigen Stande der Erdverbundenheit ein Unsinn.

«Es geht ihm ein Licht auf» – noch im alltäglichen Ausdruck finden sich mythische Reste.

Der Mensch hat geträumt. Dann gefühlt. Dann gedacht. Wann wird er wissen?

Glaube ist unbewiesenes, nur gefühltes Wissen.

Es gibt Völker, die eine Vorliebe dafür haben, kosmische Fahrpläne aufzustellen.

Assoziationen werden oft mit Symbolen verwechselt.

Das Wort «ahnen» ist eines der umfaßendsten der deutschen Sprache: es ist vergangenheitsbezogen insofern es die Vorfahren bezeichnet, es ist zukunftsgerichtet insofern es Vorauswissen ausdrückt, es ist gegenwärtig aus dieser gegensatzgerichteten Anlage heraus, die es zu einem Synonym für «Zeit» machen könnte.

Pythagoras und Platon sind dem bildschaffenden Bewußtseinszustand noch sehr nahe gewesen: daher ihre Ideenfixierung, die ins Intellektuelle übertragene Gefühlsmomente sind.

Der Mensch besteht durchaus nicht aus der Summe seiner Entwicklungen.

Die «Gebildeten» unserer Zeit – es wäre zumeist richtiger, von den «Verbildeten» zu sprechen.

Sie glaubten die Natur zu entdecken und sahen nicht, daß sie «nur» den Menschen entdeckten und daß der Mensch auch außerhalb von Raum und Zeit ist.

Entdecken kann man nur, was in einem selber ist; Kolumbus entdeckte Amerika, weil er es in sich trug. Das 19. Jahrhundert die Mechanik aus dem gleichen Grunde. Entdecken: man findet sich selber im Außen wieder.

Alles was uns geschieht, ist nur etwas, das zu uns zurückkommt. Dieser Satz gilt für alle Erscheinungen, Erfahrungen und Ereignisse, Erinnerungen, die wir machen. Für den eingejagten Splitter genauso wie für irgendeinen Schicksalsschlag, selbst für den Regen.

Erinnern: das Innere, das Innerste erreichen, lebendig machen, bewußt werden lassen.

Die Askese ist eine Hintergehung der Natur. Auf solchen Schleichwegen kommt man ihr höchstens auf die Schliche, aber nicht zu ihrem Geheimnis.

Wer bekehren will, ist selbst noch nicht bekehrt. Wer überzeugen will (Petrarca – Cicero), ist selber noch nicht überzeugt. Er braucht eine Verteidigung seiner Überzeugung, um sich gegen sich selbst zu verteidigen – zu bejahen.

Angst, das ist jenes schwankende Hin und Her des Züngleins an der Waage.

Ideen sind intellektualisierte Symbolinhalte.

Das Leben ist nur eine Erscheinungsform des Seins. Die Sphäre des Lebens ist der Körper, die des Seins die Seele. Von uns hängt es ab, das Sein im Leben zu verwirklichen, ein latent Vorhandenes zur Wirkung zu bringen: dann erst sind wir uns unserer Zugehörigkeit zum ganzheitlich Göttlichen, der universalen geistigen Idee bewußt.

Die meisten Menschen verfehlen das Ziel, weil sie zu gut zielen.

Die zeitlosen Augenblicke im Leben: ein Beispiel für die Raum-Zeit-Einheit. (Erst in ihnen *sind* wir.)

Viele Menschen glauben zu leben und haben noch nicht einmal bemerkt, daß sie überhaupt nicht *sind*.

Wieviele Gesichter sieht man, die kaum anfingen Gesichter zu sein, wie selten ein ganzes, wie selten selbst ein Dreiviertelgesicht.

Die Bürger, die sich verbürgt in ihren Konventionen vorkommen, welchen sie auf hinterlistige Weise gern ein Schnippchen schlagen – nein, aus denen sie sich manchmal heimlich herausschleichen, denn zum Schnippchenschlagen fehlt ihnen jedweder Charme.

Familie und Vaterland sind die zwei gröbsten Hemmschuhe für jede individuelle Entwicklung. Die Art, wie sie überwunden werden, ist für jeden Einzelnen entscheidend.

Der Gegenstand ist etwas, das mir entgegensteht; der Verstand aber, der es aufnimmt, löst das Stehende auf, ver-steht es.

Die menschliche Aufgabe ein Paradoxon: durch möglichst weite Erfahrung und Umfassung die innere Persönlichkeit zu konzentrieren.

Ich sterbe, also bin ich (wobei vorausgesetzt wird, daß Sterben und Leben eine Einheit bilden, so daß eine pessimistische Interpretation ausgeschlossen ist).

Überzeugen wollen scheint mir stets ein Attentat auf die persönliche Freiheit. Bekehren wollen ist Mangel an eigener Sicherheit, an Selbstvertrauen und vor allem Mangel an Wissen um den Ursprung.

Alpha und Omega sind die Symbole des Männlichen und des Weiblichen, zwischen welchen sich die reiche Bild- und Klangwelt der griechischen Schriftzeichen spannt. In unserem abendländischen ABC verlor das O seinen bedeutungsvollen, extremen Endplatz: nur das männliche A behielt seinen bei: das männliche, intellektuelle Prinzip überwiegt.

Zwischen Obelisk und Arc de Triomphe liegen die Champs-Elysées – zwischen Alpha und Omega spannen sich die elysischen Gefilde, das Rückgrat von Paris.

Angst ist, wie Kierkegaard betonte, zukunftsgerichtet. Das ist insofern richtig, als es die «Angst vor etwas» betrifft. Davon absehend, daß der angstbefallene Mensch die Geschehnisse sich anängstet, also nicht in die Zukunft geht, sondern diese, sich überstürzend zu sich heranzieht, gibt es noch die «Angst aus etwas». Und diesem «aus» entspricht gleich der verkürzten Zukunft eine verkürzte Vergangenheit. Angst entsteht immer aus zu kurzer Wurzel. Zu kurze Wurzel aber ist Unsicherheit, Mangel an innerer Gewißheit um seine wahre Bestimmung.

Die Angstbetontheit unserer Kultur entsprang aus der Hypertrophie unseres Intellekts zu ungunsten des Intuitiven.

Der Ausgang des 18. Jahrhunderts ist die letzte große Cäsur. Von hier aus laufen zwei Wege in entgegengesetzter Richtung: jener der Technik und jener, der Fortsetzer der Romantik ist. Ein Jahrhundert später siegt die Romantik auf einer höheren Ebene. Vor dem Umbruch des Jahres 1780 (eingeleitet durch Watts Erstellung einer Dampfmaschine zum Betrieb einer Spinnerei) gab es eine relativ einige Welt: jene Mozarts, Poussins, Watteaus: nie wieder vereinte der Charme auf so ergreifende Weise in einer kleinen Tonfolge oder in einem Bilde die Widersprüche des Lebens; derart, daß man aus einem Mollsatz Mozarts eine kristallklare Heiterkeit heraushören kann und die tiefste, abgründigste Trauer aus einem flirrenden, tanzenden Rondothema.

Alles miteinander verbunden, weil es aus dem Einen, dem Ursprung kommt: welche Fülle des Daseins, welche unausgeschöpften, unausschöpfbaren Möglichkeiten.

Jede neue Idee treibt auch die Gegenidee hervor: Leonardo: Pontormo; Aristarch: Aristoteles; Einstein: Diktarur; – para revigorarla, als Kraftprobe.

Die dualistische Welt des Christentums mußte naturnotwendig eine Welt der Angst sein.

Polarität ist noch immer ein Dualismus. Nicht die Pole sind das Ausschlaggebende, sondern der Magnet, der sie beherbergt. Nicht Nord- und Südpol, sondern die Erde. Nicht Mann und Frau, sondern der Mensch. Nicht zwei Brennpunkte innerhalb einer Ellipsenbahn, sondern die Bahn als solche.

Die Gleichzeitigkeit von Pythagoras, Zarathustra, Buddha und Laotse! Durch diese vier (und später über Christus) wird die Mythologie zum ersten Mal zur Lehre, d. h. bis zu ihnen dachte die Welt im Menschen (und schuf so die Symbole, Bilder, Mythen, Archetypen), danach versucht der Mensch die Welt zu denken. Das heißt, er glaubt sie zu denken, denkt sie aber nur insofern, als er den Weltgedanken innerhalb der menschlichen Möglichkeiten fortsetzen kann. Dieser, wahrscheinlich nur teilweise Ortswechsel des Denkprozesses vom Sein ins Leben ist wie immer eine Verminderung und Vergrößerung zugleich: also im Resultat das Gleiche. Eine Verminderung insofern, als der Intellekt vorerst nur dualistisch unterscheiden kann, eine Vergrößerung insofern, als er die Bilder aus der Traumebene heraus in intellektuelle, beziehungsweise philosophische Ideen umwandelt. Von den fixierenden Ideen Platons geht eine gerade Linie zu den «idées fixes», der Entartung unserer Tage. Während jedoch das antike (griechische und römische) Denken noch dem mythischen, welches Traum und Fühlen war, mehr oder weniger bewußt nahesteht (Platons intellektuelle Mythenschöpfung!), entfernte sich die zweite Geburt des griechischen Menschen um das Jahr 1100, besonders aber seit der «Renaissance» immer weiter davon, nur noch die «schönen Künste» an ihm teilhaben lassend, während das Denken zu einem angewandten wird. Das so lange angewandt wird, bis es sich selbst erschlägt, um aber in dem gleichen Augenblick zu etwas Neuem durchzustoßen. Denn dieses ist die Situation: Entfernung vom Weltgedanken, scheinbarer Verlust der Weltbeziehung, Erstarrung der wirkenden Weltbilder in Ideen, Dogmen und philosophischen Spekulationen, Umwandlung des Gedankens in angewandte Mechanik – und nun plötzlich der Durchbruch aus ihr, auf einer höheren Ebene, zum Wissen.

Es besteht ein grundlegender Unterschied in der Tatsache, daß im Deutschen ein ganzer Satz als positiv aufgefaßt werden kann, um erst im letzten Augenblick, an seinem Ende durch ein «nicht» verneint zu werden, und der anderen Tatsache, daß im Französischen das einfache «Nicht» unausreichend für die Verneinung ist, daß es auch nicht genügt, diese Verneinung möglichst nahe dem Subjekt folgen zu lassen, sondern das verneinte Verbum von dem «ne ... pas» gewissermaßen eingekapselt und ganz eindeutig betont wird, während im Spanischen die Verneinung des Verbums sogar jene des Objektes erforderlich macht. Doch das sind Nuancen.

Die künstlerischen Äußerungen unserer Zeit weisen weiter als die Lehrsätze. Hier, in ihnen, ist bereits assimiliert, was dort bewiesen wird. Der Beweis ist notwendig – die rationelle Erkenntnis ist (diesmal) Frucht der heraufdrängenden seelischen Kraft. Die enorme Entwicklung der rationellen Kräfte findet auf einer höheren Ebene jenes Gleichgewicht wieder, welches der Mensch im Traumzustande hatte.

Den Tod zu verwirklichen bevor man starb, ohne deshalb dem Leben verlorenzugehen: das ist Wissen.

Platons Ideen sind nichts anderes als intellektualisierte Mythenbilder und Symbole: eingefrorene, erstarrte Bilder, die es aufzulösen gilt, damit einerseits die dahinterliegende universale, geistige Idee wieder wirksam werden kann, damit andererseits das Denken auf eine organische Weise sich ihrer auf einer höheren Ebene bedienen möge.

Der Frau ist der Instinkt, dem Manne dagegen die Intuition eigener.

Freud: Sprengung des Ich; Jung: Versuch, die höhere Kategorie, das «Selbst» zu finden.
    Freud ist ein guter Führer in den Hades, aber führt er auch heraus?

Daß der Tod auch Musik sei, dieses wissen wir durch Homers Kirke.

Philosophie ist das Zerpflücken einer Rose.

Nur wenn wir das Schicksal wirkend und früh vollziehen, wird uns im Rest statt der Qual vielleicht die Freiheit verliehen.

Schreiben um des Schreibens willen oder des Klärens willen, womöglich um des Belehrens willen ist unstatthaft. Schreiben aus Überfluß.

Das Lohnversprechen des christlichen Dogmas, das den Materialismus einleitete...

Viele Dinge, die uns vollständig unbeweisbar und unbegreiflich erscheinen, sind es vielleicht nur, weil sie Gesetzen entsprechen, die wir mental nicht «erfassen» können, weil sie im Ursprung beheimatet sind.

Daß sich innerhalb des europäischen Bewußtseins heute stärkste Wandlungen vollziehen, geht auch aus der Tatsache hervor, daß wir heute fähig sind, «magische» Vorgänge zu «verstehen».

Zu sagen eine bestimmte Uridee, wie beispielsweise «Eros», sei dieses oder jenes, ist ein Unding. Jeder einzelne, selbst ein Plato, kann vermittels der Sprache nur jene Aspekte der Idee fixieren, welche die ihm gemäßesten sind. Das ganze Urbild ist nicht aussagbar, – kann aber mit den Jahrtausenden immer klarer, wenn auch verwandelter in Erscheinung treten.

Das Paradoxon ist nicht nur Widersinn, sondern Selbstaufhebung und damit: Unendlichkeits- bzw. Ewigkeits-Werdung, bzw. Wandlung in die Ewigkeit hiesiger endlicher Gegensätze.

Die Kirche, das Matriarchat; der Staat, das Patriarchat, sie haben beide ausgesprochen vegetative Quellen. Sie sind die entwicklungsnotwendige Hypertrophie des naturgegebenen Vater- und Mutterbildes, die beide überwunden werden müssen. Der heutige Verfall der Religion (= Kirche) deutet daraufhin, daß sich ein Richtungswandel vollzieht. Der Verfall des Staates, jedenfalls des National-Staates, desgleichen.

Religion, die, wie ja schon das Wort besagt, nur zurückgewandt ist (re-ligio), nur aus den sogenannten Quellen lebt, ihr muß eine Praeligio, eine Bindung nach Vorwärts, die auch von der Zukunft lebt, entgegengesetzt werden. Die Religio verbindet nur – wie das Matriarchat der Kirche – mit den naturhaften Ursprüngen, deren sinnbildlicher Ausdruck das sogenannte Symbol und die rationalisierte mythologische Form ist, so wie sie in den Sakramenten gefroren; sie, die Religio, ist ausgesprochen seelisch (die Kirche treibt Seelsorge, zählt die Gemeinde nach Seelen), richtet sich, wendet sich im Kult und den Kulthandlungen an die seelischen, das heißt die naturhaft-bildlichen Urkräfte im Gläubigen; sie kann aus diesem Grunde das wirklich Geistige, das zugleich das Zukünftige ist, nicht berücksichtigen, da selbst eine Projektion des Vaters oder der Vaterschaft, welches als die geistige Welt hingestellt wird, nichts anderes ist, als eine Bindung zu naturhaften Gegebenheiten, die in diesem Falle zwar nicht irdischer, sondern kosmischer Natur sind. Die Praeligio muß gewissermaßen noch hinter die Himmel kommen; das heißt, sie muß zu jenem Prinzip durchstoßen, das über allen Himmeln ist und nicht nur über die sieben Planetensphären regieren.

Das Symbol ist nichts als die (ideelle) Verdichtung naturhafter Vorgänge zu einem Bilde. Sie ist als Symbol bildlicher Kristallisationsvorgang in der Mythologie, als Idee ein solcher in der Philosophie, als Dogma und Sakrament ein solcher in der Religion. Dagegen ist das Paradoxon die über das Symbol hinausreichende Form der Praeligio.

Die Ansätze zu dem, was ich Praeligio nenne, lassen sich seit Hölderlin nachweisen. – Symbolon und Paradoxon sind zwei der Grundbegriffe der «Aperspektivischen Welt».

Solange man für den Geist Symbole braucht, die naturnotwendig aus der Naturseele stammen, ist er nur natürlich, aber nicht geistig. Ist bestenfalls ein höchst sublimiertes seelisches Element, schlechtestenfalls ein rational erstarrtes, eine Art Versteinerung (auf der einen Seite die Feuer-Symbolik des Heiligen Geistes, auf der anderen die abstrakte Entleerung in Hegels Phänomenologie). Auch das Vorgehen der Pythagoräer, die ihn glaubten in die Zahl bannen zu können und seine Bannung in die Ideen durch Plato – welchen er später eine Annäherung an die Zahlen-Symbolik der Pythagoräer gab – ist noch ein naturhafter Weg; wenn schon er wenigstens über das Erdhafte hinaus in das Planetarische hinein vorstößt. Aber eben doch nur in das Planetarische, in die lichte, himmlische Entsprechung des Irdischen.

1943–1944

Nicht Ziel, sondern Wandlung. Nicht ein Erreichen, sondern ein Zusammenfassen der gegebenen und immer zerstreuten Kräfte zum Positiven. Keine Kausalität, da alles gegeben ist und nur sichtbar werden muß.

Das Moment der Gnade als Inspiration! Zuerst wohl bei Hölderlin – als Aussage (und nicht nur als erlebter Wert). Die Alten rufen noch die Musen an – das Weibliche, gebärende Prinzip des Unbewußten (bzw. der Mythologie).

Schubert, Vischer, Carus wußten noch um die *Natur*-Bindung der Seele. Ihre Werke führen im Titel stets die Präzisierung: «Naturgeschichte der Seele».

Mit dem Verlust der mythenbildenden Kraft – ausgelöst durch die Rationalisierung seit Sokrates, Platon, die die Zugänge zur anima mundi abschnitten – wurde eine neue re-ligio nötig, die in Kult und Sakrament, und unter Ausnützung des erwachten sittlichen Bewußtseins auf ihre Art die Rückbindung des Einzelnen leistete.

Nur die Tatsache, daß alle Ebenen gleichmäßig ihrem Werte nach in unserem Leben Ausdrucksmöglichkeiten erhalten, macht uns fähig, so zu leben, daß die fünfte neue Ebene, die es zu erreichen gilt, nicht durch eine der bereits vorhandenen irrtümlich verdeckt, überspielt, überspült, verdorben wird. Beispiel: daß man, wie es in der Regel immer noch geschieht, das «Geistige» mit Magischem oder hochgezüchtetem Seelischen oder wie meist mit Intellektuellem belastet oder vermischt.

Intuition ist der Einbruch überbewußter Inhalte in das denkende Bewußtsein.

Instinkt ist der Ausbruch unterbewußter, magischer Inhalte in das fühlende Bewußtsein.

Wir sagen – mit jedem Satze – immer mehr, als wir zu sagen glauben.

1949

Alles mir Geschehende ist eine Aufforderung, es einzusehen.

Da ist nichts Großes dabei, wenn man seinen Feinden verzeiht; letztlich verzeiht man sich selber bzw. man anerkennt die widerspenstige, dunkle oder auch minderwertige Komponente seiner selbst. Denn jeder Feind ist ja nur die äußere oder im Außen sichtbar gewordene negative Komponente unserer selbst.

1953

Der sinnvolle Zufall

Es ist doch wohl so, daß alles, was geschehen wird, in uns bereits als Möglichkeit veranlagt ist. Trifft nun ein Beobachter gewissermaßen vorzeitig auf eine konkrete Gegebenheit, die mit dem Zukünftigen bereits latent verbunden ist, so kann man sich vorstellen, daß aus einem solchen Zusammentreffen ein plötzlicher Durchbruch des latenten Planes in das Bewußtsein stattfindet, daß sich also das manifestiert, was man Ahnung nennen könnte. Oder, um es mit Wilhelm von Scholz zu formulieren, bei einem solchen Erlebnis spielt jenes Moment mit, das er als die «Anziehungskraft des Bezüglichen» bezeichnet hat.

Vielleicht kann man «Schicksal» dahin definieren, daß Schicksal das uns sinngemäß Zufallende ist, wobei das Urteil darüber, was «sinngemäß» ist, letztlich nur von einem alles überschauenden Geist gefällt werden kann, also eigentlich nur von Gott. Erlebnisse, bei denen der Zufall hineinspielt, sind eine Art Sichtbarwerdung der geheimen Fügung, die wir allerdings dann geneigt sind als «sinnlos», als sinnlosen, dummen Zufall zu bezeichnen, wenn sie in ein destruktives Geschehen eingeordnet sind.

Wenn es uns gelingt, unser Leben nicht nur als einen raumzeitlichen Ablauf zu sehen, sondern es als Ganzes zu betrachten, so werden auch Phänomene, die sich naturwissenschaftlich nicht einordnen lassen, akzep-

tierbar. Sie entspringen dem Bereich jener Grundstruktur, jenem größeren Zusammenhange, in den auch das Leben des Einzelnen eingebettet
ist. Ja, sie sind die Sichtbarwerdung eben dieses größeren Zusammenhanges und ein Hinweis darauf, daß unser Leben sinnvoll ist.

1954

Über das Unheimliche

Was wir nicht beherrschen, beherrscht uns. Und wie können wir einer
Macht begegnen? Indem wir innere Distanz zu ihr gewinnen, indem wir
den «Denkraum der Besonnenheit» zwischen uns und dem Phänomen
schaffen. Dadurch wird aus der Ohnmacht, die das Erlebnis des Unheimlichen auslöst, nicht etwa antwortende Macht. Das würde ja nur zu
einem unaufhörlichen Kampf führen, sondern es handelt sich darum, aus
der Distanzierung heraus einordnen zu können, ohne dabei die Tatbestände wegzurationalisieren.

Ich wundere mich manchmal über die primitive Art, mit der so viele
heutige Menschen, denen man eigentlich ein ausgewogenes Urteil zutrauen sollte, auf diesen Bereich des Unheimlichen reagieren. Zwei entgegengesetzte Einstellungen scheinen mir in gleicher Weise eine mangelnde Distanzierung zu verraten; beide nehmen diese Erscheinungen,
die man ja heute nicht mehr übersehen kann und um die sich die parapsychologische Forschung bemüht, nicht in den «Denkraum der Besonnenheit» auf: jene, die negierend diese Phänomene wegrationalisieren
wollen und jene andern, die kritiklos bejahend, ihnen verfallen und nicht
mehr in der Lage sind, Täuschungen von Tatsachen zu unterscheiden
oder die phantastischsten Spekulationen auf mageren Beweisen aufbauen.
Beide haben sie ja Angst vor diesen Phänomenen: die einen leugnen sie,
da die Anerkennung unerklärlicher Zusammenhänge ihr rationales
Zwangssystem erschüttern würde und sie den Boden unter den Füßen
bedrohlich wanken fühlen, die anderen machen auf eine recht hinterhältige Weise Mimikry und glauben, durch Anpassung an das Phänomen
ihrerseits Macht darüber zu gewinnen, indem sie sich mit den Dämonen
identifizieren.

Hier eine ganz harmlose Geschichte, die weniger ihres Inhalts, als der
Struktur wegen, die sie sichtbar macht, vielleicht wert ist, erzählt zu werden.

Es war Anfang Dezember 1952. Ich kam aus Barcelona zurück und hatte mir vorgenommen, in Sète, der kleinen südfranzösischen Hafenstadt zu übernachten. Ich wollte sie kennenlernen, weil dort der große französische Dichter Paul Valéry geboren wurde, und weil sein berühmtestes Gedicht, der «Cimetière Marin», Sète zur Szenerie hat. Kurz hinter Perpignan kam ich in Nebel und erreichte deshalb Sète erst nach Einbruch der Dunkelheit. Bei der Einfahrt verlor ich im dichten Nebel die Hauptstraße, verirrte mich in enge, verschlungene Gassen; um ein Haar stürzte der Wagen über die Kaimauer, die plötzlich in dem undurchdringlichen nassen Grau vor mir auftauchte, unheimliche Gestalten kreuzten den schwachen Lichtkegel der Scheinwerfer. Schließlich gab ich auf, hielt an, stieg aus und ging, hilfesuchend, zu dem nächsten Haus, vor dem eine Laterne brannte. An ihm tauchte eine Plakette auf mit der Inschrift: «In diesem Hause wurde Paul Valéry geboren».

Es ist der Mangel an kausaler Erklärbarkeit, welcher derartige Vorkommnisse für viele unheimlich macht. Aber wir dürfen nicht vergessen, daß sich diese Dinge in einer Sphäre abspielen, die anscheinend auch eine Ordnung hat. Diese wird nicht durch den Kausalkonnex geschaffen, sondern durch das, was ich als den «Vitalkonnex» der magischen Struktur des Menschen bezeichnet habe. Diese organische Kausalität, sofern wir hier von Kausalität sprechen dürfen, ist für mich eine Erlebnisgewißheit, und die Dinge, die in ihr geschehen, verlieren durch ihre Einordnung für mich den Charakter des Unheimlichen.

Das Käuzchen ruft nicht mehr, wenn man dem Tod gelassen entgegensieht.

Nur das Akzeptieren des Schicksals ist Freiheit, und Freiheit schließt ein, daß man für das Unfreie, nämlich das Unheimliche, nicht anfällig ist.

Mir will scheinen, das Unheimlichste, das es gibt, ist die Unfreiheit des einzelnen Menschen im Umgang mit sich selbst. Diesen Umgang mit uns selbst können wir nur durch den Umgang mit den andern erlernen, denn das Du ist älter als das Ich.

Das Unheimliche stellt sich uns dar erstens als das Bedrohliche, zweitens als das Unerklärliche, drittens als ein Einbruch des Ungewohnten – eine Kategorie, die natürlich mit dem Unerklärlichen eng verwandt ist – und viertens als das Unfreie. Hinter allen diesen Erscheinungsformen steckt die Angst, preisgegeben zu sein. Die Antwort des Menschen darauf kann verschieden ausfallen: er kann das Unheimliche wegrationalisieren, dann überfällt es ihn meist vom Rücken her. Oder er wirft sich ihm in die Arme, dann wird er von ihm verschlungen oder aber, es gelingt ihm, den Einklang mit dem Geschehen herzustellen, durch Einordnung Freiheit zu gewinnen.

1955

¹«Aus unveröffentlichten Papieren»

Der Mensch ist ein Entwurf zu etwas, das mehr ist als er; aber während des letzten Aeons ist es ihm auf eine bestürzende Weise gelungen, weniger zu sein, als was er gemeint ist.

Nicht das Du ist, wie Nietzsche meinte, älter als das Ich, sondern das Wir.

Das Du tritt erst in Erscheinung, wo das Ich sich aus dem Wir herausgelöst hat und eigenständig geworden ist, so daß es ein personales Gegenüber zu erkennen vermag. Die große Forderung an das Ich ist dann, die Beziehung zum Gegenüber in ein Miteinander zu verwandeln.

Jede Ichwerdung ist schmerzhaft. Kaum ein Mensch findet sein eigenes Ich, bevor er die Lebensmitte erreicht. Die meisten bleiben dann in ihm stecken und verhärten in ihm. Den noch schmerzhafteren Prozeß der Ichüberwindung mit all seinen Krisen und Rückfällen leisten nur wenige; aber gerade die Ichüberwindung ist die entscheidende Aufgabe des menschlichen Lebens.

Der Weg des Menschen führt von der Ichlosigkeit über das Ich zur Ichfreiheit; führt von der unbewußten Teilhabe am Weltganzen über die scheinbare Abspaltung von ihm (in der Ichwerdung) zur bewußten Teilhabe an seiner Fülle.

In jedem Ich schlummert ein geheimes Du; das will erlöst sein; bevor es nicht erlöst ist, ist das Leben Angst und Qual.

Es sollte nachdenklich stimmen, daß die beiden Wörter «denken» und «danken» des gleichen Stammes sind. Aber wieviele denn, wenn sie denken, danken dem Göttlichen, das ihnen innewohnt, sondern denken nur an ihr eigenes Ich?

Es gibt das, was man als die Rache der Beschenkten bezeichnen darf. Wer gab und Undank erntete, sollte sich selber prüfen. Entweder gab er auf die falsche Art – etwa aus dem Drang heraus, seine Macht zu demonstrieren, Abhängigkeiten zu schaffen, Schicksal spielen zu wollen, den anderen zu verpflichten; oder er gab jemandem, der das Nehmen noch nicht erlernte – wobei nicht zu vergessen ist, daß das Nehmen schwerer ist als das Geben. Die wenigsten wissen, daß auch das Nehmen Hingabe ist.

Lieben ist gesteigertes Leben.

Die Furcht vor Leid, vor Schuld und vor Verantwortung ist das Eingeständnis, nicht reifen zu können.

Nur allzuviele verschanzen sich hinter dem Realismus, hinter Prinzipien, hinter moralischen Bedenken, weil sie zu feige oder weil sie noch nicht fähig sind, ihrer eigenen Abgründe ansichtig zu werden.

Der Mann, der zu seiner eignen weiblichen Komponente nicht ja zu sagen vermag, verneint und erniedrigt letztlich seine Partnerin, weil er von ihr fordert, was er selber zu sein hätte; er ist nur «Mann», aber nicht Mensch.

Launische Männer sind deshalb so schwer zu ertragen – und irgendwie erbärmlich –, weil das Luna-Element, also das Weibliche in ihnen, ungemeistert überwiegt und sie entmännlicht. Das Wort Laune verweist ja auf luna, der Mond; launisch sein, heißt mondhaft sein – und das dürfen sich, auch nur an gewissen Tagen Frauen leisten.

Das Spiegelbild des launischen Mannes ist die rechthaberische Frau, da sie zu stark ihre «Rechte» – also die männliche Komponente – betont.

Wäre das Leben logisch, dann wäre es nicht mehr Leben, sondern toter Mechanismus. Leben ist Potentialität. Unsere Absichten werden stets von der Fülle seiner Möglichkeiten in der uns gemäßeren und entsprechenderen Weise korrigiert.

Menschen, die glauben, daß es (blindgeschehende) Zufälle gebe, verlieren ihr Leben an die Sinnlosigkeit. Jeder sogenannte Zufall macht nur die beglückende Sinnfülle unseres Lebens, seinen unerschöpflichen Reichtum und unsere Teilhabe am Ganzen offensichtlicher.

Zeit ist nicht nur eine Abfolge von Vergangenheit, Gegenwart und Zukunft, also geteilte Zeit, sondern ein Ineinanderspielen der drei Teile als Inbegriff des vorgegebenen Ganzen.

Jede Ideologie ist Absicht und strebt ein Ziel an. Jede echte Haltung ist Einsicht und Substanzsicherheit; sie trägt das Ziel in sich selber. Wer einem Ziel nachlaufen muß, ist diesem Ziel verfallen, also unfrei; daß er ihm nachläuft, macht nur deutlich, daß das Ziel oder die erstrebten Dinge vor ihm davonlaufen. Wer das Ziel in sich trägt, dem wenden sich die Dinge und Geschehnisse zu; seine Haltung gibt auch den Dingen und Geschehnissen Halt.

Wahre Traurigkeit (die nicht mit Sentimentalität zu verwechseln ist, da diese stets durch Brutalität kompensiert wird) ist eine jener wenigen Ingredienzien, die in der menschlichen Natur als Grundkomponente im einzelnen seltener sind, als man zu vermuten geneigt sein könnte. Sie ist ein Ausweis von Distanz und Toleranz, nie von Pessimismus. Menschen dieser Art können lächeln (sogar über sich selbst), ja, sie können sogar lachen. Durch diese kaum wahrnehmbare wohlverborgene Traurigkeit hindurch leuchtet die unstillbare Trauer um die nur so schwer vollziehbare bewußte Einigung mit unserer tiefsten Herkunft. Die Melancholie ist ein Stigma des Göttlichen im Menschen, das sich zu erfüllen trachtet.

Die menschliche Form des Alleinseins (das immer ein all-ein ist), ist die Einsamkeit.

Die vorgestellte Welt ist zumeist eine verstellte Welt, die stets begrenzt ist und nie das Offene freigibt. Nur wenn es uns gelingt, das Offene zu gewinnen, werden wir den Absturz in die Leere vermeiden und die nächsten Jahrzehnte überstehen.

Wir sollten allmählich beginnen, unsere Aufmerksamkeit jenen wenigen Wörtern zuzuwenden, die keinen Gegensatz-Begriff wachrufen. Das Sein ist vom Nicht-Sein bedroht, Lust von Verlust, Geburt von Tod.

Es gibt Wörter, die in sich ruhen, offen sind und das Ganze spiegeln, ohne nach Teilen zu rufen. Zu ihnen gehören: das Wesen, das Leben, die Transparenz (das Diaphane).

Das Abwesende ist nur eine andere Form des Anwesenden.

Ein spanisches Sprichwort lautet: «Ihr seht nur, was ich trinke, und nicht den Durst, den ich habe.»

Strukturen mitmenschlicher Kontakte

Es ist sicher eine Tatsache, daß sich in unseren Beziehungen zu verschiedenen Menschen verschiedene Seiten unseres Wesens entfalten. Jeder macht diese Erfahrung: gegenüber dem Vorgesetzten verhalten sich die meisten anders als im Familienkreise, zu einem Mitarbeiter anders als zu einem Konkurrenten, aber es widerstrebt mir, diese verschiedenen, durch die soziale Situation bedingten Verhaltensweisen als «Rollen» zu bezeichnen. Denn schließlich leben wir diese Beziehungen, während «Rollen» nur dargestellt werden.

Wenigen Menschen gegenüber können wir uns so geben, wie wir wirklich sind oder zu sein glauben, andere zwingen uns ständig zur Stilisierung, wieder andere scheinen Möglichkeiten aus uns herauszulocken, die uns völlig unbekannt waren.

Ich habe in meinem Leben die Erfahrung gemacht, daß jede zu große Erwartung, die wir einem Menschen gegenüber hegen, auf die Dauer diese Beziehung zerstört. Das ist eine tragische Angelegenheit. Wir sind immer geneigt, in einer Beziehung von dem andern zu fordern, was wir eigentlich selber zu leisten hätten. Leisten wir es nicht, so überfordern wir den andern und dürfen uns dann nicht wundern, wenn diese Beziehung zerbricht. Ich darf es mir als Jüngling leisten, in die Geliebte ein Idealbild hineinzuprojizieren. Das ist nicht nur menschlich, sondern sogar förderlich, da die Geliebte auf diesen Anspruch, der ja andererseits auch von ihr aus mir gegenüber besteht, tiefere oder höhere Fähigkeiten leben kann. Gefährlich wird es, wenn diese notwendige Anfangsprojektion mit der Zeit nicht zurückgenommen wird. Aus der Begegnung, die immer ein Gegenüber ist, soll sich ja ein menschliches Miteinander entwickeln, das will sagen, ein Leben nicht mit einem Wunschbild, sondern mit einem echten Menschen.

Es kann dann zum echten Verstehen kommen, wenn die beiden Partner begreifen, warum sie auf die Projektionen antworteten. Denn das projizierte Bild kann ja nur dann zur Wirkung kommen, wenn es von dem betreffenden Partner angenommen wird.

Und wir akzeptieren eine Projektion so lange, als wir selbst den Reifungsprozeß noch nicht vollzogen haben. Dabei sei nicht vergessen, daß es manchmal vorübergehend notwendig ist, eine Projektion zu akzeptieren, um überhaupt eine Beziehung zu ermöglichen und damit vielleicht einem Menschen zu helfen. Nur soll man darum wissen.

Es dürfte daher doch wohl unsere wichtigste Aufgabe sein, die Idole unserer Selbsttäuschungen aufzulösen. Dann sehen wir auch den Partner in seiner wirklichen Gestalt und geben ihm die Möglichkeit, uns selbst so zu sehen, wie wir wirklich sind und wie uns vielleicht Gott gemeint hat.

Dieses meist trügerische Einswerden, das eine wechselseitige psychische Überflutung ist und mit dem echten im Einklang-Sein auch nicht das Geringste zu tun hat.

Ist nicht auch das Überflutetwerden vom Leid, vom Elend oder der Hilflosigkeit eines Mitmenschen oft nichts als eine psychische Infektion? Mitleid erschöpft sich nicht im Mitfühlen und beschränkt sich auch nicht auf das bloße Nachfühlen, dem rein intellektuellen Verstehen, das Scheler mit den Worten verdeutlicht: Ich kann dir das sehr gut nachfühlen, aber ich habe keinerlei Mitleid mit dir. Beide Formen: das bloße Mitergriffensein und das bloße Nachfühlen zeigen Mangel an Kontakt.

Auf keinen Fall ist die Wesensmitte, der Wesenskern psychologisch erfaßbar. Er ist also nicht eine bestimmte Schicht der Persönlichkeit, sondern wenn er vorhanden ist, wirkt er in allen Schichten, durchdringt also sowohl das Vitale, als das Seelisch-Gefühlsmäßige, als das Rationale. Latent ist dieser Kern wohl in jedem Menschen vorhanden, sofern wir akzeptieren, daß wir Geschöpfe Gottes sind. Es ist der Wesensgrund in uns, den zu leben wir erreichen oder verfehlen können. Es ist jener Wesensgrund, der über unser irdisches Dasein hinausweist. Damit ist zugleich gesagt, daß ein echter Kontakt von Mensch zu Mensch nur dort vorhanden ist, wo das Ich, das uns an die Welt bindet, überwunden ist. Erst dort ist ein verpflichtender Kontakt, ein echtes Miteinander möglich, das nun frei ist von Rollen, Masken, Mimikry, Projektionen, Erwartungsbildern. Es ist die höchste Form der Echtheit im Mitmenschlichen.

Wenn ich zu meinem Fenster hinausblicke, so sehe ich an klaren Tagen hoch in den Himmel ragend die Konturen der höchsten Berge des Berner Alpenmassivs: Eiger, Mönch und Jungfrau. Sie geben der Landschaft, in der ich wohne, das Gepräge.

Jedes Jahrhundert ist in einem gewissen Sinne eine geistige Landschaft, die, da sie weniger im Räumlichen als im Zeitlichen gründet, einer dauernden Wandlung unterworfen ist. Auch diese Landschaft hat ihre Konturen, welche ihr jeweiliges Gepräge bestimmen. Dieser Konturen des Jahrhunderts ansichtig zu werden, ist jedoch schwieriger als jener der Landschaft. Dies aus zwei Gründen: Bei einer Landschaft kann ich mir die Distanz wählen, aus der heraus ich genügend Abstand zu ihr erhalte, um die sie charakterisierenden Konturen zu überblicken. Hinsichtlich unseres Jahrhunderts, in dem wir mitten drin stehen, ist die Gewinnung von Distanz ungleich mühsamer; aber sie ist möglich. Die andere Schwierigkeit: ein Jahrhundert ist gleichsam eine fließende Landschaft, eine, die sich wandelt, verändert, umgestaltet – oder die wir mitverwandeln, mitverändern, mitumgestalten. Die ihr eignenden fließenden Konturen festhalten zu wollen, ist desgleichen mühsam; aber auch dies ist möglich, jedoch mit einer Einschränkung: daß man nicht in den Fehler verfällt, eine detaillierte Topographie des Jahrhunderts geben zu wollen, sondern daß man die Hauptlinien nachzeichnet, die sich zum Teil wieder zu verflüchtigen beginnen, um neuen zu weichen, wobei diese neu sich bildenden ihrerseits bereits auf Konturen hinweisen, die erst in den letzten Jahrzehnten unseres Jahrhunderts voll in Erscheinung treten werden.

1956

Wer Macht ausübt, verfällt der Macht und ihrer Angst. Die Mächtigen sind nur aus ihrer eigenen Angst heraus mächtig, aus der Angst vor sich selber, vor dem Ausbruch der ungebändigten eigenen Kräfte. Statt sich selber zu bändigen, trachten sie danach, sich die Kräfte anderer unterzuordnen. Aber dieses sich-weg-Lügen von der eigenen inneren Leistung verdoppelt nur ihre Angst. Sie, die keine Beziehung zu ihrem echten Wesen haben, werden beziehungslos und sie wissen, daß ihre Angst vor dem überwältigenden Anblick der eigenen Fülle, sie letztlich ins Nichts und in die Leere treibt. Die Untergangsfanatiker sind jene, die heroisch aus sich heraus in die Leere flüchten, die an der Mißanwendung der lebendigen Kräfte zugrunde gehen, sich selbst abschnüren, zum atomisierten Nichts werden.

Es gibt einen Sog in den Abgrund, aber es gibt auch die Kraft der Vernunft, die Kraft des Vernehmens, die des Gehorsams gegenüber den dem Leben zugrunde liegenden und das Leben erhaltenden Gesetzen; Vernunft aber heißt sie vernehmen; Gehorsamsein heißt auf sie hören. Erst wer vernahm und hörte, kann und darf sprechen. Alles was wir sagen und tun, muß mit den Grundanforderungen des Lebens und des Universums, also mit dem Göttlichen übereinstimmen.

Falsche Fragestellung: Was war vor der Geburt der Zeit, d. h. was löste diese aus? Das ist linear-kausal, statt komplex gedacht hinsichtlich eines Bereiches, der durch seine Raum-Zeit-Enthobenheit der Kausalverknüpfung strukturell entbehrt, weshalb diese dualistische Fragestellung hier gar nicht angewandt werden darf.

Traum: Komplex. Erst die Interpretation, seine Er-*zähl*ung bringt Ablaufcharakter hinein. (Dazu: Die Gefahren der Verfälschung psychischer Vorgänge durch den Gebrauch fixierender Begriffe.)

Die Fülle des Lebens erschließt sich uns erst nach dem Verzicht. Aber dann ist diese Fülle nichts als eine Möglichkeit, deren man aus Fülle nicht mehr bedarf.

Die ontologische Tendenz unserer Epoche: daß man von Bewußtsein spricht, wo es sich um Bewußtheit handelt. Das französische Wort «conscience», das wörtlich «Mitwissen» heißt, trifft den echten Tatbestand oder Sachverhalt besser als das deutsche. «Bewußtheit» ist das Mitwissen des Urgrundes, unser Mitwissen um den Urgrund.

Die einzige Form der Beziehung ist der Ursprung.

Nur der Urgrund ruht in sich; ist erste und letzte Geborgenheit, besser: ewige und unendliche Aufgehobenheit (in deren Doppelsinn). Jeder hat an ihm Teil; bei vielen riß das Band, das ihn in ihn einbettete. Anderen ist er gegenwärtig als das In-Sich-Ruhen. Das persönliche In-Mir-Sein ist nur eine Spiegelung des umfassenderen In-Sich-Ruhens, des Sich.

Warum wiegt man ein Kind, wenn es zur Ruhe kommen soll? Man bewegt es, wie uns der Urgrund bewegt, damit wir in ihm zur Ruhe kommen können.

Endlich das Eigentliche und nicht mehr das Uneigentliche tun.

Die Tatsache, daß es Wörter gibt, für welche selbst grammatisch die Einzahl gilt, ist aufschlußreich. Die Einzahl weist sie als Grundkomponenten oder Grundphänomene des Menschlichen aus: Gnade, Dank, Trauer, Liebe, Hunger, Durst, Haß.

Rückbindung (Religion) ist Suchen, ist noch Verstreutsein im Zeitlichen, da es Bindung an das Zurückliegende, Entfernte, an die Vergangenheit ist. (Letztlich gibt es keine Vergangenheit; was war, zu dem wurden wir und sind es damit.) Das Religiöse ist also Sehnsucht. In der Praeligion wird es Erfüllung, dort wo das Zeitliche durch Gegenwärtigung des Ursprungs überwunden wird. Diese Überwindung ist aber keine mystische unio mystica, sondern das überwache Transparentwerden der Welt und des eigenen Ich, die einander nicht gegenüberstehen, sondern Gemeinsamkeiten des Welthintergrundes sind: verschiedene Manifestationen des Ursprunges.

Atomisierung der Sprache: Kernzertrümmerung.

1958–1961
Da ist ein sogenannter Freund. Er sucht Ihren Rat. Man bespricht die Angelegenheit. Ohne zu überreden, sachlich. Er sieht, was er tun müßte, um seine Sache in Ordnung zu bringen. Er sieht es sogar ein und sagt, er wolle es tun; sagt es in klarer Erkenntnis, daß es schwer sein wird, mit Bestimmtheit und dankt Ihnen für den Rat. Er scheint jetzt erleichtert und entschlossen. Man spricht von anderen Dingen, da greift er wieder einmal zum Glase, und während er seine Hand nach ihm ausstreckt, ist ein Zögern, das nur den Bruchteil einer Sekunde währt, in seiner Bewegung. Da wissen Sie, was er selber in diesem Augenblick noch nicht weiß oder sich eingestehen würde: daß er es nicht tun wird.

So wie er geht, geht es ihm.

Da sagen sie: «wir verlebten schöne Tage» – ja, sie sind verlebt; sie sagten nicht: «wir lebten schöne Tage».

Am Grad der Empfindlichkeit eines Menschen läßt sich ablesen, wieviel Unaufgearbeitetes noch in ihm ist, das er noch nicht bewältigte, so daß es ihn noch überwältigt.

Die Hölle in uns, an der wir alle leiden, ist eine so unbequeme und lästige Einrichtung, daß wir alles tun, sie zu übersehen, dafür aber die eigene dem anderen zusätzlich aufhalsen.

Wogegen jemand am stärksten schimpft, wovor er den stärksten Ekel zur Schau trägt, davor muß er sich selber am stärksten hüten; er bekämpft an den anderen, was er in sich selber bekämpfen müßte; der Grad seiner Leidenschaftlichkeit im Verurteilen ist ein Gradmesser dafür, wie stark er selber dem verfallen ist, was er, statt es sachlich abzulehnen, übermäßig anfeindet oder bekämpft.

Als ich meine eigenen Dunkelheiten noch nicht wahrhaben wollte (noch kannte), da übertrug ich sie auf Dinge und Menschen, da hing ich sie ihnen an; da sah ich meine eigene Bosheit in Gestalt der bösen Mutter, da schob ich den eigenen Mangel an echter, noch nicht leistbarer Teilnahme am Mitmenschen anderen zu und zieh sie dieses Mangels; da zögerte ich nicht, anderen Untugenden anzudichten, die sie in dem ihnen angedichteten Ausmaße gar nicht besaßen; da antwortete ich auf Zuwendungen, als wären sie Angriffe, ganz einfach, weil ich noch niemand war, dem sich jemand hätte zuwenden können. Erst als ich aufwachte, änderte sich das.

Es ist keine Schande, dies einzugestehen. Schändlich wäre es, so zu tun, als ob es nicht so gewesen wäre. Denn wer redlich zu sein versucht, weiß, daß es jedem so ergeht.

Immer handelt es sich um diese beiden, einander ergänzenden Phänomene: um den Einbruch des Geistigen und um unsere Hinwendung zum Geistigen, um das Geistige ins Sichtbare zu heben, um uns ihm unverlierbar anzunähern.

Unser Leben, unser Alltag ist ja immer in dieses Spannungsfeld eingebettet, in diese Spannung zwischen dem, was jedem von uns geistiger Auftrag ist, und dem, was wir zu leisten vermögen. Mißklang oder Einklang unseres Lebens hängen unabdingbar davon ab, in welchem Maße es uns gelingt, der Forderung dieses Doppelbezuges von Auftrag und Leistung zu entsprechen; wo dieser Doppelbezug zusammenklingt, da wird der Alltag zum All-Tag; wo er sich nicht zu verwirklichen vermag, da ist das Leben Unrast, Unzufriedenheit und wird zum schweren Tode, weil man im Außen den Dingen nachlief, die man dort letztlich nie erreicht, da ihr Kern in uns selber liegt.

Der Einbruch des Geistes, der, da wir ihn nicht erzwingen können, eine Gnade ist, manifestiert sich in der Intuition, in dem was Albert Einstein das «Erfinden» genannt hat. In seinem wohl letzten Aufsatz, der in der schweizerischen «Hochschulzeitung» (Sonderheft, Zürich 1955) erschien, schrieb er: «Das Erfinden ist kein Produkt des logischen Denkens, wenn auch das Endprodukt an die logische Gestalt gebunden ist.»

Echte Zeitenwenden sind immer weltweit! 3000 v. Chr. 500 v. Chr. 2000 n. Chr. Das alte Morgenland ist das neue Abendland.

Die Menschen sind heute zumeist voller Anspruch – an die Welt, voller Forderungen an die anderen: eine erbärmliche Form, sich den Forderungen an sich selbst, die als nötig empfunden werden, zu entziehen.

So wie es Menschen gibt, die ewige Verlierer sind, weil sie sich niemals selbst gewannen – so gibt es Menschen, die allmählich zu ewigen Gewinnern heranreiften, ohne es zu wollen, weil sie sich selbst verloren.

Keiner ist schöpferisch, der nicht empfangend zu sein vermag! Diese äußerste Spannungsweite, diese geladene Polarität macht die Größe und die Schrecknis des echten Künstlers.

Ein Fehlschlag ist gewissermaßen ein Aufenthalt, damit das Erwünschte dann, wenn die Zeit dafür reif geworden ist, noch besser gelingen kann.

Es ist nicht nur ein Vorrecht der Jugend, sondern ihr Recht, ungerecht zu sein.

In einem Gespräch sind es immer die Dinge, die ungesagt bleiben, welche den Ausschlag geben.

So viele sprechen vom Richtigen, aber leider an der unrichtigen Stelle, im falschen Zusammenhang.

Es gibt nichts, das, wenn das Leben es von uns fordert, nicht von uns geleistet werden könnte. Der an uns gestellte Anspruch entspricht nämlich stets unseren Fähigkeiten und der von uns aufbringbaren Kraft. Wer glaubt, versagen zu müssen, verzichtet statt auf die Dinge oder das Erwünschte, auf sich selber.

1962

Jeder von uns ist nur ein Sandkorn. Ein Sandkorn am Strand ist nichts. Ein Sandkorn im Uhrwerk der Ewigkeit, vermag die Ewigkeit umzugestalten. Denn jede Ewe ist nur ein Aeon, das von einem anderen abgelöst wird. Dafür kann ein einziges Sandkorn sehr hilfreich sein. Das trifft auch für das letzte Aeon, die gut 2000 Jahre des mental-rationalen Bewußtseins zu. Das neue Bewußtsein hat bereits seine Sandkörner verteilt.

Japan: Nur Zen-Räume hell, fast transparent (Kyoto), sonst alle Farben erdhaft. Imitationsfähigkeit: ein weiterer Beweis der magischen Grundstimmung.

Das Leben ist eine Brücke – auf dem Gang über den Abgrund haben wir uns zu bewähren: – um ans andere Ufer zu kommen und die neuen Schmerzen einer neuen Geburt auf uns zu nehmen.

Oft lernt man durch die falschen Menschen die richtigen kennen.

Was am Berge ist bergend? Inwiefern ist er also Herberge? Weil er die bergende Höhle (das bergende Hohle) enthält.

Ichbewußtsein und Begriffszeit hängen eng miteinander zusammen, da ohne den bewußt erfaßten Zeitmoment sich im Zeitgeschehen das Ich gar nicht konstituieren kann.

Rücksicht: das im Rücken liegende beachten – Vorsicht: auf ein Ziel gerichtet – nicht menschlich, sondern berechnend und bedächtig!

In der Bewährung

In der Bewährung stehen wir immer. Der jeweiligen Zeit entsprechend, in die wir hineingeboren wurden, haben wir uns jedoch nicht nur als Einzelne zu bewähren, indem wir persönlich ein Leben ohne Versagen zu führen versuchen. Fiel es uns zu, Verwirklicher stillerer Zeiten zu sein, so dürfen wir uns sehr wohl von diesen tragen und kräftigen lassen; verschlug uns die Geburt in eine zerbrechende Zeit, so ist die von uns geforderte Bewährung eine doppelte: Wir haben dann nicht nur unser eigenes Leben vor dem Versagen zu bewahren, sondern müssen, damit dies gelinge, auch den Anforderungen genügen, die eine derartige Zeit an uns stellt.

Wo etwas zerbricht, drängen neue Kräfte nach. Es gilt dann, dieser gewahr zu werden, sie gewähren zu lassen und sich an ihnen zu bewähren.

Unsere Zeit ist eine zerbrechende Zeit, und neue Kräfte suchen sich durch uns auszuformen: Wir Heutigen stehen in der doppelten Bewährung. Um sie leisten zu können, müssen wir uns der neuen Kräfte bewußt werden, müssen eine neue Bewußtwerdung vollziehen, welche uns befähigen könnte, der neuen Wirklichkeit gewahr zu werden.

Die Technik scheinbaren Wieder-Holens empfiehlt und ergibt sich, weil der Sinn eines Konzeptes oder einer Formulierung durch ihr Hineingestelltsein in jeweils neue Zusammenhänge lebendiger und verständlicher wird und weil es sich bei diesen Konzepten und Formulierungen um die Sichtbarmachung der Grundstruktur der neuen Wirklichkeit handelt, so daß auf gewisse Grundprobleme und Zusammenhänge natürlicherweise immer von neuem eingegangen werden muß.

Diese Grundprobleme sind vornehmlich Fragen danach, was Zeit ist, sowie danach, welcher Art die neue Wirklichkeit ist und auf welche Weise sie sich realisieren läßt. Es sind letztlich Fragen, die das neue Bewußtsein an uns richtet, das uns in neu wahrzunehmende Zusammenhänge hineinstellt und neue Realisationsweisen von uns fordert.

Über die Angst

Immer ist Wandlung, Unvorhergesehenes. Immer ist das Beständige aus tausend Unbeständigkeiten gefügt.

Es gibt die Urangst. Und es gibt angstträchtige Ursituationen, in denen die Urangst ungehindert zum Durchbruch kommt. Aus unbekannten Tiefen wallt sie herauf und überschwemmt uns, so daß es scheint, wir könnten dieser untergründigen Macht nichts entgegenstellen. Selbst der Mut entpuppt sich angesichts ihrer als Flucht. Könnten wir die dunklen Abgründe erforschen, in denen sie sich verbirgt, um unvermutet über uns hereinzubrechen, sobald sich eine der Ursituationen ergibt, dann bestünde die Möglichkeit, ihrer Herr zu werden. Aber die mächtigen Abgründe des Lebens, in denen die Urangst haust, bergen auch des Lebens Wurzelwerk. Wer es wagen würde, so es überhaupt möglich ist, diese Wurzeln ans Licht zu zerren, der würde zwar die Angst zerstören können, aber er würde damit gleichzeitig auch das Leben zerstören. So müssen wir uns mit der Erfahrung abfinden, daß es diese Urangst gibt, müssen uns damit bescheiden, ihrer in den Ursituationen ansichtig zu werden. Durch Beobachtung und durch das Erkennen gewisser Zusammenhänge vermögen wir zu erreichen, daß wir diese Ursituationen besonnen bestehen und zu einem inneren Gleichgewicht gelangen.

Kenntnis allein genügt jedoch nicht, um über die Urangst zu siegen. Es gibt wahrscheinlich nur eine Möglichkeit, ihr zu begegnen: wir müssen uns zur Zuversicht erziehen und unser Lebensvertrauen stärken. Es gibt nichts in der Welt, das nicht seinen Gegenpol hätte. Der Gegenpol der Urangst ist das Urvertrauen. Auf besonnenem und bewußtem Urvertrauen beruht die Würde des Menschen. Es gibt ihm die Kraft, die Angst zu meistern.

Allzuoft sagen wir: «Ich habe keine Zeit.» Wie tief würde jeder erschrecken, der sich dieser Redensart bedient, wenn er sich Rechenschaft darüber gäbe, daß Zeit auch Leben ist. Ohne sich dessen bewußt zu sein, bekennt er mit diesem Satz: «Ich habe kein Leben.» Für ihn ist die Zeit zum drohenden Roboter geworden. Statt selbst Herr über die Zeit zu sein, beherrscht ihn die Furcht vor einer mechanisierten Zeit und ihrem Getriebe.

Wem es an Selbstvertrauen mangelt, der bringt oft nicht die Kraft auf, für etwas einzustehen.

Wer zu stark in Vorstellungen aus der Vergangenheit befangen ist, weil er vergangene Erlebnisse nicht verarbeiten, also nicht überwinden konnte, und wer andererseits in Hoffnungen und Befürchtungen lebt und somit um die Zukunft bangt, der ist den Anforderungen der Gegenwart nicht gewachsen, der ist unfähig, sein Leben zu gestalten.

Die Folge angstvoller Beziehungslosigkeit ist Einsamkeit aus Angst vor der Liebe, vor der Hingabe, aus Angst, wegen der eigenen Schwäche dem Partner nicht gewachsen zu sein.

Die Angst gehört als normaler Bestandteil zum Leben jedes Menschen. Sie ist die große Hürde. Aber es reizt uns Menschen, Hürden zu nehmen. Wäre keine Angst in der Welt, dann gäbe es andererseits auch kein Vertrauen. Von Angst befallen zu werden, ist keine Schande, wohl aber, Sklave der Angst zu werden. Nur bei wirklich seelisch Gestörten, die in einer Wahnwelt leben, ist Angst kein Makel, sondern Krankheit.

Wenn auch die Angst immer gegenwärtig ist, so sollten wir nicht vergessen, daß ebenso stets das Verläßliche nahe ist, aus dem wir Zuversicht schöpfen können. Wenn wir es nicht um uns finden, müssen wir es in uns selbst suchen. Vor diese Aufgabe stellt uns jeder Alltag von neuem. Immer wieder gibt es angstauslösende Lebenssituationen, in denen die latente, gleichsam schlummernde Angst plötzlich erwacht und bedrohlich in unseren Alltag einbricht. Jeder gerät während seines Lebens in solche Situationen, aber es kann auch jeder sie überstehen. Das mag nicht immer beim ersten Versuch gelingen. Um so wichtiger ist es, Selbstdisziplin zu üben und zu lernen, die Gegenkräfte in sich selber zu wecken. Es gehört zum Wesen des Menschen, daß er dessen fähig ist. Denn obwohl er auch am Kreatürlichen teilhat, so vermag er doch als einziges Lebewesen sich über das nur Kreatürliche zu stellen, und somit auch über die Angst. In dieser geistigen, über das bloß Intellektuelle hinausragenden Befähigung ruht sein Menschsein. Er kann es tagtäglich unter Beweis stellen und festigen, wenn er es lernt, die angstgeladenen und angstauslösenden Lebenssituationen zu meistern.

Die angstauslösenden Lebenssituationen führen uns vor Augen, in welchem Maße die Angst ein Bestandteil des Lebens ist. Immer wieder taucht sie auf, und immer von neuem müssen solche Situationen bestanden werden.

Wenn Schreck oder Furcht sich im Gemüt festsetzen, weil wir nicht über sie hinwegkommen können, dann werden sie zu einem Trauma, das selbst klare verstandesmäßige Erkenntnis kaum mehr tilgen kann.

Tagtäglich versuchen wir, der Angst Herr zu werden. Wir reagieren meist spontan und unkontrolliert. Aber es lassen sich dabei zweierlei Arten der Reaktion unterscheiden, nämlich eine passive und eine aktive. Passiv ist die Flucht, aktiv dagegen der Angriff und die Suche nach Sicherung. Obwohl auch im Angriff eine Art Flucht aus der Angstsituation liegt, so ist er doch eine Flucht nach vorn und kein Flüchten vor dem Kampf.

Jede angstgeladene Situation stellt uns vor eine Entscheidung. Ist es doch eine der Bedingungen des Menschseins, sich ohne Unterlaß entscheiden zu müssen, aber auch, sich entscheiden zu können. Wer Entscheidungen ausweicht, ist nicht einfach nur bequem, sondern er hat Angst. Mancher bringt nicht einmal die Kraft auf, abzuwarten, bis eine Situation entscheidungsreif wird, sondern zieht sich bereits vorher zurück und wird damit ein Opfer der Situation.

Jede Entscheidung erfordert Bereitschaft zur Verantwortung. Wenn uns erst die Angst gepackt hat, dann sind wir so verwirrt, daß wir nicht mehr wissen, wo wir uns hinwenden und wie wir uns entschließen sollen. Das führt nur allzu oft zur Flucht vor der Entscheidung und Veranwortung.

Nicht jeder Kompromiß entspringt der Angst. Kompromißbereitschaft kann auch ein Zeichen von Stärke, Toleranz und Besonnenheit sein. Wer aber Kompromisse schließt, um sich freizukaufen oder um einer bedrohlichen Situation zu entgehen, der ist feige und nur aus Angst kompromißbereit.

Warum müssen sie sich mit Alkohol betäuben? Jede Sucht ist ein Zeichen der Flucht vor etwas. Zumeist ist es eine Flucht vor der Wirklichkeit in die Scheinwirklichkeit. Sie mag auch, wie der Psychiater es ausdrückt, einem Zurückwollen in das Behütetsein durch die Mutter entspringen. Wem es an Mutterliebe mangelte, der greift gern zur Flasche, die ihm die Mutter vorenthalten hat.

Wer kollektiv in Schauerfilmen die eigene Angst mit der dort vor Augen geführten noch größeren Angst anderer zu übertönen sucht, der ist auch für jede Massenangst und für Massenpsychosen anfällig und kann ihnen rasch zum Opfer fallen: Angst vor einem Brand oder Hamstersucht aus Angst vor Hungersnot. Anstatt Feuer und Hunger zu bekämpfen, fördert solche Massenangst erst die Not und läßt aus einem Brand eine Katastrophe werden.

Genau wie der Alkoholiker und der Spieler, so wird auch der Rauschgiftsüchtige sehr oft von der Angst vor dem «grauen Alltag» zu seiner Sucht getrieben. Sucht sucht. Aber ein Süchtiger ist kein Suchender mehr, sondern Versuchter und Versucher zugleich: Er versucht, die eigene Natur zu belügen. Wer nicht die Kraft zur Ruhe aufbringt, der Vorstufe zum Vertrauen, betrügt sich selbst mit Beruhigungsmitteln. Dahinter aber steht immer die Angst, der Wirklichkeit nicht gewachsen zu sein.

Wer der Angst entgehen will, flieht entweder vor ihr, oder er greift an. Es wäre zwar falsch, alle aggressiven Reaktionen allein auf die Angst zurückzuführen, aber wenn wir den Angriffsmotiven nachspüren, dann können wir etwas Interessantes feststellen: Auf den ersten Blick mag es scheinen, als seien es oft Beweggründe wie Vaterlandsliebe, Verteidigung einer Idee, Selbstwehr, das Temperament des einzelnen oder ein Bedürfnis, sich selbst und anderen zu beweisen, daß man mutig ist. Blicken wir tiefer, so stellt sich meist heraus, daß die Aggessivität einem oft nicht bewußten Angstgefühl entspringt. So wie der Mut nur eine andere Form der Feigheit ist, so ist der Angriff lediglich eine andere Form der Flucht. Und wer der Angst entgehen will – was allein als Vorsatz schon eine falsche Einstellung zur Wirklichkeit deutlich macht –, der wird je nach den Umständen und gemäß dem eigenen Temperament entweder flüchten oder angreifen. Der Egozentriker flüchtet in sein kleines Ich, weil dieses Ich sich gegenüber der Welt nicht zu behaupten vermag. Der Mangel an notwendigem Ich flößt ihm Angst ein. Der Egoist dagegen verteidigt sein Ich bis zum letzten, aus Angst, man könne seine Bedeutung einschränken. Beide sind sich ihrer selbst nicht sicher, daher ihre Angst und deshalb ihre Reaktionen. Aber wieder müssen wir uns vor zu viel Verallgemeinerungen hüten, denn es gibt auch einen gesunden, normalen und notwendigen Egoismus. Das schließt jedoch nicht aus, daß er angstbedingte Formen haben kann.

Außer der Flucht und dem Angriff gibt es noch eine dritte Form, der Angst zu entgehen, nämlich durch Übertragung. Gemeint ist das Streben nach Schutz und Sicherung. Das Wort Übertragung ist nicht im psychologischen Sinne der Projektion zu verstehen, sondern es soll jenen Vorgang bezeichnen, mit dem wir uns der Angst dadurch zu entledigen trachten, daß wir unsere Verantwortung auf andere Menschen oder auf Institutionen übertragen.

Die Flucht führt ins Nichts, sie endet in Erschöpfung und Ohnmacht. Desgleichen führt der Angriff ins Nichts. Er endet in Zerstörung und Selbstmord. Vor der Angst, der man begegnen sollte, zu fliehen, ist gleichermaßen ein Irrweg wie der Angriff, der ja nicht etwa die Angst angreift, sondern sie lediglich als Treibstoff für die Aggression benutzt. Beide Reaktionen sind also weitgehend zerstörerisch.

Dagegen weist die Übertragung in ihrer Auswirkung bereits konstruktive Züge auf, und sie ist eine Lebenshilfe für jene, die noch nicht in der Lage sind, der Angst ins Auge zu blicken. Aber die Übertragung kann auch negative Folgen haben.

Die Grundhaltung, aus der auch dieser Versuch hervorgeht, mit der Angst fertigzuwerden, entspricht dem Ur-Instinkt der Suche nach Schutz und Sicherung, wenn man sich selber nicht stark genug fühlt und möglicherweise noch Angst davor hat, Verantwortung zu übernehmen.

Führen Flucht und Angriff als Reaktion auf die Angst zu zerstörerischen Ergebnissen, so zeitigt die Sicherung schon einige positive Resultate. Diese fördernde Wirkung der Angst wird noch deutlicher, wenn wir uns jene menschlichen Betätigungen vergegenwärtigen, deren Auslöser letztlich die Angst ist, die jedoch über ein blosses Streben nach Sicherung hinausgehen. Es sind dies alles Tätigkeiten, Initiativen und kontinuierliche Arbeiten, die, ob wir wissen oder nicht, vorwiegend der Bannung, ja der Beherrschung der Angst dienen.

Für die meisten Menschen ist das Unerklärliche zugleich unheimlich und somit angstträchtig. Folglich kann man der Angst weite Bereiche entziehen, indem man sich Klarheit über unerklärlich scheinende Vorgänge verschafft. Schon Seneca, der große spanisch-römische Philosoph des Altertums, hat von dieser Form der Angstbekämpfung gewußt, als er in seinen «Naturbetrachtungen» schrieb: «Ungeachtet dessen, daß die Angst auf einem Mangel an Kenntnissen beruht, hält man es doch nicht für der Mühe wert, Kenntnisse zu erwerben, um die Angst zu vertreiben.» Heute wissen wir, daß die Ursache der Angst nicht einfach nur auf dem Mangel an Kenntnissen beruht. Die Angst ist ein Element des Lebens und somit unergründbar wie das Leben selbst. Wir haben es seit Senecas Zeiten inzwischen der Mühe wert erachtet, Kenntnisse zu erwerben, mit deren Hilfe wir wenigstens einen Teil der dem Leben innewohnenden Angst so klar erkennen, daß wir diesen Teil zu beherrschen beginnen. Deshalb können wir aber noch keineswegs die Angst schlechthin aus dem Leben tilgen, ohne gleichzeitig auch unser Leben zu zerstören – es sei denn, wir lüden unsere gesamte Angst und damit unsere Lebensverantwortung auf Gott ab. Das aber ist, christlich gesehen, nicht statthaft.

Es ist bereits eine Leistung, wenn man auch nur einige Formen der Angst zu beherrschen gelernt hat. Wer sie beherrscht, beherrscht auch sich selber. Wer sie meistert, meistert damit auch sein Leben. Dies zu erreichen ist gewiß nicht leicht, wenn man gegen sich selbst und gegen seine Mitmenschen ehrlich bleiben will. Es gibt jedoch noch etwas, das über die bloße Beherrschung der Angst hinausgeht. Solange man sich damit begnügt, Ängste zu beherrschen, ist man noch an sie gebunden und abhängig, so wie der Fischer von den Fischen, der Jäger vom Wild und der Schauspieler von seinem Publikum abhängig ist. Es gilt jedoch mehr: frei zu werden, angstfrei zu werden. Das aber erfordert nicht nur Beherrschung, sondern Überwindung der Angst. Noch als Herrscher sind wir zugleich Sklave. Wer jedoch die Angst überwindet, der trägt selbst das Sterben mit Gleichmut und mit der Ruhe, mit der er auch sein Leben gemeistert hat. Ihm gelingt der entscheidende Schritt: Er hat sein Vertrauen in das Leben und seine Sinnhaftigkeit so gesteigert, daß er der Angst die Waage zu halten vermag. Genauso wie die der Angst entspringende Ungewissheit, so ist auch die aus dem Vertrauen wachsende Gewißheit ein Teil des Lebens. Wer dieses Vertrauen in sich geweckt hat, der kann Ängsten ohne Angst entgegensehen. Sein Ja entwaffnet die Angst, sein Vertrauen überwindet sie. Er vermag das Göttliche klaren Blickes und unbeschwerten Herzens wahrzunehmen.

Überwindung der Angst setzt Bejahung der ganzen Wirklichkeit und des Göttlichen in uns selbst voraus. Vollendete Überwindung der Angst aber spiegelt sich im Lächeln: Seine Ausstrahlung mischt Schatten und Licht, Angst und Vertrauen in jene Harmonie, an der wir alle teilhaben.

1963

Und es kommt noch eines hinzu: daß wir die Einsicht gewönnen, in welchem Maße alles, was uns geschieht, gestaltend und kräftigend zu unserem Leben, nämlich zu uns selber gehört, und daß es somit durchaus abwegig ist, sich über Mißgeschick und dergleichen zu beklagen, weil wir es selber sind, die dies oder jenes Hindernis, das von außen auf uns zukommt, nicht etwa nur anziehen, sondern, so wir es nicht umzugestalten und zu verwandeln vermochten, es fälschlicherweise als ungerechtfertigte Tragik oder als unüberwindliche Hürde betrachten. Statt dessen sollten wir es uns eingestehen, daß diese Hindernisse wir selber sind, da sie in uns ruhen, und daß sie nur deshalb in Erscheinung treten, um uns darauf aufmerksam zu machen, worin unseres Lebens Leistung zu bestehen hätte: nämlich die schlafähnliche Dunkelheit des Todes mit der wachen Helligkeit des Lebens, die scheinbare Ungewißheit der sogenannten Zukunft mit der nachprüfbaren Vergangenheit ins Ganze, in ein bewußt verwirklichtes Gleichmaß zu verschmelzen – darin dürfte der in Blüte und Frucht verwandelte Kraftquell nicht nur des Daseins, sondern des Lebens liegen. Und jedes Hindernis, sowohl die auf uns zukommenden, die wir anziehen (so wie der Mond das Mondhafte in uns, die Sonne das Sonnenhafte in uns anziehen), als auch die aus uns selber, aus unseren unbereinigten Anlagen, verqueren Hoffnungen und Wünschen erwachsenen Hindernisse – ein jedes enthält den Hinweis auf eine uns zugedachte Aufgabe, die uns das Reifen ermöglichen soll. Gewiß, dies einzusehen ist nicht leicht, und demgemäß sich zu verhalten ist deshalb schmerzhaft, weil es des Mutes und der Demut bedarf, anzuerkennen, daß es gar nicht die Hindernisse sind (hinter denen man sich gut verstecken kann), die uns unsere Entfaltung erschweren, sondern daß wir uns so lange meist selber im Wege stehen, als wir uns nicht selber durchsichtig wurden und damit unser eigentliches, ichfreies Wesen zur Wirkung bringen konnten.

Wie schmerzhaft es zu sein vermag, wenn eine echte Ausreifung zum Durchbruch kommt, erlebte ich einst im Tessin. Es war an einem sehr heißen Sommertag. Haus und Garten lagen abseits der Straße am Hang und über dem See. Ich saß in der Mittagsstille auf der Terrasse; plötzlich hörte ich hinter mir einige zwanzig Male einen schrillen, fast schmerzenden Ton (ob er nur für mich, also subjektiv, oder aber objektiv schmerzhaft war, wage ich nicht zu entscheiden). Er rührte von dem Platzen der dürr gewordenen Schoten eines Ginsterstrauches her, die in diesem Augenblick die bis dahin von ihnen beherbergten Fruchtkörner freigaben, so daß sie sich der Erde anvertrauen mußten oder konnten: mögliche Kraftquellen neuen ginstrigen Daseins im kommenden Jahre.

Immer war das Wasser ein Spiegel des Lebens, vor allem des seelischen Lebens; und die Überlieferung weiß um den schöpferischen Zusammenhang zwischen geistiger Gestaltungskraft und Lebensmeisterung, die durch das Medium der Seele zu bewußter Verwirklichung gelangen können. Doch die Kraftquellen, die diese Möglichkeiten auszulösen vermögen, müssen wachgerufen werden. Auf die eine oder andere Weise kann jeder, ganz von sich aus, das Seine dazu tun, daß es gelingt. Und gerade die dem einzelnen aus seiner Grundstruktur erwachsenden Hindernisse können dabei sehr förderlich sein.

Grundbedingung für das Leben jedes einzelnen ist und bleibt, daß er selber versuche, sich zu wandeln. Daß er lerne, die Knüppel, welche man ihm vor die Füße wirft, nicht als Hindernisse, sondern als Sprungbretter zu benützen.

1964–1968
Der Mensch ist immer zu sich selbst unterwegs.

Es gibt Zeiten, da muß man sich vor und in der Welt bewähren; es gibt Zeiten, da muß man sich im Ewigen bewähren. Und es gibt die gültige Zeit, da muß man sich zugleich in beiden bewähren.

Es ist zu bedauern, daß wir uns zwar der Siege der Wissenschaft (des wissenschaftlichen Denkens) rühmen, uns aber nicht der Verluste, die sie uns einbringen, erinnern.

Die Null ist verarmt, seit sie zum Begriff, zur Unzahl wurde.

Die Null ist Alles und Nichts, Fülle und Leere.

Polarität: die Nichtzweiheit – das Nichtduale, das auch nicht *Einheit* ist, eher Ganzheit als Vorstufe des Ganzen, Ungetrennten.

Es gibt die Ahnung, es gibt den Glauben, es gibt das Wissen und es gibt die Gewißheit. Die Ahnung ist der Täuschung, der Glaube dem Zweifel, das Wissen dem Irrtum ausgesetzt, die Gewißheit ist unverbrüchlich. Diese Formen, die Wirklichkeit zu erfassen, schließen einander nicht aus, sondern sind Ausdruck der verschiedenen, jeden Menschen konstituierenden Bewußtseinsstrukturen. Viele glauben, was anderen Gewißheit ist, andere glauben zu wissen – die Grenzen sind fließend und deuten damit auf das Ineinanderspiel dieser verschiedenen Formen der Wirklichkeitserfassung hin. Solange man die Welt in Gut und Böse, in Diesseits und Jenseits, und was derartiger Dualismen mehr sind, spaltete, bezog sich der Glaube, als mit dem Wissen unvereinbar, vornehmlich auf das sogenannte Jenseits. Wer sich der Offensichtlichkeit dessen nicht verschließt, daß das Göttliche – oder wie immer man es nennen will – alle Bereiche durchatmet, dem ist es keine Frage des Glaubens, dem ist es überhaupt keine Frage, sondern Gewißheit.

Was mich betrifft, so glaube ich vor allem eines: daß Leben und Geist (der nicht mit der Ratio zu verwechseln ist) unzerstörbar sind. Der Rest ist Ahnung oder Wissen (vor allem um Grenzen) oder Gewißheit. Der Glaube an diese beiden Unzerstörbarkeiten wird durch zwei konkrete Erfahrungen verbürgt: Was das Leben anbetrifft dadurch, daß es noch immer, gerade in unserem Europa und auch in der europäischen Jugend, so viel echt menschliche und durch Sentimentalismen nicht verdorbene Substanz gibt, daß nur die Zerdenker, mit ihrer auf Ratio und Wissen reduzierten Erfahrungsbasis, an dieser Kraft des Lebendigen zweifeln können. Was das Geistige anbetrifft, scheint mir der Glaube an seine Unzerstörbarkeit dadurch verbürgt, daß wir uns heute in einer Zeitenwende bewegen, die gerade dem Geist neue Manifestations-Möglichkeiten im menschlichen Bewußtsein zu erschließen beginnt. Alles deutet darauf hin, daß wir über das Denken hinauszudenken vermögen, daß sich eine neue Wirklichkeit herauskristallisiert, die wir dank eines intensiveren Bewußtseins «wahrnehmen» können. Wer des Göttlichen gewiß ist, für den ergibt sich nicht das Problem des Wie, sondern die Forderung, für den Bestand dieser Welt, in der sich das Göttliche manifestiert, einzustehen. Das aber bedeutet für unsere gefährdete Weltsekunde, daß jeder einzelne an dem neuen Bewußtsein, das unsere abendländische Aufgabe ist, arbeite. Diese Arbeit ist leistbar, wenn wir, statt große Worte oder Ideologien zu postulieren, versuchen, mit möglichstem Anstand, möglichster Redlichkeit, möglichster Wachheit und Verantwortung zu leben. Der im neuen Bewußtsein aufleuchtende Geist gestaltet auch weiterhin das Leben. Wer an ihnen, dem Leben und dem Geist, nicht zum Frevler wird, sei dies der einzelne oder ein Volk, ein Kulturkreis oder die Menschheit, steht, was auch immer geschehen mag, im Schutze ihrer Unzerstörbarkeit.

1970–1971
Solange man von Beziehungen spricht, hat man noch nicht den Menschen erreicht.

Zukunft ist nicht etwas, das auf uns zukommt; Zukunft ist, was uns zukommt, schon heute; und das uns Zukommende ist stets Gegenwart.

Die Eins ist Schöpfung, die erste Tat, das Inerscheinungtreten des Ganzen in die Zwei. Das Eine ist schon im Sichtbaren, das Ganze, Ungetrennte ist im Unsichtbaren.

Eine Welt- und Lebensauffassung, die materialistisch betont ist, für welche vornehmlich das Körperlich-biologische verbindlich und gewährleistend ist, mußte die ausschlaggebende Prägung des Individuums in der Erbmasse sehen. Das trifft für clangebundene Wir-Kulturen vermutlich noch zu, nicht aber für Ich-entwickelte; dort sind die Erfahrungen und Aneignungen eigengelebter früherer Leben stärker an der Prägung und Schicksalsbildung beteiligt, als die Erbmasse oder die Umwelteinflüsse. Anders wäre z. B. das Leben des Schusters Böhme nicht zu erklären.

Meine Vernunft sagt mir (da sie ja vernehmen kann), daß etwas stimmt; mein Verstand zeigt mir, daß etwas richtig ist.

Es ist ja nicht von ungefähr, daß das Thomas-Evangelium 1945, am Ende des 2. Weltkrieges, gefunden wurde.

Das größte Hindernis für das Verstehen der asiatischen Denk- und Realisationsweise ist das mangelnde Selbstverständnis des Europäers, der sich aus rationaler Hybris und Angst weigert, jene Bereiche in sich selber anzuerkennen, die im asiatischen Menschen noch wirkfrei sind, die aber der Europäer zurückdrängt.

Das integrale Bewußtsein konstituiert sich nur dort, wo eine Evidenz des Zugleich bewußt wird. Voraussetzung dafür ist
1. Integrierung vorangegangener Bewußtseins-Frequenzen
2. Läuterung von Zweck und Ziel (mentale Absicht) etc.: äußerste Aufrichtigkeit, Ichfreiheit – ohne das kein Glanz des Ursprungs.

I.B. die drei Voraussetzungen für die Gewinnung des integralen Bewußtseins:
1. Kenntnisnahme der seit 1900/27 möglichen neuen Denkweise, die bisher unzulässige Kriterien zuläßt wie: Polarität, Nicht- und Akausalität, Dematerialisierung.
2. Kenntnisnahme der diversen Bewußtseinsstrukturen, die auch individuell zur Selbsterkenntnis führen kann, zum Beginn einer durchgreifenden Arbeit an sich selbst: Voraussetzungen für 3. sind: Ichfreiheit, Souveränität, echte Liebesbeziehung, echte Du-Beziehung, Toleranz.
3. Schweigen, Meditation, Hingabe an den Ursprung (d. h. echte Überantwortung).

Hell und klar, so scheint mir, ist, was als Urvertrauen zu verstehen ist. Dunkler ist bereits das einfache «Vertrauen». Und dunkler als die Urangst, obwohl sie tiefer reicht, ist die bloße Angst.

Alle Gebete sind Rückkehr, sind Wiederfinden des Ursprungs. Und was sich sagen will ist nicht mehr fern.

1973
Der Mut der Jungen: Sie haben den Mut, über das dreidimensionale Begriffsdenken hinauszugehen, ohne in frühere Strukturen zurückzufallen.

finster – Fenster

Kein Denken mehr – Denkmechanik

«Da kam mir ein Gedanke»
    oft ists kein Kommen, sondern
        ein Hereinpurzeln
        wie angeschossen
        wie blitzartig Durchstrahlt-sein –

einen Gedanken verfolgen –
    nur Selbsttätiges ist verfolgbar –

Kleine Gedankenfünklein lösen eine
        Kettenreaktion aus,
        Assoziationen,
        den Denkmechanismus –

«Der Gedanke ist vor dem Denken da» –

Letztlich ist alles einfach, so einfach, wie ein Blatt, das man in der Hand
hat, so einfach wie das Lachen eines Kindes.

gift (engl.) – Gift (dt.)

Das magische Bewußtsein ist an das Hören gebunden, das mythische an
das Schauen und Erfahren, das mentale an das Sehen und das Denken.
Das integrale an das Unsichtbare und das Wahren.
    Für die Leistung des integralen Bewußtseins gibt es keine Methode.
Gäbe es eine, so wäre es als Resultat einer Methode, die immer mental
ist, an das mentale Bewußtsein gebunden.
    Wer etwas zu wahren vermag, ist des Wahren, der Wahrheit teilhaftig.
Das Wahre ist unsichtbar, aber es durchströmt, durchstrahlt, ein weißgol-
dener Lichtregen das Ganze. Kein Ohr kann es hören, kein Auge es sehen.
Aber das innere Auge vermag es wahrzunehmen, vermag es zu wahren.
    Voraussetzung: Vertrauen; Voraussetzung für das Vertrauen: Innere
Sicherheit. Ohne Vertrauen keine Hingabe, kein Sich-Überantworten,
Sich-los-lassen.

Die schlafenden Jahre

EINLEITUNG

Heute ruhen, verschüttet unter der Tünche des Fortschrittglaubens, viele Probleme, die das Leben der einzelnen betreffen, gleichsam im Scheintod: Sie kommen nicht dazu, bewußt zu werden, weil sich ihnen keine Hindernisse in den Weg stellen. Paradoxerweise geschieht dies in unseren Jahren, die zugleich Entscheidungsjahre für die Menschheit sind und die somit mehr denn je Ansprüche an die Kraft des Einzelnen stellen. Diesen Anforderungen wird jedoch zumeist nicht entsprochen: Von den vielen Kraftquellen des Daseins werden nur jene genützt, die leicht zugänglich sind – und allzu häufig werden sie falsch genützt. Dies geschieht vor allem auch deshalb, weil die Mehrzahl heute den Erwerb eigener, innerer Sicherheit vernachlässigt. Äußeres Gesichertsein wie Besitz, Auskommen und Bankkonto, also anonyme Versicherung, ersetzt ihnen trügerisch die lebensnotwendige Sicherung in sich selber: Was dem Herzen eingeschrieben sein sollte, das steht schwarz auf weiß in irgendeiner Police. Sie ist aber keine Gewähr. So lebt ein jeder aus der ihm gemäßen Quelle des Daseins, wobei viele gar nicht bemerken, daß das, was sie für Quellen halten, nur stehende Gewässer sind, aus denen sie zwar schöpfen, ohne aber deshalb selber schöpferisch zu sein: ohne durch innere Arbeit und durch Überwindung negativer Neigungen und Anlagen sich selber zu gestalten und somit wahrhaft Mensch zu werden. Manchmal vermag ein Anruf, eine Aufforderung von außen, die Zuwendung zu den echten Quellen zu bewirken und zu kräftigen oder zu erneuern. Aber dazu bedarf es einer doppelten Voraussetzung: daß einerseits der Aufgeforderte schon dazu bereit ist, einer Aufforderung Folge zu leisten, daß andererseits der Aufrufende der inneren Struktur und Anlage des Aufgerufenen entspricht oder ihnen verwandt ist. Dies ereignet sich hin und wieder. Und dies gibt mir den Mut, auch eigene Erfahrungen und Erlebnisse preiszugeben, da sie unter den genannten Voraussetzungen sehr wohl jenen als Beispiel dienen oder als wie auch immer geartete Parallelen zu Lebenssituationen betrachtet werden können, die befürchten, daß die immer strömenden Kraftquellen des Daseins versiegt seien, während es nur der rechten inneren Haltung bedarf, sie wieder zur Wirkung kommen zu lassen.

Der Quellen, von denen hier gesprochen werden wird, gibt es unzählige: Selbsterhaltungstrieb und beglückende Selbstbestätigung; die Wahl der Vorbilder sowie der Versuch, ihnen nachzuleben, da sie mehr als Beispiel, nämlich Entsprechungen zum latenten Vermögen des einen oder anderen sind und deshalb zur Beantwortung der Fragen nach unserer Herkunft und unserer Bestimmung beitragen können. Die stärkste Kraftquelle ist aber das Leben selbst, welches das Dasein, das Sein und das Nichtsein umspannt. Jenes Leben, das in dem einen dumpf wuchert, im anderen hell und klar sich ausgestaltet. Zu solcher Helligkeit aber gehört die Erfahrung, daß der Tod am Leben mitbeteiligt ist als der andere, unsichtbare Pol, der jedoch durch seine dauernde Präsenz dem Leben jenen Kraftstrom zuführt, welcher aus dem Spannungsbogen von Lebens- und Todespol hervorgeht. Und wenn wir zudem um die Gegenwärtigkeit nicht nur der Vergangenheit wissen, sondern auch um die stete Gegenwärtigkeit der Zukunft, ohne deshalb in den Verruf des Propheten zu verfallen, weil wir das Leben noch während seines Ablaufes als Ganzes wahrzunehmen imstande sind, dann ist jene Abschnürung von den Quellen des Daseins überwunden, an der heute so viele leiden. Damit ist das Wissen verbunden, daß das Dasein nur *eine* Erscheinungsform des Lebens ist, die materielle und sichtbare, welche durch das bewußte Ja zu der sogenannt unmateriell-unsichtbaren Erscheinungsform uns das Wirken des Weltganzen durchsichtig machen kann. Ein Wissen, das uns die Geborgenheit auch im Ungreifbaren, welche viele als Verlorenheit betrachten, zu vermitteln vermag.

J. G.

DIE SCHLAFENDEN JAHRE

1

Ich habe viele Namen und ich wurde viele Male geboren. Geboren in ein hiesiges Leben und geboren durch ein Sterben in die Unendlichkeiten, die Du die Jenseitigen nennen wirst.

Diesmal habe ich schon den guten halben Weg getan. Ist man vierzig, weiß man, daß sich die Hyperbeln des Lebens seltsam zu überschneiden begannen: die Vergangenheit und der Aufbau sind gleichsam abgeschlossen, man sieht zurück, der eine weiter als der andere, manche sogar sehr weit, andererseits sieht man auch vorwärts, ahnend, daß man einmal auch alles, alle Richtungen sehen wird, nun da sich die beiden Linien des Lebens in immer kräftigerem Anstieg und Abstieg voneinander entfernen, da die eine hinunterführt in das beruhigende Grab, da die andere in unermeßlichem Schwunge eine genau so klare, eindeutige Melodie hinaufschwingt; dort aber, wo beide aus der jetzt noch fast Waagrechten, in steilem Hinauf und Hinunter, aufwärts oder abwärts in die Senkrechte übergehen werden, dort, genau dort, wo die Spannung auf eine unabänderliche Weise sich gewissermaßen aufhebt und ihren Abschluß findet, da steht die weiße Leere und die goldene Fülle des Todes. Darüber braucht niemand zu erschrecken. Im Gegenteil: welch ein Glück, den Weg zu sehen, und zu sehen, wie eigentlich dieser Tod schon hier ist, hier an diesem Punkte, wo die beiden Hyperbeln auseinander zu gehen beginnen.

Aber wenn dieser Tod hier ist –, sollten frühere, wenn sie waren, nicht auch hier sein? Doch ich sehe, ich überfrage den Anfang. Man sollte zu Beginn nicht derartige Fragen stellen, zumal sie sich nicht einfach durch Feststellungen beantworten lassen. Ich könnte da irgend etwas behaupten, aber das wäre ganz unverbindlich. Derart verfängliche, ja heikle Fragen können sich nur aus sich selbst beantworten, aus lebendigen Ereignissen. Gehen wir also zu den Tatsachen über.

Eine nannte ich schon: daß ich lebe, daß ich also bin. Das ist ein folgenschwerer Satz; es gibt unzählige Formen des «Ich bin». Jeder durchläuft sie, aber so alle paar Jahre erhalten diese zwei kleinen Wörter einen ganz anderen, meist weiteren, tieferen Sinn. Und während solcher Zeiten hat man leicht merkwürdige Träume oder sagt Dinge, die hintergründig sind und sich auf eine hintergründige Art in irgend eine banale Wortfolge einschleichen. Es braucht dann ein helles Ohr, sie herauszuhören; aber die allerwenigsten hören sie heraus. Und das ist gewiß gut so: denn anders würden sie zu Tode erschrecken. Ein jedes neue «Ich bin» ist in diesem Sinne auch eine Beunruhigung.

Ich kann mich nicht entsinnen, wann ich diese zwei kleinen Wörter zum ersten Mal sagte. Das kann persönlich wichtig sein; hier ist es nicht wichtig. Dies ist eine Tatsache, zwar eine blasse, aber immerhin eine Tatsache. Doch nun zu den anderen, um derentwillen ich all dies aufschreibe und mitteile.

2

Ich wurde in Posen geboren. Warum ich mir diese Stadt aussuchte, weiß ich nicht. Vielleicht meiner Eltern wegen? Denn Zufall kann es nicht sein. Würde ich sagen, daß es Zufall sei, so würde ich gewissermaßen schon den Beginn meines Lebens in die Sinnlosigkeit stellen, jedenfalls insoweit, als man den Zufall als etwas blind Geschehendes anspricht. Zufall also kann es nicht sein.

Es war ein heißer Sonntag im August. Damals (im Jahre neunzehnhundertundfünf) gehörte jene ursprünglich polnische Stadt seit vier Generationen zu Preußen. Es ist also eine seltsam ungesicherte Heimat, die zudem nicht die meiner Familie war, in die ich hineingeboren wurde; und ein solcher Umstand ist wohl dazu angetan, einem ganzen Leben eine gewisse Tönung und Färbung zu geben.

Diese Deutung mag willkürlich erscheinen; schlimmer noch als dies: sie mag zufällig erscheinen, bestenfalls wirst Du einräumen, sie sei ein Versuch, dem anscheinend Sinnlosen einen Sinn zu geben. Aber sie ist nichts von alledem. Doch das ist nun wieder, wenn ich es jetzt sage, eine bloße Behauptung. Aber es geht hier um einen grundlegenden Tatbestand, denn eine unverbindliche Heimat ist keine Heimat. Dies ist eine durchaus sachliche Feststellung. Es gibt kein Leben ohne Mangel. Nur wird es dem einzelnen nicht immer sichtbar, welcher Art er ist. Hier war und ist es Mangel an sogenannter hiesiger Heimat. Daran kann man zwar hin und wieder leiden; aber er hat, falls die Verwandlung glückt, auch seinen Überfluß. Diese Fülle aber liegt wahrscheinlich in den unsichtbaren Bereichen. Das werden vielleicht neben anderen merkwürdigen Sachverhalten diese Nachzeichnungen in eine gewisse Durchsichtigkeit heben. Was hier jedoch sogleich festgehalten werden muß, ist ein, wie mir scheinen will, besonderer Umstand: daß nämlich die angedeutete Heimatlosigkeit jenem Leben, das hier als ein Ganzes betrachtet werden soll, die Grundprägung gab. Diese Feststellung schließt mehr in sich, als auf den ersten Blick hin zu vermuten wäre, nämlich zwei Umstände, die es wert sind, genannt zu werden: daß es einerseits dieser Mangel und nicht irgend ein anderer ist, der diesem Leben eignet – denn das Abwesende ist ja nur eine andere Form des Anwesenden – und daß andererseits es dieser Mangel ist, der diesem Leben jene Allgemeingültigkeit leiht, die als solche ja jedem Einzelleben innewohnt. Wenn ich also hier von mir spreche, so geschieht es gewissermaßen nur in einer bedingten Ichform. Das Eigenste wohnt ja gar nicht im Ich. Und das bloß Eigene ist stets nur ein Teil des Uneigenen. Ich und Welt sind so gesehen keine einander widersprechenden Größen. Hinzu kommt die bereits vorhin angedeutete Überlegung, daß die Formen des Ichs wechseln. Aber so wie das, was der Welt geschieht, damit auch dem einzelnen geschieht, so geschieht auch der Welt, was dem einzelnen zufällt.

Ein solcher «Zufall» ist auch dieser Mangel an Geborgenheit, an Aufgehobensein. Aufgehoben kann nur werden, was fiel; was irgendwie zur Erde fiel. Das kann ein Hinweis sein. Jedenfalls ist dieser «Zufall» nur eine der vielen möglichen Kundgaben und Erscheinungsformen dessen, was wir uns angewöhnt haben, Welt zu nennen. Nimm also, was ich hier nachzeichne, nicht zu persönlich, sondern nur als Ausdruck eines Versuches, Dir *meine* Wahrheit zu sagen. Die Zeiten, da die Dichter, Göttern gleich, Menschen erfanden, ihnen Leben verliehen und sie sterben ließen, wann es ihnen nach dem Schicksal, das sie ihren Gestalten überbürdeten, gut dünkte, diese Zeiten eines freundlich einfältigen Übermutes sind vorüber. Bescheiden wir uns, Menschen zu sehen, so wie sie aus der Schöfung selber hervorgingen und denen dies oder jenes geschah, das in dieser oder jener Form irgend einem Menschen geschehen kann. Aber wenn ich das schreibe, so weiß ich sehr wohl, welch ein Abgrund das, was aufgezeichnet werden kann, von dem trennt, das mit seiner tausendfältigen Wirkung geschieht. Abgründig bleibt es.

3

(Bevor ich von jener kleinen Abgrundszene berichte, muß noch etwas erwähnt werden: daß nämlich während der zwölf Minuten, die Du bestenfalls für das Lesen dieser ersten Seiten benötigt hast, zwölf Jahre vergangen sind. Vor zwölf Jahren hielt ich mit der Niederschrift im zweiten Absatz des vorangegangenen Kapitels inne. Eigentlich ist es nicht wichtig, dies zu erwähnen. Aber es zeigt, daß man die Uhrenzeit nicht allzu hoch bewerten soll. Ich fahre also heute dort fort, wo ich damals anscheinend stehen geblieben bin, nachdem ich inzwischen noch einige

Abgründe hinter mich gebracht habe, Abgründe der Arbeit und Abgründe des Herzens.)

Einen solchen Himmel wie jenen, an den ich jetzt denke, sieht man selten. Es ist ein gleichsam nicht endender Sommerhimmel voller goldenen Nachmittagslichtes über einem unabsehbar weiten Land, dessen Horizonte sich rundum in der Ebene verlieren. Man geht leicht unter ihm, und die mühelose Ebene erleichtert das Gehen. Man geht mit dem Gefühl, es gehe immer so klar und so offensichtlich weiter. Doch dann geschieht das Unerwartete: hinter einer milden, kaum wahrgenommenen Senke stürzt plötzlich – man sieht es erst von einem Schritt auf den anderen – die Erde senkrecht hinunter. Ein grünender Abgrund mit grauen und gelben Wänden, und unten, sehr tief unten der Fluß. Das ist die Warthe, ein Nebenfluß der Oder. Dem Kind, das dort hinuntersah, fielen die kaum dreijährigen Augen fast in den Strom. Ich weiß nicht mehr, ob mich damals der Schwindel ergriff. Ich weiß nur, daß ich diesen ungeahnten Abgrund sah und ein Geländer aus Holz, dicht über dem Abgrund, das viel zu hoch für mich war. Das ist alles. Ein Abgrund und ein Kind.

4

Jenem Abgrundblick ging etwas voraus. Zwei kleine Ereignisse. Sie fielen in meine ersten Lebensjahre. Leider kann ich nicht berichten, welches ihre Reihenfolge war. Dieses Nichtwissen bewahrt uns jedoch davor, möglicherweise das eine als die Ursache des anderen zu betrachten. Das eine ist, daß ich in einen, wie man es heute ausdrücken würde, Hungerstreik trat. Das zweite ist, daß ich infolge der Unachtsamkeit meiner Mutter fast im Badezuber ertrank.

Ich entsinne mich sehr genau des spärlich von einer Petroleumlampe ausgeleuchteten Raumes mit seinen dunklen Winkeln sowie des auf dem Boden stehenden ovalen Holzzubers. Aus irgend einem Grunde verließ mich die Mutter für einige Zeit, nicht ohne mir zu bedeuten, daß ich mich in dem wohlgefüllten, hochrandigen Gefäß stille zu halten hätte. Abendlich müde, wurde ich von der Wärme des Wassers und dem seltsamen Schummerlicht in den Schlaf hinübergetragen. Ein freundlicher Zufall brachte es mit sich, daß mich das Kindermädchen, von einer Besorgung zurückkommend, dort entdeckte und mich, der ich bereits ganz ins Wasser eingetaucht war, herauszog. Ich war dem Ertrinken nahe gewesen, und es bedurfte etlicher Mühe, mich wieder ins Leben zurückzuholen.

Warum geschah das alles? Die heutigen Psychologen wären wahrscheinlich in der Lage, eine Auskunft zu geben. Ich bin da nicht in die

Sprechstunde gegangen. Und doch glaube ich, einiges darüber zu wissen. Ich möchte aber lieber nicht davon sprechen. Jedenfalls jetzt nicht. Gewisse Geschehnisse werden es deutlicher machen, als eine bloße Deutung es vermöchte.

Ein solches Geschehnis traf ein knappes Jahr nach dem Spaziergang zur Warthe ein. Damals packte ich an einem Nachmittag ein kleines Köfferchen mit drei, vier Dingen voll, verließ in einem unbewachten Augenblick das Elternhaus und ging zu einer Nenntante. Ihr erklärte ich, ich sei von nun an bei ihr zu Hause und war nur sehr schwer zu bewegen, zu den Eltern zurückzukehren.

5

Etwas gleichsam Verschwommenes liegt dem zu Grunde, was jetzt nachzuzeichnen ist: vielleicht ein Traum oder eine Vermutung oder ein Gesicht oder eine Erinnerung, die sich überdies in einer merkwürdig unausgegorenen, ihrer selbst noch nicht sehr stark bewußten Welt abspielen. Diese Welt hat zwar eine ihr gemäße Wirklichkeit. Das gleiche gilt von dem, was da geschah. Aber die Art dieser Wirklichkeit ist eine andere als die unserer heutigen Welt. Jedenfalls in gewissen Hinsichten. Denn jene lebt auf eine verborgene Weise weiter und plötzlich bricht sie auf und treibt Abgründiges herauf und verwirrt, ja schändet unsere Welt. Das ist geschehen. Welcher Art die Zusammenhänge sind, das läßt sich nur schwer sagen. Zu viel, zu Bestimmtes darüber zu sagen, wäre frevelhaft, weil der Beweis mangelt. Aber manches ist auch ohne Beweis offensichtlich. Die Welt aber, um die es sich hier handelt, hatte ihrerseits wenig Offensichtlichkeit. Im Gegenteil. Sie war eine Welt der Verstrickung, eine undurchsichtige, eine unübersehbar mächtig ineinanderverquickte Welt.

Vor wenigen Wochen schenkte mir einer meiner ältesten Freunde ein Stück Córdoba-Leder. Es ist nicht sehr groß: etwa vierzig auf sechzig Zentimeter; aber doch groß genug, um einiges sichtbar zu machen. Es ist ein Stück aus dem Ende des fünfzehnten Jahrhunderts. Jetzt, da ich am Schreibtisch sitze, hängt es in meinem Rücken und befindet sich somit genau an dem Ort, an dem sich alles befindet, das Vergangenheit ist, das wir hinter uns gebracht haben. So wird hin und wieder gleichnishaft im Räumlichen sichtbar, was uns unsichtbar begleitet und dem wir dennoch entwuchsen. Dieses Stück Leder ist ein handgreiflicher Rest jener unoffensichtlichen Welt, von der ich soeben gesprochen habe. Ranken, Geflechte, ineinander sich verschlingendes dichtes Gezweig sind auf ihm in bewundernswerter Weise so herausgeprägt, daß sie sich klar ziseliert von dem warmen, noch immer etwas blutroten Ton des flächigen Grundes abheben. All dies pflanzenhafte Geranke, dem eine ruhige, in sich geschlossene Bewegung, ein ernsthaft sich hingebendes Spiel nicht abzusprechen ist, ist heute von einer ins Bräunlich-Schwarze gehenden Farbe und war einst wohl golden oder doch zumindest silbern getönt. So wie es sich heute darstellt, trägt es fast die Farben der Unterwelt, das Schwarz-Rot der Persephone. Doch das ist noch nicht wichtig. Wichtig ist, daß ich trotz all dieser Eigenheiten diesem kleinen, künstlerisch beachtenswerten Stück handwerklicher Arbeit ein gewisses Verständnis entgegenzubringen vermag, das sich vielleicht darin äußert, daß es nun wohlgepflegt, gewachst und auf einen entsprechenden Hintergrund aufgezogen (der hell ist), in meinem Rücken hängt. Diese Sorgfalt durfte man ihm angedeihen lassen, denn es gehört zu jenen seltenen Stücken, die nicht nur verquickt Pflanzenhaftes in erarbeiteter Strenge zur Darstellung bringen, sondern auf denen Tiere, ein Pelikan und ein Panther, sowie zwei weitgewandete Frauen dargestellt sind, die diese Tiere mit bezaubernd verhaltener und würdiger Anmut in Bann halten, während die Fülle weitausladender Traubenblätter und Trauben ihre Gestalten umkränzt. Also Rebe und Panther, somit der dionysische Bereich, Pflanzenhaftes und Erdhaftes, somit der frauliche Bereich und von Frauen beherrscht. Daß dieses Stück Leder zu mir gefunden hat, das nehme ich als Hinweis und möchte Dich bitten, dies nicht als Zurechtrückung heute missachteter oder leicht übersehbarer Zusammentreffen zu werten. Ich sagte es schon einmal: Zufall als blind Geschehendes gibt es nicht. Die einzige Frage ist, ob wir immer den richtigen Zusammenhang, das echte Zusammenspiel aus jenen Darbietungen herauslesen, die uns sinnfällig vorgeführt werden, deren Richtigkeit, um richtig zu sein, durchaus nicht, entstammen sie früheren Zeiten, dem zu gehorchen braucht, was wir als folgebedingt betrachten, damit es Gültigkeit für uns erhalte. Es wirkt immer auch anders, was im heutigen Sinne und Verständnis durchaus unrichtig sein kann, das aber den Vorteil hat, nicht nur wie eine bloß gerade Linie oder Ableitung richtig zu sein, sondern zu stimmen.

Mit den Dingen nämlich verhält es sich wie mit den Geschehnissen. Es kommen nur jene zu uns, die zu uns gehören, die wir durch unsere Art, unser Wesen, unsere Anlage der Welt entlocken und anziehen. Dieser Reichtum herrscht immer. Schlägt er uns zum Guten aus, so zweifelt niemand daran, sondern nimmt ihn als selbstverständlich, obwohl er, verstandesmäßig betrachtet, eine Herausforderung ist. Die Dinge aber sind ja nichts anderes als eingefrorene, geballte Geschehnisse, die wiederum in uns Geschehnisse auslösen können.

Jene Art Leder diente wie in Córdoba auch in dem ihm benachbarten Sevilla verschiedenen Zwecken; so als Tapete in den schöneren Räumen der großen Häuser. Merkwürdig, zu denken, daß jene Menschen, die doch schon außerhalb ihrer Haut zu leben sich anschickten, damit wieder in die Haut ihre Zuflucht nahmen. Eine doppelgesichtige Welt, die auf eine einfachere Weise doppelgesichtig war als die unsere.

Jene lederausgeschlagenen Räume der Sevillaner Häuser waren ein Rückzug, so darf man es wohl bezeichnen, vor der endlosen Ebene, die Sevilla vom Meere trennt (einer gewiß anderen Ebene als jene der Gegend zwischen Warthe und Oder, aber doch wie sie eine Ebene); ein Rückzug auch vor der Übermächtigkeit der dort unerbittlich herrschenden Sonne, welche die urhafte Sucht nach Geborgenheit im schützenden Dunkel deutlich macht. Ein Rückzug also vor der Helligkeit des Tagesbewußtseins in die Höhle. Somit eine Angst des noch nicht sich selber vertrauenden Ich, das in das Wir, in die Sippe und Familie zurückschreckt.

Es war die Zeit Torquemadas, des Großinquisitors; jedenfalls in Sevilla. Er suchte für seine Königin – damals regierte die mütterliche Isabella von Kastilien über Spanien, das noch immer von Granada aus durch den Islam bedroht war –, Mittel zur Befreiung von diesem heidnischen Joch. Er fand sie. Es war der Reichtum der zum Christentum übergetretenen jüdischen und maurischen Familien Sevillas, die sich aus ihrer inneren Herkunft heraus nur langsam ins Christliche eingewöhnten. Unter den von Torquemada, also von der Inquisition verfolgten Familien, deren Reichtum nach ihrer Austilgung die Staatskasse Isabellas zur Vorbereitung des heiligen Krieges füllte, gab es zwei, die einander feindlich waren. Wie man mir berichtete, war die Gegenspielerin eine Frau von gut vierzig Jahren, welche die eine Familie beherrschte und sie dank vieler Ränke vor dem Scheiterhaufen bewahrte, dafür aber die andere Familie in Verbannung und Tod treiben ließ. Zu der anderen Familie zählte ein Mann von knapp vierzig Jahren, braunhaarig und mit jener olivenfarbigen Haut, wie man sie noch heute in Südspanien antrifft, und die einen maurischen Einschlag verrät. Es scheint, jener Mann trug einen christianisierten maurischen Vornamen. Ich kenne ihn nicht. Nennen wir ihn einfach Juan. Dagegen ist einer seiner Nachnamen – in Spanien führt ja jeder Mann nicht nur den seiner Familie, sondern auch den der mütterlichen –, sofern sich das heute einfach so sagen läßt, Clarisel; ein etwas schwer auszusprechender Name, den man in unserer Schreibweise und bei Betonung der letzten Silbe Klarissell schreiben müsste.

Wie Du siehst, liegt all das, was ich soeben nachzuzeichnen versuchte, genauso wie das Wenige, das darüber sogleich noch zu sagen sein wird, in einem Dir vielleicht unbehaglichen Zwielicht. Es liegt tief im Wurzelwerk dieses hier nachzuzeichnenden Lebens. Ich wünschte, ich könnte es deutlicher und verbindlicher berichten. Aber das hieße, die Wurzeln freilegen, sie ausgraben. Jede Pflanze, mit der man das tut, geht ein. Täte ich es, sofern es mir überhaupt möglich wäre, mit den Wurzeln dieses Lebens, würden sie sterben. Um die Dunkelheiten unserer Herkunft können wir nur ahnen, so wie wir ja auch um den leuchtenden Bereich unserer Herkunft nur ahnen können.

Jener Juan de Clarisel war begabt und beliebt. Er widmete seine Zeit der Musik und spielte den laúd, ein altes Saiteninstrument der Troubadours. Seiner Stimme und seiner Lieder wegen schätzte man ihn. Er wurde von vielen begehrt, aber es scheint, er wartete mit seiner Wahl. Was tatsächlich geschah, daß er dem Tribunal der Inquisition überliefert wurde, ist nicht mehr auszumachen. Doña Margarita, die Frau der Familie, die ihn bekämpfte, und zu deren Tochter Inés er eine Zuneigung gefaßt hatte, könnte darüber berichten. Gewiß ist allem Anschein nach, daß er mit Torquemada selber in Berührung kam, daß er kirchlicherseits zuerst als guter Christ, der er war, das Wohlwollen Torquemadas besaß, daß aber später, unter den Einflüsterungen der Doña Margarita, der Großinquisitor auch den Reichtum der Clarisel in die Staatskasse wünschte fließen zu sehen. Wie dem auch immer sei: zum Tode verurteilt, wahrscheinlich zuvor gefoltert und zu falschem Zeugnis gezwungen, ging er mit Hunderten von Leidensgenossen den Weg zum Scheiterhaufen. Nach der öffentlichen Urteilsverlesung konnte er besten Gewissens seinen Glauben beteuern und somit blieb ihm die langsame Qual des Feuertodes erspart. Ihm wurde die Gnade des Erwürgens zuteil; sie nannten es «dar garrote», was von den Würgern, die dem Tribunal zur Verfügung standen, sehr schnell und sachgerecht besorgt wurde. Doña Margarita lächelte, als sie es sah, Inés weinte. Eine sehr große schwarze Scheibe kam aus den Himmelstiefen immer näher auf ihn zu, der die Augen schon geschlossen hatte; dann war sie ganz nah, das Herz setzte vor Schrecken aus; und dann war dies Leben vorüber. Seine Verwandten, zu Bettlern geworden, zogen mit anderen Tausenden, die das gleiche Los erlitten hatten, ostwärts, manche bis Rumänien, andere bis ins heutige Österreich, um dort eine neue Heimat zu finden. Die letzten Clarisel sollen vor zwei Generationen in Graubünden ausgestorben sein; ein anderer Zweig der Familie kam, es war um das Jahr fünfzehnhundert, bis nach Wien. Auch dieser Zweig ist bereits erloschen. Keiner fand jemals in seine Heimat zurück.

6

Die Sechs ist eine merkwürdige Zahl; gleichsam unentschieden steht sie zwischen der Fünf, der altehrwürdigen Zahl für den Menschen, und der Sieben, deren Rhythmus dem Lebendigen ihr unverkennbares Siegel einprägt und um die ein zu Ende gehendes Zeitalter alle seine Sehnsüchte rankte. Es wäre sicher falsch, zu meinen, die Sechs sei eine leere Zahl; vielleicht ruht sie sich für Zukünftiges aus und überspielt dann die anderen Zahlen. Aber, was heißt das schon: das Zukünftige? Was immer auch geschehen wird, ist ja immer auch schon – unsichtbar – in der Gegenwart enthalten. Eben nicht nur die angeblich verlorengegangene Vergangenheit. Und wie steht es mit den Toten? Jeder hat die seinen, ob er es weiß oder nicht, ob er es zugibt oder nicht. Oder haben sie ihn? Freilich, zuzugeben, daß man sie habe, bedeutet bereits, man wisse, daß auch die Toten etwas wissen. Und dazu bedarf es etwelchen Mutes.

Wenn mir im Frühjahr das Mißgeschick widerfährt, auf dem Tischtuch Heidelbeeren, die bereits eingemacht waren, zu verschütten, so kann die Wäscherin sich arge Mühe geben, die Flecken hinauswaschen zu wollen; sie bleiben, zumindest ein Rest. Im Herbst aber, sechs Monate später, wenn die Beeren an den Sträuchern trocken werden und zu sterben beginnen, dann waschen sich auch die Flecken ohne Mühe aus dem Leinen heraus.

Wenn im Herbst die Weinlese war, so beginnen die Rebstöcke, sechs Monate später zu blühen – sie haben eine sehr kleine Blüte, aber einen ungemein feinen und zarten Duft – und zugleich beginnt der Wein in den Kellern zu arbeiten und in den Fässern und Flaschen wird es erst wieder ruhig, wenn draußen die Blüte abgeklungen ist.

Damit, daß etwas seinen Zustand oder seine Form ändert, ist, was es einstens war, noch nicht aus der Welt; es ist vielleicht, wie man so sagt, gestorben; aber Du siehst ja selber, wie wenig das besagt. Dies umsomehr, als alles noch Ungeborene und alles noch Ungeschehene, also alles, was man auf eine fast verzweifelte Weise das Zukünftige nennt, dann auch Gestorbenes sein müßte.

Sie hieß Ilse und war seine Schwester; sie war ein Jahr älter als er und starb sehr jung. Das geschah, als er noch keine drei Jahre alt war. Daran kann ich mich nicht erinnern; aber an die Zeit vorher: an das hohe blaue Kinderzimmer, daran, daß ich eines Nachmittages dort in einer Ecke spielen sollte, aber unbedingt zu ihr wollte, die im gegenüberliegenden Winkel des Zimmers saß; und daran, daß sie mich verstand. Später erfuhr ich, daß sie schön war; das sagen zwar alle Eltern von ihren Kindern; aber sie hatte etwas Unhiesiges, gleichsam etwas Engelhaftes, übri-

gens auch in ihrem Wesen, und dazu sehr hellblondgoldenes Haar und
sehr klare, aber dunkelfarbene Augen. Als sie starb, war es November.
Bis zum Friedhof war es eine gute halbe Stunde Weges; er führte teil-
weise durch eine große Allee. Zu Ostern, die darauf folgten, schien die
Sonne, und mit vielen anderen Kindern suchte Hans in den weiten Wie-
sen vor den Häusern Ostereier. Doch dann war er plötzlich verschwun-
den. Man fand ihn am Abend wieder. Er saß am schwesterlichen Grab,
glücklich, und sprach sehr angelegentlich mit der Toten.

Sie starb an einer Gehirnhautentzündung. Der Vater hat ihren Tod nie
verwunden. Wer war sie? Ich weiß es nicht. Damit, daß ich sagte, sie
war meine Schwester, ist nichts gesagt. Ich weiß nur, und auch Du weißt
es, daß sie Mühe hatte, hier zu sein. Wahrscheinlich war sie während ih-
res kurzen Lebens niemals ganz hier. Diese Unhiesigkeit hatte ich mit
ihr gemein. Das ist umso verwunderlicher, als die Mutter ungemein hie-
sig war. Sie, glaube ich, hat diesen Tod rasch verwunden, ja vielleicht
war das nicht einmal nötig gewesen, da er sie gar nicht verwundet hatte.
Wäre sie nicht bloß Frau gewesen, sondern auch Mutter, wäre es ihr an-
ders ergangen. Das ist keine Anklage; es ist die Feststellung eines Tatbe-
standes. Ob sie schon damals damit begann, das Sterben der Ihren zu
fördern, kann ich nicht sagen. Die Möglichkeit dafür besteht, weil mein
Vater dieses Kind sehr liebte. Sein Tod hat sein Leben verändert. Ich
weiß nicht, ob sie ihm später hilfreich war. Sehr spät erst habe ich erfah-
ren, daß sie mir geholfen hat. Vielleicht tut sie es noch jetzt. Jedenfalls
blieb ich im Leben. Aber immer nur gewissermaßen mit einem Fuß.
Nicht, daß ich kränklich gewesen wäre oder lebensuntauglich. Aber
dazu, was man gemeinhin Leben nennt, bin ich erst sehr spät erwacht.
Erst nach dem dreißigsten Lebensjahr. Bis dahin stand ich gleichsam ab-
seits und es geschah mir nur dies oder jenes.

Daß die Toten uns begleiten, kann ich nicht unter Beweis stellen. Aber
auch ohne Beweis bleibt es eine folgenschwere Tatsache: daß wir ihnen
helfen können, so wie sie uns helfen können, daß sie uns schaden kön-
nen, so wie wir ihnen, durch die Art wie wir uns ihnen gegenüber ver-
halten, schaden können. Das ist nicht als Zumutung aufzufassen. Ich
denke an den Wein im Frühjahr und an die Flecken im Herbst. Man
dürfe das nicht mit unserer Teilhabe am Reiche der Toten vergleichen?
Das ist Ansichtssache. Ich behaupte ja nicht, daß die, die uns gegen-
ständlich verließen, uns nachher ungegenständlich begleiten, obwohl
auch dies durchaus im Umkreis des Möglichen liegt, wenn wir bedenken,
daß wir ja stets auch an dem teilhaben, was man bisher als das Jenseits
bezeichnet hat. Diese Zerschneidung der in sich einigen und heilen Welt

in Diesseits und Jenseits ist es, welche die Welt zerstört. Es gibt lediglich Grenzen des Sichtbaren. Aber sie sind weder Draußen, noch Drüben; sie sind in uns. Und die Form, in welcher die Toten einen Einfluß auf uns ausüben, über die kann man lange miteinander streiten. Auch in dieser Beziehung wird es sein, wie in allen anderen: daß nämlich Form und Art der Anteilnahme sehr verschiedenen Ausdruck annehmen können. Natürlich ist es vornehmlich eine Frage der Beziehung: schleppen wir die einstige Form der Beziehung, jene, die uns an den Verstorbenen band, weiter, obwohl der Tod uns darauf hinweisen sollte, daß sie sich grundlegend geändert hat, so beginnt unser Leben zu kranken, weil eine einzige falsche Beziehung genügt, das ganze Geflecht des Lebens zu zerrütten. Jene zu der Schwester freilich scheint, blicke ich zurück, nie zerstörend gewirkt zu haben. Das ist nichts als natürlich. Zwischen sie und mich hatte sich noch kein Schicksal geschoben; es war eine unbelastete Beziehung. In den Augenblicken der Todesgefahren bewahrte sie mich vor einem frühzeitigen Verlassen des Sichtbaren. Ich selber habe das erst sehr spät gemerkt und war ihr dankbar dafür. Dies umsomehr, als ich Hilfe nötig hatte. Es gibt eine Strahlung des Unsichtbaren, ein überlebendiges Leuchten derer, die unser bereits entraten können, welche die Fülle des Lebens steigert und uns auch in den unbetretbaren Bereichen heimisch werden läßt. Immer ist dort Schönheit und Freude, ist die ungeteilte Welt, wo über dem Sichtbaren ein Glanz des Unsichtbaren aufscheint, wo die verwandelte Traube am Blühen der Rebe geheimnisvoll teilnimmt.

7

Es strömt aus den Jahren, die kommen, viel Gewaltiges, ja Gewaltsames auf uns zu. Ich aber sitze hier, ruhig, in diesem Winter des Jahres neunzehnhundertundneunundfünfzig, da uns noch etwa sieben Jahre von Ereignissen trennen, die unser aller Leben umgestalten werden; und ich sitze hier, ruhig, und schreibe all dies, gleichsam als wäre, was kommen wird, bereits vorüber. Früher habe ich, wenn ich schrieb oder sprach, zu warnen versucht. Ob all der Aufwand dienlich war, kann ich nicht sagen. Aber auf andere Weise will ich sagen, wie wir die große Woge, die auf uns zukommt, überstehen könnten. Dies ist einer der Gründe, warum ich jetzt und dies schreibe. Keiner von uns kann der Woge trotzen, keiner sie aufhalten. Aber jeder kann ihr ruhigen Blickes entgegensehen, jeder, der es lernte, sich den Ereignissen gemäß zu verhalten oder der sich wenigstens darauf vorbereitete, dies zu tun. Wie aber tut man das? Wo und womit soll man beginnen? Natürlich nicht damit, daß man die Fahne nach dem Winde hängen läßt. Man sollte bei sich selber beginnen. Aber wie? Indem man immer von neuem versucht, sein eigenes Leben in die Ordnung zu bringen. Indem man versucht, es in die größere Ordnung sinngemäß und schicksalsgemäß einzufügen. Dies ist menschlichstes Tun, ja das ganze Leben scheint vornehmlich auf dieses Bemühen hin angelegt zu sein, dauernd ein Gleichgewicht zwischen Unordnung und Ordnung herstellen zu müssen. Wir stehen morgens auf und machen das Bett; wir waschen uns, dann wischen wir den Fußboden trocken; wir gehen in die Küche, wo alles in guter Ordnung bereitsteht, machen das Frühstück, und haben wir gegessen, waschen wir ab, stellen die Ordnung wieder her. So geht es mit allem den ganzen Tag hindurch. Aber das betrifft ja nicht nur die täglichen Dinge. Freilich, dort fängt es an, damit nämlich, daß diese gut getan sein wollen. Wer mit den Dingen schlecht umgeht, geht auch schlecht und rücksichtslos mit den Menschen um.

Die Wirrnisse der kommenden Jahre sind die Antwort auf eine falsch gewordene, überlebte Ordnung der Welt. Es wird unendlicher Mühen und Verluste bedürfen, damit die Unordnung überwunden wird, die sich abermals anschickt, die Form der Zerstörung des Bisherigen anzunehmen. Es wird dann vieler bedürfen, die ihrer selbst sicher sind, weil sie sich in der Ordnung wissen; in ihrem Umkreis formt sich die neue Ordnung aus. Aber damit, daß man es lernt, mit den täglichen Dingen ihrem Wesen entsprechend umzugehen, ist es nicht getan. Fünffacher Art – und damit dem Menschen gemäß – sind die Beziehungen, zu denen er Sorge tragen muß: da ist seine Beziehung zu den Dingen; da ist die seine zu sich selbst, also die zu seinem Ich; da ist die zu seinem Partner, zu jenem Du, das jedem Ich Tor oder Schlüssel zur Welt ist; da ist die zur Welt, also die zu den unzähligen Mitmenschen, welche in dieser oder jener Form zum Lebensbereich des einzelnen gehören oder zählen; und da ist schließlich die Beziehung eines jeden zu den immerwährenden Dingen, die bereits mehr als dinghafte Dinge, die überzeitliche Werte sind.

Ich kann von mir nicht sagen, daß es mir gelungen sei, alle diese Beziehungen immer in ihrer Ordnung zu halten. Aber ich habe es versucht und werde es immer wieder versuchen. Davon will ich berichten, obwohl manches gar nicht schmeichelhaft für mich ist und sich manches Mißverständliche ereignete. Ich habe das alles nur sehr langsam und mühsam einzusehen gelernt, zumal wir heute in einer Welt leben, deren beunruhigendstes Kennzeichen der Mangel an echter Beziehung ist.

Zwar weiß ich nicht, wer Du bist, der Du diese Zeilen liest. (Mir kommt das jetzt in den Sinn, weil soeben von Beziehungen gesprochen wurde.) Und es zu wissen, wäre bei dem Anliegen, das ich habe, gewiß nicht unwichtig. Wer aber auch immer Du sein magst: ob Mädchen oder Jüngling, Frau oder Mann, aber darüber hinaus bist Du ein Mensch oder doch wenigstens bemüht, ein Mensch zu sein. So unbekannt auch immer Du mir sein magst, auf der Ebene des Menschen kennen wir uns also. Dies mußte wohl erwähnt werden, damit Klarheit darüber herrsche, an wen ich mich wende, ich, der ich nur irgend einer der Millionen Europäer bin, die heute leben. Freilich, auch so können leicht noch Mißverständnisse entstehen. Das ist eine Gefahr. Wo wäre keine? Jeder, der schreibt, sei es einen Brief oder ein Buch, setzt sich dieser Gefahr aus. Und was ist denn übrigens ein Buch, wenn nicht eine Art ausführlicher und besonderer Brief: also eine Hinwendung, ein Mitteilen, ein Denken an den anderen; und zugleich ein Gehorsam dem eigenen Herzen gegenüber, welches fordert, daß gewisse Dinge ausgesprochen werden, die sich vielleicht lange im Stillen vorbereitet haben und durch die Aussage geordnet und gestaltet werden. Anders, nämlich ohne zu ordnen und ohne zu gestalten, läßt sich nicht leben.

In den letzten dreißig Jahren habe ich oft an eine beunruhigende Feststellung denken müssen, die ich als Dreiundzwanzigjähriger gemacht habe. Sie betraf das Buch, das Lesen.

Es war in Florenz. Ich arbeitete dort in einem wissenschaftlichen Buchantiquariat. Ich kannte niemanden. Abends schrieb ich Gedichte, von denen einige später gedruckt worden sind; und ich schrieb Erzählungen, die jedoch niemals veröffentlicht wurden. Vor allem aber las ich viel, nächtelang, und erinnere mich sehr genau der grünen Himmel über dem Arnotal, wenn der Morgen tagte. In einer jener, ihrer Farbe wegen unvergeßlichen Morgenstunden fragte ich mich: «Warum liest Du eigentlich?» Die Antwort war: «Weil ich wissen will, wie man leben kann.» Und dann kam die Beunruhigung: es wollte mir scheinen, daß keines der vielen Bücher mich gelehrt hatte zu leben. Diese oder jene Gestalt hatte meine Anteilnahme erweckt, dieses oder jenes Gedicht hatte mich gefangengenommen, dieser oder jener Gedanke hatte mich getroffen –, aber dem Leben, so schien mir, war ich nicht begegnet, wohl aber Spiegelungen, Stimmungen, Überlegungen.

Ich zweifle nicht daran, daß die einen oder anderen in und an mir weitergearbeitet haben, daß Fühlen und Denken geformt wurden, daß Wissen gestapelt wurde, welches später den Blick auf Zusammenhänge – also auf das Belebende zwischen den Erscheinungen und Dingen – ermöglichte und freigab. Aber damals, als ich bewußt zu leben beginnen wollte, da es nötig gewesen wäre, Hinweise und Anleitungen zu erhalten, damals hat mir das Lesen nicht geholfen zu leben.

Ich erzähle dies aus zwei Gründen. Einmal, um deutlich zu machen, daß ich trotz meiner Florentiner Erfahrungen vom Wert und der möglichen Dienlichkeit, die ein Buch für das Leben haben können, überzeugt bin; dann aber, um an die Bemühungen zu erinnern, das Leben aus seinem bloßen Ablauf heraus in den größeren Zusammenhang zu stellen; nur so wird Geschehenes überblickbar.

Mit alledem will ich nicht sagen, daß mein Leben damals in Unordnung gewesen wäre; aber es war ungeklärt. Und ich wußte noch gar nicht, wer ich eigentlich war. Was geschah, geschah wie im Schlafe; manchmal war es schon Traum.

Was nun die auf uns alle zukommenden Jahre anbetrifft, so müssen wir es uns eingestehen, daß hinsichtlich ihrer Ereignisse die meisten unter uns noch gleichsam in Träumen leben. Für sie wird es ein schreckhaftes Erwachen geben. Für jene aber, die bereits erwacht sind, wird es ein überhelles Erwachen aus einer nur alltäglichen Wachheit sein. Es ist sicher besser, nicht aus Schlaf und Traum in die Wachheit hineingeschreckt zu werden. Der zu rasche Übergang aus einem Zustand in einen noch nicht erübten macht hilflos. So ist es vielleicht nicht unwert, Schlaf, Traum und das Zu-sich-selbst-Erwachen eines Menschenlebens nachzuzeichnen.

8

Ein gutes Jahr nachdem ich mit meinem Koffer das Elternhaus verlassen hatte – ein Versuch, der von nur so kurzer Dauer gewesen war –, begann das Leben ganz anders zu werden. Ich war inzwischen fünfundeinhalb Jahre alt geworden und mußte nachmittags an einem kleinen Tisch, von der Mutter beaufsichtigt, meine ersten Schulaufgaben machen. Sie war sehr ungeduldig, oft launisch und unbeherrscht. Ihre Unruhe verwirrte mir die Gedanken und es kam jeweils so weit, daß ich vor lauter Zittern auch die einfachste Rechenaufgabe nicht lösen konnte. Dann gab es Schläge und das Eingeschlossenwerden in ein dunkles Zimmer. Zuweilen war vor dem Hause eine Militärkapelle angetreten, die meiner Mutter ein Ständchen brachte. Sie spielte ihre Lieblingslieder und kam hin und wieder an sonnigen Vormittagen; Verehrer der Mutter hatten sie geschickt.

Manchmal kam eine vierspännige Equipage mit Kutscher und Lakai; mit ihr fuhr die Mutter fort und kam erst spät wieder zurück. Manchmal kam der Wagen erst abends; dann fuhren die Eltern zusammen fort. Die Mutter war damals neunundzwanzig, der Vater einundvierzig Jahre alt.

An einen Winterabend – sie fuhren im Schlitten fort – erinnere ich mich gut. Die Mutter hatte ein bordeaux-rotes Abendkleid an, das Ankleidezimmer duftete nach Puder und einem angenehmen Parfum, und sie sah aus wie Frauen im Märchen aussehen, war festlich gestimmt und war schön. Sie hatte goldblondes Haar und, wenn ich mich recht erinnere, hellbraune, jedenfalls schnelle Augen; sie war nicht sehr groß, aber schmiegsam und strömte den Reiz aus, den ausströmen zu wollen sie durchaus nicht verbarg und sie hatte ein selbstsicheres, um ihre Schönheit wissendes Auftreten und Gebaren.

Sie ist oft gemalt worden und zwei Portraits von ihr hingen in einer großen Ausstellung, die damals im Solacz-Park von Posen stattfand. (Daß dieser Park diesen Namen trägt, erfuhr ich vor zwei Tagen, wie man so sagt: zufällig von Freunden.) Der mittägliche Heimweg von der Schule führte mich durch diesen Park und die Ausstellung, und ich besuchte regelmäßig die Portraits meiner Mutter (eines hing später bei uns), vor denen die Leute freundliche und bewundernde Bemerkungen machten, was mich veranlaßte, sehr stolz zu äußern: «Das ist meine Mutter.» Dann sammelte ich so viele Drucksachen, Prospekte und Hefte ein, als ich tragen konnte; die Wächter kannten mich schon und machten mich manchmal auf neue aufmerksam; dann ging ich reich mit vielen «Büchern» unter dem Arm nach Hause.

Einmal, zum Abschluß der Ausstellung, gab es ein Feuerwerk. Ich freute mich darauf, aber ich kam wegen der verwirrten Rechenaufgaben mit geschwollenen Fingern und verquollenen Augen hin; trotzdem war es wunderbar; es war ein japanisches Feuerwerk, das am hellen Nachmittage stattfand, und nach jedem Knall zogen die lustigsten papierenen Dinge hoch über den Bäumen am Himmel hin: eine große weiße Taube, bunte Sterne und ein kleines rosarotes Schwein. Ja, es war ein unvergeßlich schönes Feuerwerk. Bald darauf verließen wir Posen.

9

Du denkst vielleicht, es wäre das, was ich soeben über die Schönheit jener Frau sagte, die meine Mutter war, etwas übertrieben. Das ist nicht der Fall. Ich schreibe nicht nur als Sohn; ich schreibe als Mensch. Alles andere wäre eine Zumutung, denn ich habe hier nicht kindheitsverklärte Idealbilder nachzuzeichnen, sondern Menschen, menschliche Bindungen und Schicksale, die Unordnung brachten, und die somit das Gute an sich hatten, Aufforderung und Anreiz sein zu können, die Ordnung wiederherstellen zu wollen.

Und der Vater? Er war damals von Posen nach Breslau an das schlesische Konsistorium versetzt worden. An den Abenden arbeitete er, sofern nicht ein Fest stattfand, – und mir scheint heute, es fanden ihrer viele statt –, an einem der zahlreichen kirchenrechtlichen Bücher, die er veröffentlicht hat. Ich selber kann mich kaum an etwas erinnern, das in den vier Jahren, die wir in Breslau blieben, geschah und irgend von Wichtigkeit gewesen wäre. Aber gerade in den Zeiten, da anscheinend nichts geschieht, geschieht am meisten, ja das Entscheidende, nämlich all das, was zu seiner Stunde zu glücklichen oder unglücklichen Ereignissen gerinnt, da in ihnen plötzlich etwas, das fast unsichtbar gewesen war, in die Sichtbarkeit tritt. Die Knoten im Teppich des Lebens werden im Schweigen geknüpft; das manchmal Fehlgewirkte aber wird unter Tränen wieder aufgelöst. Gelingt diese Auflösung nicht, dann erstickt das Leben im verworrenen Geflecht, eine Verstrickung, die ausweglos den Faden des Lebens abwürgt.

Wer war er? Diese Frage hinsichtlich eines Menschen beantworten zu wollen, ist immer ein aussichtsloses Unterfangen. Das Geheimnis, das jeden Menschen umgibt, ganz einfach, weil er ein Mensch ist, ist unauslotbar. Hin und wieder, in dieser oder jener Handlung, in dieser oder jener Aussage schimmert ein schnell wieder vergehender Abglanz aus den geheimen Tiefen und den strahlenden Höhen auf, in denen sein Wesen ruht. Wer aber sieht es? Leichter ist es, das Wie eines Menschen zu sehen. Wie war er?

Als ich vor sechs Monaten und nach einem Unterbruch von zwölf Jahren die Arbeit an diesem Buche, das Du jetzt liest, wiederaufnahm, war es mir klar, daß ich über meine Eltern zu berichten haben würde. Ich gebe zu, daß mir das eine peinliche Aufgabe zu sein schien. Nicht etwa, wie man vielleicht meinen könnte, weil das, was zu berichten ist, peinlich wäre, sondern weil ich damals nur hätte sagen können, wie diese beiden Menschen in meiner Erinnerung und Vorstellung weiterlebten. Das aber bedünkte mich nicht ausreichend, um ein gerechtes Bild derer zu geben, die das Totsein verhindert, mögliche Schiefheiten der Beschreibung richtigzustellen. Vor zwei Monaten jedoch ergab sich eine Begegnung, an deren Möglichkeit ich niemals auch nur im geringsten gedacht hatte. Seit Jahrzehnten bereits ohne Verwandte – von einer zweiten, zwei Jahre jüngeren Schwester wird noch etwas zu sagen sein – hatte ich alle Bekannten und Freunde meiner Eltern und die der eigenen Jugend gänzlich aus den Augen verloren.

Es war in Wiesbaden. Nach einem Vortrage, den ich dort hielt, kam ein wohl achtzigjähriger Herr auf mich zu, stellte sich als ein Herr B. vor und fragte mich, ob ich mit einem gewissen Konsistorialrat, mit dem er in der Zeit vor dem ersten Weltkriege in Breslau zusammengearbeitet und von dem er seit mehr als vierzig Jahren nichts mehr gehört habe, ver-

wandt sei. Jedenfalls sei er, um dies zu erfahren, in meinen Vortrag ge-
kommen.

Ich konnte mich seiner sehr genau erinnern. Es war ein jüngerer Mit-
arbeiter meines Vaters, der einige Häuser von dem unseren entfernt ge-
wohnt hatte. Wir freuten uns beide über dieses Wiedersehen und er lud
mich ein, ihn und seine Frau zu besuchen. Als ich vor zwei Monaten
wieder einmal in jener Stadt war, leistete ich dieser Einladung Folge und
verbrachte einen langen Nachmittag in seinem Hause.

Es gehört zu den Wundern des Lebens, zu sehen, wie die Dinge sich
fügen. Alles braucht seine Zeit und seine Stunde. Man muß es nur ge-
lernt haben, warten zu können; aber man muß dann auch wissen, wann
man von sich aus zugreifen darf. In der Jugend läuft man den Dingen
und Ereignissen nach; das ist gut; meistens erreicht man auch, was man
erstrebt; das ist nicht weiter verwunderlich, denn es handelt sich da meist
um harmlose Dinge, um Dinge ohne besonderen Wert; die wirklichen
fliehen uns, solange wir den minderen nachlaufen; und wollen wir der
wirklichen habhaft werden, so entziehen sie sich uns in dem gleichen
Maße, wie wir uns anstrengen, sie zu erreichen. Daß wir den Dingen
nachlaufen, ist ja bereits ein Hinweis darauf, daß sie vor uns davonlau-
fen. Erst wenn man älter wird, ändert sich das, weil man sich selber wan-
delte. Und eines Tages beginnen die Dinge, die Geschehnisse, ja selbst die
Menschen zu einem zu kommen. Aber es sind wenige, denen diese Kraft
und Ruhe zuteil wird und in deren Welt und Umwelt jene Geordnetheit
herrscht, welche die Welt bereichert, welche die Verwirrung abdämmt,
welche Insichsein und Außersichsein überwindet, weil die Herkunft die-
ser Geordnetheit einem umfassenderen Bereiche entstammt als jenem,
der sich im Sichtbaren die schmerzlichen Grenzen setzt. Ich habe einige
kennengelernt, die das erreichten, und ich kenne einige, die dorthin hin-
einreifen. Was ihnen geschieht, das scheint den anderen bloßer Zufall;
aber im Leben dieser wenigen gibt es ihn nicht; die echte Gefügtheit und
Geordnetheit bewirken, daß ihnen zufällt, was ihnen entspricht oder ge-
mäß ist. Den anderen geschehen gewissermaßen blind die Dinge, die zu
ihnen gehören, aber dies nur, weil sie selber den Dingen noch hörig sind,
weil sie also immer noch den Dingen und nicht sich selber gehören.

Was meine zufällige Begegnung mit Herrn B. betrifft, der auf mich
zukam, zu dem ich dann aber meinerseits ging, so darf ich sie vielleicht
als eine glückliche Fügung betrachten, die sich ergeben konnte, weil ich
zu warten vermochte, weil ich mir die Weiterarbeit an diesen Seiten ver-
sagte, als die Zeit dafür noch nicht reif war. Ich zählte damals, als ich
diese Nachzeichnungen begann, zweiundvierzig Jahre, war also in je-

nem entscheidenden Alter, da man von sich aus, aus eigener Kraft und ohne Hilfe von Außen beginnen muß, sich endgültig den wesensgemäßen Werten zuzuwenden. Ich wußte das damals; die ersten Seiten sind ein Hinweis darauf. Aber damals war das alles noch zu leisten, nicht zuletzt der Abbau und die Klärung der Bilder und Vorstellungen, die man bedenkenlos mit sich geschleppt hatte. Zu ihnen gehörten natürlich auch die nachwirkenden Bilder der Eltern, vor allem die nicht eingesehene Nachwirkung ihres Schicksals. Ich glaube, die Einsicht in diese Zusammenhänge war mir inzwischen einigermaßen gelungen. So konnte ich Herrn B. bitten, mir ohne jede Beschönigung zu sagen, wie mein Vater und wie meine Mutter gewesen waren, da er, käme selbst Nachteiliges zur Sprache, mich keinesfalls verletzen würde; mittlerweile hätte ich es gelernt, ohne Zorn, ohne Haß, ohne Verachtung das Leben derer zu sehen, die mich erzogen hatten; zu sehen, daß die Verantwortung für die Auswirkungen, welche die Zerrüttung ihres Lebens auf mich haben konnte, nicht ihnen, sondern einzig mir selber aufgegeben war. Anderen die Schuld zu geben, ist eine billige Ausflucht, die uns zudem hindert, reifer zu werden. Ich konnte ihm sagen, daß ich sie nur als Menschen sähe, mit jenem Verständnis, das man jenen, denen man einmal nahestand, entgegenzubringen hat. Denn anders zerstört man sein eigenes Leben. Das geschieht immer dort, wo man seine eigene Vergangenheit ablehnt, verneint, entstellt, verdreht, beschönigt oder nicht klar anzuerkennen wagt. Eltern aber, ihr Schicksal, sind zumindest ein zeitlicher Teil unserer eigensten Vergangenheit. Die Form, in der diese in uns nachwirkt, bestimmt unsere Zukunft; beide also, Vergangenheit und Zukunft sind immer gegenwärtig und sind zugleich das, was wir aus ihnen herausgestalten: Gegenwart, jene, die immer einen Funken unseres Ursprungs und unseres innersten, geheimsten Wesens enthält, das sich im Leben erst dort zu entfalten vermag, wo wir unser eigenes Ich überwanden, wo wir diesen eitlen, zeitweise notwendigen Sperriegel zwischen Ursprung und Gegenwart beseitigen konnten.

Dies durfte ich Herrn B. sagen, ohne Gefahr zu laufen, mißverstanden zu werden. Er hatte viel erduldet, aber er trug niemandem etwas nach. In den zwanziger Jahren war er zum Oberbürgermeister von Oppeln gewählt worden. Aus diesem Amt wurde er seiner Gesinnung wegen vertrieben. Im Kriege verlor er seinen gesamten Besitz, rettete gerade noch sein und seiner Frau Leben. Nach dem Kriege berief man ihn auf einen entscheidenden Posten in der hessischen Regierung und nun lebte er seit einigen Jahren im Ruhestand; unverbittert, gerade, verhalten, ein Mann, der die Worte wägt, die Verantwortung kennt, ein Mann, dem es gelang, äußere Verluste durch innere Gewinne auszugleichen und der dankbar für die Hilfe war, die ihm durch seine Lebensgefährtin zuteil geworden war.

«Sehen Sie», antwortete er mir, «Ihr Vater war nicht nur klug und kultiviert; er war der Anstand selbst; aber er war Wachs in den Händen Ihrer Mutter.»

«Sie meinen seine Schulden?», fragte ich. «Meine Mutter verbrauchte Unmengen Geldes; das hat ihn mit zu Grunde gerichtet.»

«Ja. Ich meine auch diese. Er verwöhnte Ihre Mutter sehr. Und sie war sehr schön, ja verführerisch; war sehr lebenslustig, sagte manchmal wohl allzu unumwunden, was sie dachte; sie hatte nicht die Vornehmheit Ihres Vaters; aber sie hatte Erfolg.»

Ich war ob dieser Beschreibung erschrocken und glücklich zugleich. Da war, auf verhaltene Weise ausgesprochen, wie ich selber diese beiden Menschen sah. Daß sie tatsächlich im Urteil eines Außenstehenden so waren, das erschreckte mich. Daß ich über alle Zuneigung und Abneigung hinaus es selber gelernt hatte, sie so zu sehen, das machte mich glücklich.

Woher kam wohl seine Hörigkeit? Woher diese in die Selbstzerstörung führende Bindung? Ich habe das lange nicht verstanden. Doch dann lernte ich, erst in den dreißiger Jahren, das Schicksal eines spanischen Dichters kennen. Es war das Federico García Lorcas. Er war immer Sohn geblieben, bis zu seiner Ermordung, die ihn als Vierzigjährigen ereilte. Er hatte sich als Mann im Leben nicht durchsetzen können, aber als Dichter, als einer, den alle Welt bewunderte, ja liebte. Er hatte seine Mutter nie verlassen; seine Beziehung zu ihr war die ihn tragende menschliche Bindung, die auch die seine zur Welt prägte: er tat alles, damit auch sie, die Welt, ihn liebe. Des Rätsels Lösung? Er war vornehmlich von seiner Mutter, seiner Großmutter und einer Tante erzogen worden: die weibliche Welt, ohne ein männliches Vorbild (sein Vater war ihm Schreckbild gewesen), hatte ihn erzogen.

Auch mein Vater war von drei Frauen erzogen worden, da sein eigener Vater kurz nach seiner Geburt starb. Er war das einzige Kind und wuchs in der Obhut der Mutter, die desgleichen ziemlich früh aus dem Leben ging, sowie zweier Tanten auf. Seine Rettung war vielleicht, daß Franz Liszt viel bei diesen Frauen verkehrte und hin und wieder ein wachsames Auge für seine Erziehung hatte. Wäre dieser geistig und künstlerisch überragende Mensch nicht durch seine Jugend gegangen, so wäre es meinem Vater wohl genau so wenig wie jenem spanischen Dichter gelungen, zu heiraten. Daß die Wahl dann auf eine Frau dieser Art fiel, wie sie meine Mutter verkörperte, war bei der ausschließlich weiblich betonten Herrschaft, die seine Kindheit überschattete, vielleicht verständlich. An Liszt band ihn eine durchs ganze Leben begleitende Verehrung. Ihm verdankte er wohl auch seine große Liebe zur Musik –, eine gefährliche Liebe, eine Liebe, die durch das nichts als hörende Ohr geht, die eine andere Form der Hörigkeit ist, aus welcher sich zu befreien nur wenigen gelingt. Ihm ist das erst spät, zu spät, gelungen. In jenen Breslauer Jahren liebte er es, seine Frau singen zu hören. Wie sie sang, kann ich nicht mehr sagen. Sie begleitete sich selber am Klavier. Mein Vater war dann ganz Ohr; man sah es förmlich, wie er sich bedingungslos in diese Abhängigkeit von der Frau und der Musik fallen ließ. Da war er auf eine schwere Art geborgen. Langsam brach die Dämmerung herein, im Zimmer wurde es nächtig; dann brannten die vier Kerzen am Klavier und leisere und dunklere Lieder gehorchten der stillen Macht der Nacht; manchmal begannen die Kerzen zu flackern. Wären es nicht Kerzen gewesen, man hätte meinen können, es schämte sich da etwas, noch zu brennen, noch hell zu sein. Das Klavier war übrigens das von Franz Liszt, jenes, das ihn auf seinen Reisen begleitet hatte und das für diesen Zweck in Paris gebaut worden war, ein hochgestellter Flügel, aus Ebenholz, der einen sehr schönen, klaren und zugleich vollen Ton hatte; da ich später selber etwas auf ihm gespielt habe, kann ich mich dessen sehr genau entsinnen.

Ja, das waren die Dinge, die damals geschahen. Du siehst: nichts Sonderliches. Ausgenommen eine schwere Krankheit der Mutter, während derer wir alle lange nicht wußten, ob sie sie überstehen würde. Wir Kinder, meine jüngere Schwester und ich, weinten verzweifelt in der Klinik, da wir die Mutter nicht besuchen durften. Sie überstand die Krankheit. Das Schicksal, das sie sich und den anderen bereiten mußte, nahm seinen Weg. Und es geschah etwas Merkwürdiges, etwas, das schwer zu begreifen ist. Krankheiten sind ja stets ein Anzeichen dafür, daß sich im Leben eines Menschen etwas ändert; je schwerer sie sind, umso grundlegender. Und die Gesundung ist gleichsam ein Hineintreten in ein neu geschenktes Leben, für das man dankbar ist und das man nach den schweren Erfahrungen sich anschickt, auf eine vielleicht bessere Weise zu leben als vor der Krankheit. Die Freude, Blumen wiederzusehen, den Wind an der Wange zu fühlen und die Sonne auf den Händen, ist so unvergeßlich, daß man es selber spürt, in welchem Maße man gleichsam wiedergeboren und zugleich um einige wenige Grade wissender geworden ist. Deshalb sind vielleicht so oft die dem Leben noch einmal Zurückgegebenen wenigstens in der ersten Zeit nach der Genesung milder, friedferti-

ger und verständiger als sie es vor der Krankheit waren. Sie aber wurde
böser. Das war kein gutes Zeichen. Das spiegelte sich auch in meinem
Vater, obwohl er über die Gesundung glücklich war. Aber er tat einmal
etwas, das ihm bisher fremd gewesen war; jedenfalls hatte ich es, der ich
damals acht Jahre alt war, noch nicht bemerkt.

Wir gingen mittags zusammen die Straße entlang. Vor uns ging ein
Herr, der seinen Spazierstock so unter den Arm genommen hatte, daß er
etwas nach oben gestellt in fast seiner ganzen Länge aus der Achsel nach
hinten hinausragte. Mein Vater sah es, begann schneller zu gehen und
wußte es einzurichten – er mußte sich dafür etwas Mühe geben und gab
sie sich –, daß das Stockende seine Schulter traf. Natürlich drehte sich
der Herr um, dem der Stock fast entglitt. Mein Vater sandte ihm einen
empörten Blick zu, murmelte sehr deutlich etwas von unmöglichem Be-
nehmen und ging entrüsteten Schrittes an ihm vorüber. Ich konnte nicht
begreifen, was ich sah. Er, der immer ruhig war, niemals schrie, mit nur
unmerklich gehobener, bestimmter Stimme befahl und strafte, er, der im
Umgang mit den Menschen, gleich welchen Ranges sie waren (damals
war diese Unterscheidung noch üblicher als heute), stets von untadeliger,
weltmännischer Höflichkeit war, er tat so Verwunderliches? Ich hatte
keine Angst, das weiß ich noch genau; aber ich war zutiefst erschrocken.
(Etwas anderes aber weiß ich erst heute: daß Höflichkeit auch Schutz
oder Selbstverteidigung sein kann, um nicht dauernd im Angriff zu stehen,
daß sie ein unaufhörlicher, mit Lächeln verkappter Angriff gegen sich
selbst zu sein vermag, daran man sehr wohl zu Grunde gehen kann.)

Bald nach jener besorgniserregenden Gesundung brach der Krieg aus.
Einmal gab es eine große Aufregung in der Stadt. Ein russisches Flug-
zeug kreiste über ihr, sehr hoch oben am Himmel und am hellichten Tage.

Im darauffolgenden Jahre wurde mein Vater von neuem versetzt. Dies-
mal nach Königsberg.

10

Im ersten Jahre des ersten Weltkrieges kamen wir in jene Stadt. Ja, es
war Krieg. Man spürte es. Es gab keine Feste mehr. Die Parfums und die
Seifen aus Paris, die Spitzen aus Brüssel, die Seiden aus der Schweiz und
manch anderes war nirgends mehr zu erhalten. Die langen Sommerreisen
in ferne Länder, welche die Eltern jährlich zusammen unternommen hat-
ten, waren nicht mehr möglich. Die Köchin und das Kindermädchen
waren entlassen worden; es blieb nur das Stubenmädchen. Der letzte
Rest eines sehr großen Vermögens, das hier der Urgroßvater bewahrt
und gemehrt hatte, wurde anstandshalber in Kriegsanleihen angelegt;

goldene Ketten, Nadeln, Ringe und Armbänder wanderten in den staatlichen Kriegsfonds. Übrigens war jener Urgroßvater hier erster Domprediger gewesen, hatte ein überaus anspruchsvolles Haus geführt und eine ganze Reihe theologischer Bücher, deren einige noch in Lateinisch, geschrieben. Und Jahrhunderte vorher waren seine Vorväter als Ordensritter hier gewesen. Von all dem Aufwand war nichts mehr geblieben. Die Jahre wurden mager, die Mutter mit jedem neuen Jahre gereizter, launischer, unbeherrschter. Es waren die Prügeljahre. Der Rohrstock lag nahe der Eingangstüre zur Wohnung bereit und sie begann ihn gern und fleißig für uns Kinder zu gebrauchen. Die Schläge, obwohl sie sehr heftig waren, waren nicht das Schlimme. Schlimm war ihr Gesicht, schlimm ihre Unbeherrschtheit, schlimm wie sie sich in eine besessene Wut hineinsteigerte, bis sie sich selber nicht mehr kannte und auch für uns ganz unkenntlich wurde.

Es gab noch einen anderen Schrecken. Das war der Schwimmunterricht. Ich hatte eine unüberwindbare Angst, mich dem Wasser anzuvertrauen. Der halbstündige Weg zur Badeanstalt war eine Folter; ich war bleich, zitterte am ganzen Körper und konnte mich kaum aufrecht halten. Hatte mich der Schwimmlehrer dann an der Leine, war es vorbei mit dem letzten Rest Mut. Immer, selbst an klaren, sonnigen Tagen, starrte mich das Wasser tiefschwarz und bleiern an. Ich gab eine allgemein belustigende Sondervorstellung, denn ich schrie aus verzweifeltster Angst derart, daß alles zusammenlief, wenn ich auf der ins Wasser führenden Leiter stand; es schallte weit über das Mädchen- und Frauenbad, das vom Herrenbad abgesondert war, hinaus. War ich im Wasser, so gelangen mir kaum einige Stöße und ich begann unterzugehen, so daß der Schwimmlehrer mich herausziehen mußte. Damals lernte ich nicht schwimmen. Heute will mir scheinen, jene namenlose Angst vor dem stillen Wasser hing mit dem Badezuber zusammen, in dem mich als Kind die Mutter fast ertrinken ließ. Daß ich dann von dem Schwimmunterricht befreit wurde, das danke ich, so glaube ich wenigstens, meinem Vater. Er war zwar streng, insofern er Unpünktlichkeit, Unordnung, vorlautes Sprechen besonders bei Tisch, beleidigtes Getue sofort bestrafte; aber er verstand mich. Nicht die Mutter, er war es, der abends vor dem Einschlafen in die beiden Kinderzimmer kam. Ihm gegenüber konnte man immer sagen, was man dachte. Bei der Mutter mußte man auf der Hut sein, mußte, wenn man ins Zimmer trat, auf den ersten Blick die Stimmung erfassen und sein Anliegen dementsprechend vorbringen oder auch sogleich verändern oder unterdrücken. Je nach Laune konnte die gleiche Frage einmal eine Gewährung, ein anderes Mal die ärgste

Schelte, wenn nicht Schlimmeres zur Folge haben. Diese so früh aufge-
zwungene Grundhaltung hat später noch lange eine ziemliche Rolle in
meinem Leben gespielt.

Als ich etwa elf Jahre alt war, begann ich einen Roman zu schreiben.
Er kam über die drei ersten Seiten eines Schulheftes nicht hinaus. Wieso
ich auf den Gedanken kam, zu schreiben, weiß ich nicht mehr. Ich gab
diese ersten drei Seiten den Eltern zu lesen. Der «Roman» begann damit,
daß ein junger Mann bei einem Juwelier, dessen Geschäft sich merkwür-
digerweise in einer ersten oder zweiten Etage befand, ein Paar Verlo-
bungsringe aussuchte, während man durch das Fenster eine graue, im
Regen liegende Straße sah. Ich hatte bereits eine vage Vorstellung davon,
wie es weitergehen solle. Aber, wie schon gesagt, es kam nicht dazu,
denn am Nachmittage darauf hatte meine Mutter eine der damals übli-
chen Damen-Tee-Stunden und ich mußte, auch das war üblich, mich zei-
gen und den anwesenden Freundinnen der Mutter, die gar keine Freun-
dinnen waren, aber doch so taten, als wären sie es (denn auch das war
damals schon üblich), die Hand küssen. Als ich reihum gegangen war,
machte eine der Frauen eine Bemerkung: «Ja, Hans, wir haben da ja
einen großen Künstler unter uns.» Ich verstand nicht, was sie meinte. Da
winkte mir meine Mutter mit meinen drei Seiten. Ich wurde sehr verle-
gen. Ich glaubte auch zu bemerken, daß alle sehr erheitert über mein
Machwerk waren und eigentlich darüber lachten.

Hatte ich auf die Mutter Eindruck machen wollen? Denn wahrschein-
lich hatte sie mir gelegentlich meiner abschätzigen Bemerkung über den
dummen Inhalt der Romane die sie las geantwortet, davon verstünde ich
nichts. Oder war es, weil ich selber sehr viel las? Natürlich Räuberge-
schichten und Ähnliches, soviel, daß mir zeitweise die Bücher wegge-
nommen wurden, weil ich darüber die Schulaufgaben vernachlässigte.
Trotzdem war ich der Viertbeste der Klasse. Nicht sehr stark, aber zäh,
der schnellste Läufer, flink, gelenkig und im Hoch- und Weitsprung der
beste. Außerdem hatte ich eine Besonderheit, die allgemein bewundert
wurde. Sie bestand darin, daß ich eine Art langen, markdurchdringenden
Schrei ausstoßen konnte, der weithin zur Verständigung diente; ich holte
ihn von ganz tief unten herauf und er vibrierte in den Stimmbändern wie
Metall.

Es waren die ersten Jahre, da wir Latein lernten und Französisch. Mit
dem «oui» hatte ich einen argen Kampf zu bestehen. Daß dieses merk-
würdige Wort «ja» bedeuten sollte, konnte ich nicht begreifen. Oui war
nicht ja. Es war ganz etwas anderes. Der Lehrer hatte es uns vorgemacht,
wie man es auszusprechen habe; er hatte sich große Mühe gegeben und

uns die Mundstellung erklärt. Ich stand zu Hause nach seiner Anweisung vor dem Spiegel und versuchte, das unbegreiflich fremde Wort «oui» auszusprechen; es gelang nicht; es hörte sich verwirrend dunkel an und fand zwischen «ui» und einem «w-ie» nie den rechten Ton. Es war ein arg schweres, durchaus unverständliches Wort.

Es gab noch etwas anderes, das höchst rätselhaft war; aber es war dies auf eine ganz andere Weise als das «oui». Ich besaß eine Eisenbahn; natürlich spielte ich gern damit. Was mich aber am stärksten an ihr verzauberte, das war etwas sehr Gewöhnliches, aber zugleich ungemein Aufregendes. Ich konnte mich unendlich lange der allergenauesten Beobachtung des betreffenden Vorganges hingeben. Es war jener, da die Räder der Lokomotive aus dem Ruhezustand in die Bewegung übergingen. Eine seltsame Anziehungskraft ging von diesem Geschehen auf mich aus, zu sehen, auf den Millimeter genau zu sehen, wo und wie die Ruhe sich in Bewegung verwandelte. Dieser Vorgang hat mich auch noch später sehr lange beschäftigt; immer wieder war ich wie gebannt von jedem Rad, wenn es aus dem Halt, aus der Ruhe heraus, sich zu drehen, zu kreisen begann.

Meine liebste Stunde in der Schule war der Deutschunterricht. Das hatte ich allein meinem Vater zu danken. Er schrieb und sprach ein ungemein klares, sauberes, von jedem Dialekt freies Hochdeutsch, das ohne jede Übertreibung war. Er pflegte die Sprache, die seine Muttersprache war und von der man nie auf den Gedanken kommen würde als von der Vatersprache zu reden. Der Vater hat sein Vaterland. Ob ein Mensch vorwiegend der einen oder dem anderen zugetan ist, sagt also etwas über diesen Menschen aus. Er jedenfalls liebte die Sprache. Wie konnte es anders sein bei einem Menschen, der so sehr wie er im Reiche der Mütter aufgewachsen war? Die Liebe zur Sprache habe ich jedenfalls von ihm übernommen. Und damit gewiß noch manch anderes, das dem fern zu liegen scheint, das aber von starkem Einfluß auf mein Leben war und es gewiß nicht erleichtert hat.

Nun, auch sein Leben ist kein leichtes gewesen, oder sagen wir besser, da es ja ein leichtes Leben als solches gar nicht gibt, er hat es sich nicht zu entschweren vermocht. Damals in Königsberg, im vorletzten Kriegsjahre, fiel wohl die Entscheidung. Was den Ausschlag dafür gegeben hat, daß er sich mit sieben- oder achtundvierzig Jahren aus dem Staatsdienst zurückzog, weiß ich nicht. Aber ich weiß, er hatte schon damals Schulden. Er unternahm noch einen Versuch, den Schritt in einen selbständigen Beruf zu vermeiden. Er fuhr nach Berlin, um sich mit seinem Onkel, dem damaligen Reichskanzler, zu besprechen. Dessen Mutter entstammte der Familie meines Vaters; sie war meine Großtante. Aber selbst er konnte ihm nicht mehr helfen, da er selber vor dem Rücktritt stand. So siedelten wir nach Berlin über, wo sich mein Vater als Rechtsanwalt niederließ. Das war zu Beginn des letzten Kriegsjahres. Ich aber blieb vorerst nur wenige Monate dort.

11

Es gibt Träume, die wir nie vergessen; deren Beglückung oder deren Schrecken so groß sind, daß sie sich, denken wir an sie zurück, sogleich in ihrer ganzen Stärke wieder in uns aufrichten und uns an die seltsam erfahrenen Abgründe oder Überflutungen erinnern. Ja, sie bleiben in unserem Innern und sind weckbar, auch wenn Jahrzehnte vergingen, auch wenn sie ganz tief eingebettet waren in die schlafenden Jahre, in jene, da wir noch nicht wußten, ob die Jahre in uns schlafen oder ob wir sie schlafend erdulden.

Ich kann es Dir gewiß nicht erklären, wie jener Traum jähen Entsetzens zustande gekommen ist. Vielleicht könnte man ihn ganz einfach als Albtraum bezeichnen; vielleicht als die Folge eines zu schweren Abendessens; man kann wahrscheinlich eine ganz harmlose Ursache finden. Doch ist damit gar nichts gefunden. Es gibt da einige Begleitumstände, die es verbieten, sich bloß auf einen einzigen Auslöser zu beschränken und sich mit ihm zufrieden zu geben. Voreilige lieben es, so vorzugehen. Aber es geschieht nichts, das nur eine Ursache hätte, die das Geschehende bewirkt. Die Welt ist reicher und vielschichtiger als die Armut des eingleisigen Denkens auch nur zu vermuten wagt.

Gleich neben dem Kopfende meines Bettes war das Fenster. In den klaren Winternächten, wenn ich den Kopf etwas wendete, sah ich in einen unaufhörlichen Himmel. Die Endlosigkeit und die Tiefe dieses Himmels beschäftigten mich sehr. Ich war von ihm auf eine Weise gebannt, die mir den Atem raubte ob der Verlorenheit, der ich mich angesichts dieses nirgends endenden Himmels preisgegeben empfand. Ja, das war es: eine erbarmungslose Verlorenheit, der man gänzlich ausgeliefert war, denn dieser Himmel, er war sehr klar und hörte nirgends auf, drang auch ins Zimmer hinein. Selbst die Messingkugeln am Bett hätten unerklärliche Sterne sein können, aber sie gingen in seiner Weite unter. Es war entsetzlich. Das war jedoch noch nicht der Traum. Der war noch entsetzlicher und kehrte während vieler Monate immer wieder. Er begann mit dem Himmel. Und zuerst war da nichts Arges. Es war ein klarer, weiter Himmel, von dem nicht auszumachen war, ob er ein Nacht- oder Zwielichthimmel war. Aber dann kam aus seiner allerfernsten Ferne irgend etwas Kreisendes, gleichsam eine dunkle Scheibe zum Vorschein. Sie war anfänglich nicht einmal zu sehen; aber ich wußte, daß sie kam, daß sie bald ein winziger Punkt sein würde. Und dann war dieser Punkt da. Ganz weit und·fern. Aber er wurde größer und größer und kam mit unheimlicher Kraft auf mich zu, immer näher, wuchs und schleppte den ganzen Himmel mit und war schließlich ganz nah vor meinen Augen, nahm mir den Atem, unterbrach den Herzschlag und dann war die Enge, Angst und Bedrängnis derart, daß ich gelähmt und wehrlos fühlte, wie diese dunkle Scheibe mich auslöschte. Das ganze Weltall war in mich eingebrochen, aller Raum, der sich in der bleiernen Scheibe verdichtet hatte, hatte mich erschlagen. Das Erwachen war kein Trost. Wenn man zwölf Jahre alt ist, sind die Grenzen zwischen Tag und Traum immer noch fließend, und auch der Tag liegt noch halb im Schlaf.

Du wirst vielleicht fragen, warum ich von diesem Traum berichte. Ich dagegen frage mich, ob er eine Erinnerung war. Selbst zugegeben, daß er nur die Spiegelung irgend einer Beklemmung gewesen wäre, so bleibt die Frage ungelöst, weshalb ich darauf mit einem Traume gerade dieses Inhaltes antwortete. Manches, das später geschah, legt die bereits erwähnte Vermutung nahe, daß es sich um eine Erinnerung gehandelt habe, die vielleicht durch den fast erlittenen Ertrinkungstod noch verstärkt worden war. Und es kommt hinzu, daß ich auch tagsüber von gewissen atemraubenden Vorstellungen geplagt wurde. Sie betrafen den Zustand, in dem sich Menschen befinden, die vor der Hinrichtung stehen. Ich litt diesen Zustand jeweils durch, als stünde ich selber vor dem letzten Gang. Oberflächlich betrachtet bieten sich verschiedene Erklärungen an. Vielleicht hatte ich davon gelesen. Aber warum hatte mich dann gerade diese Beschreibung so beeindruckt? Gewiß, das Gefühl der Verlorenheit kann ganz sachlich erklärt werden. Die Eltern, die sich immer schlechter verstanden, hatten entschieden, daß ich nicht bei ihnen bleiben sollte. All das mag mitgespielt haben. Aber darauf konnte man auch mit Ängsten ganz anderen Inhaltes antworten. Du weißt ja, daß ich hinsichtlich des sogenannten Zufalls sehr erhebliche Zweifel hege. Wo wir von Zufall sprechen, da überblicken wir nicht das Ganze, oder, sofern dies eine zu große Forderung sein sollte, da das Ganze nicht überblickbar sei, so bleibt doch die Möglichkeit, daß es einem umgreifenderen Blick, der weitere Zusammenhänge zu erfassen vermag, durchsichtig wird. In diesem Falle reichen die handgreiflichen Erklärungen nicht aus, sie räumen die Last der Sinnlosigkeit nicht fort; deshalb ist es vielleicht nicht abwegig, Hinweise, die das Geschehene sinnvoll erscheinen lassen, nicht etwa irgendwo zu suchen, sondern in der Erinnerung zu finden.

Meine Eltern hatten beschlossen, daß ich anderswo erzogen werden sollte, und so brachte mich mein Vater zu Ostern des letzten Kriegsjahres in die Klosterschule Roßleben.

12

Die «Goldene Aue» ist, was ihr schöner Name besagt: ein Tal mit fruchtbaren Feldern, das ein blauer, heiterer Fluß durchströmt; seine Flanken sind von weit hingebreiteten Laubwäldern bedeckt und Kirschbaum- und Platanenalleen durchziehen es auf vielfältige Weise. Das Gold der Felder wird im Herbst vom Golde der Wälder abgelöst; der Fluß ist die Unstrut. An seinem Unterlauf, zwischen Artern, unterhalb des Kyffhäusers, und Naumburg, wo er in die Saale mündet, liegt Roßleben, ein kleines Städtchen, mehr Dorf als Stadt, mit einem kleinen Bahnhof, zwei großen Plätzen, einem behäbigen Gasthof und einem großen Kloster. Dieses Kloster wurde im zwölften Jahrhundert von Papst Innozenz II. als Augustiner-Chorherrenkloster bestätigt, im dreizehnten in ein Zisterziensernonnenkloster umgewandelt, im sechzehnten verweltlicht und dann durch die Familie von Witzleben nach dem Vorbilde der Meißner Fürstenschule zu einer evangelischen, sogenannten Klosterschule erhoben, die eine weltliche Schule mit humanistischem Gymnasium war, in dessen Internat achtzig bis hundert Knaben erzogen wurden. Vorwiegend Söhne jener mitteldeutschen Familien, die seit altersher in jener Gegend ihre Güter hatten.

Daß ich soeben so ausführlich gewesen bin, hat seine eigene Bewandtnis. Jene Goldene Aue ist zwar nicht meine Heimat, wohl aber die meiner Vorfahren. Etwa drei Reitstunden südwestlich und flußaufwärts von Roßleben liegt über der Gera, kurz vor ihrer Mündung in die Unstrut, eine kleine Stadt mit einem Schloß. Sie heißt Gebesee. Von dort brach der Urahn (wie schmuck und stolz dieses Wort klingt, schmucker und stolzer jedenfalls als es heutzutage angebracht ist) zu seinem Siege auf dem zweiten oder dritten Kaiser-Turnier in Ingolstadt auf. Das war im Jahre zwölfhundertsechsunddreißig. Und rund um Roßleben herum lagen die drei Güter, die meine Familie bis zum napoleonischen Kriege dort besaß. Der Verlust dieser Ländereien war der Grund gewesen, weshalb der Urgroßvater nicht mehr ein Gutsherr, sondern ein Domprediger gewesen war.

Bei dieser Gelegenheit sollte ich vielleicht erwähnen, daß die Vorfahren mütterlicherseits einer wendisch-schlesischen Gegend, die südöstlich der Goldenen Aue liegt, entstammten und seit vielen Generationen in beiden Linien Pfarrherren gewesen waren. Zwar der Mutter konnte man die Pfarrerstochter nur schwer glauben; noch weniger kam man auf den Gedanken, daß ihre Vorfahren, zu denen auch Melanchthon zählte, geistliche Schriften verfaßt haben könnten. Das Bücherschreiben ist für mich gewissermaßen eine bereits jahrhundertealte Erbkrankheit.

Das Bild eines gebenden Sees im Namen zu bergen erschien mir immer als Aufforderung, ja als Auftrag, diesem alten Namen Ehre zu bereiten. Und eine merkwürdige Spannung zwischen der Prägung aus der Herkunft und jener aus dem eigenen Wesen hat dem vielleicht Vorschub geleistet. Zwei Pole sind es, die da lange miteinander stritten. Sie kommen nicht nur im Wappen zum Ausdruck, das zwei gekreuzte Lanzen oder Ritterhellebarden zeigt; ein Zeichen übrigens, ein Symbol, das es, wie ich später erfuhr, auch im Chinesischen gibt, wo es das Zeichen für «Ich» sein soll. Ein seltsamer Zusammenhang, der aber doch das Beglückkende hat, einmal mehr einen der so schwer zu erhaschenden Einblicke in die verborgenen Tiefen jenes Wurzelwerkes freizugeben, das allüberall Träger eines gemeinsam Menschlichen ist. Die beiden Pole werden aber noch in einer anderen Gestirnung sichtbar. Der eine kommt in den Wappenfarben, den Nachtfarben Silber und Blau, die zudem an den gebenden See erinnern, zum Ausdruck; der andere darin, daß ich, wie bereits mein Vater, im Zeichen des Löwen, im Sonnenzeichen, geboren wurde.

In Roßleben war ich der dreizehnte meines Namens; sofern meine Erinnerung mich nicht täuscht, war ich der Vertreter der dreizehnten Generation meiner Familie. Nur mein Vater war nicht in Roßleben erzogen worden, die anderen, die vorangingen, waren seit der Gründung der Schule hier gewesen. Es entsprach also einer Familiengepflogenheit, daß ich diese Klosterschule besuchte.

Den ganzen Tag über saß ich heute vor diesen Seiten, die noch leer waren, und fragte mich, was wohl wert sei aus den Jahren, die ich in Roßleben verbrachte, nachgezeichnet zu werden. Es verging ein Vormittag, der Mittag, der Nachmittag; aber es kam nichts zu Papier. Gestern hatte ich mir einige Stichwörter aufgeschrieben. Den ganzen Tag über halfen sie mir nichts. Nun ist es spät in der Nacht. Und soeben, als ich die Treppen zu meiner Wohnung hinaufstieg, da wußte ich, daß es aus jenen drei Jahren doch einiges zu berichten gibt. Immer hatte ich geglaubt, es wären eigentlich leere Jahre gewesen. Aber leere Jahre gibt es nicht. Doch sie waren farblos. Und überfällige Formen des Umgangs machten sie auch unverbindlich.

Es waren fünf Ereignisse: ein Sieg, eine Niederlage, ein Jubel, eine Aufklärung und eine Entdeckung, die alle in die seltsame Luft dieser

Klosterschule eingebettet waren. Es war eine karge Luft. Karg und kalt war das große Quadrat des grauen Klosterbaues mit seinem leeren, unbenutzten Innenhof, seinen langen Korridoren und den kahlen Wohn- und Schlafzellen, die je nach Größe von drei bis sechs Alumnen verschiedenen Alters bewohnt wurden. (Alumne ist die humanistische Bezeichnung für Knaben oder Schüler, die befohlene Bewohner eines Internats, die auf ihre Weise Internierte sind.) Man sagte zueinander Sie, ausgenommen die Kameraden der eigenen Klasse; sie waren die einzigen, die sich duzten und dann jene, die eine engere Freundschaft miteinander eingegangen oder die miteinander verwandt waren. Der vorsorgliche Beziehungsbruch ging sogar so weit, daß die Alumnen der drei untersten Klassen mit jenen der zwei mittleren Klassen überhaupt nicht sprechen durften. Nur die der beiden obersten Klassen hatten das Recht, mit allen zu reden. Diese Kühle wurde durch die Großzügigkeit der Anlagen fast noch unterstrichen: durch zwei geräumige und gepflegte An- und Auffahrten zum Kloster, dessen vier Flügel je etwa neunzig Meter maßen und fünf Stockwerke bargen; durch das Rondell vor dem Haupteingang; durch die Eingangshalle selbst, die durch zwei Stockwerke reichte und die aus ihrer großen Strenge, hinter hohen Säulen zwei Sandsteintreppen nach oben entließ (dieser früh vertrauten Strenge einer frühen strengen Zeit des Abendlandes bin ich erst Jahrzehnte später in einigen Abteien des Burgunds und der Provence wiederbegegnet); durch den weitläufigen Gutshof mit seinen großen Stallungen und Wirtschaftsgebäuden (in Friedenszeiten hatten die Alumnen ihre Reitpferde mitbringen dürfen), durch schattige Lindenalleen um große rechtwinklige Rasenflächen, durch zahlreiche Lauben und Tennisplätze, durch die Bootshäuser unten am Fluß, durch die schöne alte Mauer, die, viele Kilometer lang, das Klostergelände auf drei Seiten gegen die Außenwelt abgrenzte, was auf der offenen, südlichen Seite die Unstrut besorgte.

Die Bedienung beschränkte sich auf die Reinigung der Zellen während der Klassenzeit und auf den großen Speisesaal, wo alle gemeinsam an acht oder neun langen Tischen, je zu zehnt oder zwölft die Mahlzeiten einnahmen. Das Essen war damals karg und wurde mit jedem Jahre karger; besonders in den Nachkriegsjahren wurde man meist nicht satt. Das war eine erzwungene, zusätzliche Kargheit, ja Armseligkeit. Das Geschirr hatte man seit Jahren nicht erneuern können, die blauen Livreen mit den roten Aufschlägen und den goldenen Knöpfen der Diener, die das Essen auftrugen, waren abgeschabt und glanzlos geworden, ihre einst weißen Handschuhe begannen zu gilben und grauen. Selbst der Unterricht litt unter der Hungerwelle, von der das Land heimgesucht wurde.

Statt zu lernen, gingen wir wochenlang Tag für Tag in die Wälder; dort streiften wir das grüne Laub von den Bäumen und sammelten es in große Säcke. Es diente als Viehfutter, weil das bisherige, besonders die Rüben, für unsere Suppen, unser Gemüse, unser Brot, unsere Marmelade gebraucht wurde. Aber bei alledem herrschte doch unter den Alumnen Kameradschaft und Wohlerzogenheit. Man teilte auf redliche Weise. Wären die Sommer nicht so golden und leuchtend, die Winter nicht so klar und strahlend gewesen, dann hätte man das alles vielleicht schwerer ertragen, jedenfalls ich, dem dieses mildere Klima bisher fremd gewesen war. Und dann gab es die kleinen Ereignisse, beispielsweise jenen kleinen Sieg über mich selbst. Das kam so: man mußte schwimmen lernen, es war Vorschrift. Natürlich überfiel mich, als ich das erfuhr, die alte Angst. Aber hier gab es kein Ausweichen; stieg man nicht an der Leiter ins Wasser hinab, wäre man hineingeworfen worden. Aber es war fließendes, lebendiges Wasser, war merkwürdigerweise nicht bleiern und schwarz, sondern silbrig und blau. Und ein älterer Mitschüler lehrte das Schwimmen. Ich hatte zwar Angst, aber ich lernte schwimmen. Doch dann kam die schlimmste Prüfung, das Freischwimmen. Es bestand darin, daß man unter der Aufsicht eines Lehrers zuerst vom Drei-Meter-Brett mitten in den Fluß springen und nachher, nicht etwa an der Leine, sondern frei, zehn bis fünfzehn Minuten schwimmen mußte. Als ich das Brett betrat, glaubte ich nicht, daß ich den Sprung wagen würde; als ich langsam auf das Ende des Brettes zuging, war unendlich tief und mit etwas Gischt der Fluß unter mir – das jenseitige Ufer lag schon dunkel im Nachmittagsschatten – da hätte ich am liebsten geweint und wäre umgekehrt. Doch es waren die anderen in meinem Rücken am Ufer, weil jedes Freischwimmen ein Ereignis war, das genau verfolgt wurde; dann stand ich am Ende des Brettes, es schien mir das Ende schlechthin; und dann schloß ich die Augen und sprang hinunter und kam nach einer finsteren Unendlichkeit und um Atem ringend sehr verwundert an die Oberfläche zurück. Daß das andern geschehen konnte, das hatte mich nie gewundert. Für mich hatte ich es nicht erwartet. Untertauchen hieß Sterben. Ich war weit flußabwärts wieder aufgetaucht und mußte zur Badeanstalt zurück. Da schwamm ich gegen den Strom.

Als die fünfzehn Minuten abgelaufen waren, gab man mir das Endzeichen. Etwas zittrig und schwach stieg ich aus dem Wasser; ich war ziemlich erschöpft; aber nachher, als ich den steilen Weg durch das Uferholz und den Buschwald des Hanges hinaufstieg, da war mir, als eilte ich selig und freudigen Atems, eingehüllt in die Sommersonne, den Hang hinunter in ein goldenes, lachendes, jauchzendes Tal.

Damals wußte ich es nicht, daß jener Badezuber eines der förderlichsten Hindernisse für mein Leben gewesen ist: jener mir dort widerfahrene Schock, daß das gewissermaßen mütterliche und das Leben gebärende Element auch lebenshindernd, ja tödlich zu sein vermag.

Seit jenem Freischwimm-Tage ist mir eines geblieben, das mir erst Jahrzehnte später bewußt wurde: daß ich damals die Furcht vor dem Ungewissen verlor, und daß in mir selbst ein Vertrauen zu reifen begann, welches sich später bestimmend auf meine ganze Lebenshaltung auswirken sollte: das Vertrauen in die Kräftequellen des Daseins, der unverstellte Zugang zu ihnen, jene innere Sicherheit, die wahrscheinlich nur dann ganz zur Wirkung kommen kann, wenn es uns gelingt, das, was wir tun, nicht um unserer selbst willen zu tun. Aber um dies zu erlernen, braucht es Jahre, wenn nicht Jahrzehnte.

Eine Folge des Sprunges ins Ungewisse sei noch erwähnt, weil sie wahrscheinlich lebensentscheidend war. Ein Jahrzehnt später, Anfang 1929, verließ ich Deutschland: ich hatte die ersten braunen Horden in München erlebt. Ohne Mittel und ohne Furcht ging ich in die Ungewißheit einer fremden Welt, deren Sprache ich nicht sprach. Es war Spanien. Zu diesem Weggehen, das einem noch größeren Sprung ins Ungewisse gleichkam, wurde ich durch nichts und durch niemanden gezwungen. Und damit begann ich mich in der Fremde und in der fremden Welt freizuschwimmen. Das ging bis zum schmerzlichen Verzicht auf die eigene Sprache, von dem ich damals glaubte, er würde zu einem dauernden werden. Der Muttersprache zu entsagen ist jedoch für jemanden, der als Schriftsteller an sie gebunden ist, nicht gerade leicht. Aber es war dieser vorübergehende Verzicht, der mir die bereichernde Kenntnis der romanischen Art, zu denken, zu handeln und zu leben, eintrug, der mir die mittelmeerische Klarheit erschloß und mir zeigte, wo die verborgenen Möglichkeiten, aber auch die Umständlichkeiten der eigenen Sprache lagen. Zudem förderte dieser Verzicht einerseits die Herauslösung aus der Begrenztheit des heimatlichen Kulturkreises, andererseits das lebendige Verständnis für die Spannweite der europäischen Vielfalt. Er war befreiend und er erhielt mir die Freiheit. Um ihretwillen habe ich noch manchen Sprung ins Ungewisse gewagt. Unter anderem jenen, von dem nicht zu erwarten war, daß er zu einem nicht nur glimpflichen, wohl aber zu einem erfüllenden Ergebnis führen würde. Er wurde durch den spanischen Bürgerkrieg ausgelöst. Zwölf Stunden bevor im Herbst 1936 meine Madrider Wohnung zerbombt wurde, machte ich mich wiederum auf den Weg ins Ungewisse. Es folgten Hungerjahre in Paris. Und dann kam der zweite Weltkrieg. Nochmals galt es, jenen Sprung zu wagen. Und zwei Stunden vor Grenzschließung, Ende August 1939, reiste ich in die Schweiz ein, die mir Wahlheimat wurde. Wo ich, um die Möglichkeiten des Europäischen bereichert, zur eigenen Sprache zurückfinden durfte. Wo mir während des Krieges jener Frieden geschenkt wurde, welcher die Ausarbeitung meiner Schriften ermöglichte. Und auch bei dieser Arbeit erwiesen sich die überwundenen Lebenshindernisse in unerwartetem Maße als förderlich: Ich glaube, daß ich dank ihrer nicht in den Fehler verfiel, nur Gedachtes zu beschreiben. Aus den Quellen des Daseins genährt, hatten diese Hindernisse mich wachgerüttelt, und was ich schrieb, verwandelte sich in einen Dank an die das Leben erhaltenden Quellen, deren jahrzehntelange hinderliche Stauung nun, da die Schleusen die aufgespeicherten Kräfte freizugeben begannen, zum befruchtenden Element der Landschaft meines Lebens wurde. Mit der Zeit zeigte es sich, daß alles, was zuerst wie ein Hindernis ausgesehen hatte, eine Förderung gewesen war.

13

Das ist also das dreizehnte Kapitel. Ich habe mir keinen Plan für diese Aufzeichnungen gemacht. Hätte ich es getan, hätte ich das hier nachzuzeichnende Leben ja auch geplant. Das aber würde bedeuten, daß ich es verfälscht hätte. Ich übersehe einzig, wo in diesem Leben gewisse Geschehnisse liegen, die ihm diese oder jene Richtung gaben, vielleicht, wie es zuerst scheinen mag, nicht immer die richtige, die aber, sieht man zurück, wenigstens stimmte. So wie ja auch Umwege nicht die richtigen Wege sind, dafür aber ihren Sinn, der nur ihnen eignet, haben, weil sie dem, was begonnen wurde, die Zeit ließen zu reifen, auf daß dann das doch Erreichte stimme und nicht einfach nur richtig sei. Ich sehe also einzig jenen ersten entscheidenden Einschnitt, der diesem Leben eine besondere Prägung gab.

Es gibt da nichts Erhebendes. Die Heimatlosigkeit nimmt nur zu, dieser Mangel an Bindung an hiesige Bereiche. Und auch die aus ihm sich entwickelnde menschliche Beziehungslosigkeit wächst. Vom möglichen Sinn dieses Lebens, diesen Mangel zu überwinden, die Beziehungsfülle zu anderen als den mitmenschlichen Bereichen auch in eine solche zu den menschlichen zu verwandeln, wird erst sehr viel später gesprochen werden können. Hier sind wir noch auf den Umwegen dorthin unterwegs; aber gerade sie können ein Hinweis darauf sein, daß die zukünftige Lösung schon immer gegeben war.

Und diese Umwege stimmen stets. Es mag sinnlos erscheinen und viele werden darüber die Stirne runzeln, aber in diesem dreizehnten Kapitel habe ich nun von den Ereignissen des zweiten Roßleber Jahres zu berichten, das mein dreizehntes Lebensjahr war. Ein zufälliges Zusammentreffen, könnte man sagen. Aber ich habe es gelernt, auf die Hinweise, Winke und Anzeichen zu achten. Das Gewebe ist viel dichter als wir glauben, die Bezüglichkeiten viel stärker, als wir gemeinhin ahnen. Sie werden erfahrungsgemäß an den Kleinigkeiten offensichtlicher als an den sogenannt großen Geschehnissen. Mich beglücken immer von neuem diese Bezüglichkeiten, die gleichsam die kleinen Glanzlichter jedes Tages sind, wo verschiedene Lebensbereiche einander berühren und wo im Kleinen und Alltäglichsten das Wunder des Gefügtseins des Lebendigen aufleuchtet.

Sehe ich zurück, so will mir scheinen, der Umweg begann mit den Roßleber Jahren. Daß er lange währte, war zwar bitter, aber förderlich. Dies umso mehr, als er in keiner Sackgasse endete. Doch ich nehme damit ein Urteil meinerseits voraus, das sich erst allmählich ergeben kann. Nichtsdestoweniger lasse ich diese Zeilen stehen, da ich annehme, es sei vielleicht nicht unnütz, zu wissen, daß selbst Anflüge von Hoffnungslosigkeit der unerwachten Grundstimmung dieser Lebensjahre, die hier nachzuzeichnen sind, niemals die Wendung in jenes Nichts gegeben haben, dem so viele meiner Generation Opfer geworden sind.

Was nun das zweite Ereignis in der Klosterschule anbetrifft, das eine Niederlage war, so hing es mit der Schule zusammen. Wir erhielten, ich weiß nicht mehr ob es im Geschichts- oder im Deutschunterricht war, die Aufgabe, einen Vortrag zu halten. Jedem wurde ein Thema und genügend Zeit zur Vorbereitung gegeben. Allwöchentlich hatten wir eine angenehme Schulstunde, jene, in der ein Vortrag gehalten wurde. Schließlich kam auch ich an die Reihe. Auch ich hatte mich vorbereitet, hatte sogar einiges auswendig gelernt, denn wir mußten frei sprechen. Des Themas kann ich mich nicht mehr entsinnen. Mit einiger Beklemmung ging ich, als ich aufgerufen wurde, aufs Katheder. Vor mir war nun die Klasse, und der Lehrer hatte sich auf die hinterste Schulbank gesetzt. Ich wollte zu sprechen beginnen, aber nicht nur, daß ich den Mund überhaupt nicht öffnen konnte, ich wußte auch nicht mehr, wie ich hatte beginnen, noch was ich hatte sagen wollen. Ich wurde rot, dann verlegen, die Hitze, die in mir aufstieg, trocknete mir den Mund aus. Schließlich gelang es mir, wenigstens den Mund zu öffnen, aber es kam kein Wort über die Lippen. So stand ich fünf, womöglich mehr als fünf Minuten stumm und hilflos dort oben, bis der Lehrer mir bedeutete, daß ich auf meinen Platz zurückgehen solle. Das alles war furchtbar gewesen. Ich war gleichsam nicht mehr vorhanden. Nach der Stunde – ich wagte in meiner Beschämtheit kaum auf den Hof zu gehen – vertrieben wir uns die Pause wie gewohnt. Niemand machte eine Bemerkung über meine Niederlage, weder in höhnischem noch in tröstendem Sinne. Unter Gleichgesitteten spottet man nicht über einen Unterlegenen, der sich zum Kampfe stellte. Solchem Anstand, der es einem lehrt, ein guter Verlierer zu werden, begegnet man nicht oft. Dort war er selbstverständlich. Das war die andere Seite der Strenge. Eine Art verbindlicher Unverbindlichkeit.

War ich in jener Vortragsstunde stumm gewesen, im Singen war ich es nicht. Im Gegenteil. Aber es waren auch besondere Singstunden, in denen eine alte, humanistische Tradition zu schönster Blüte kam. Ich hatte ein gutes Gehör und eine gute Stimme, die mit Leichtigkeit der höchsten Töne fähig war. Alle Sopran-Soli der verschiedenen Chorwerke, die wir einübten, wurden mit übertragen. Das führte freilich dazu, daß ich oft am Sonntag in der Kirche singen mußte, die wir regelmäßig zu besuchen hatten, so wie es jeden Tag eine kurze Abendandacht gab. Leider war der Pfarrer von einer solchen verstandesmäßigen Unbescholtenheit, daß seine Predigten ein nicht abreißender Anlaß der Erheiterung bildeten. Die älteren Alumnen schrieben heimlich die Stilblüten mit, die so üppig und fleißig zutage traten, daß in seinen Sermonen, gleichgültig welche Jahreszeit es war, immer eine merkwürdige Art Frühling herrschte. Da war eines der Frühlingslieder, die wir vielstimmig sangen, auf eine einwandfreiere Weise frühlingshaft. Es war ein Madrigal. Noch heute, wenn es mir in den Sinn kommt, werde ich froh, es sei denn, daß es mir deshalb einfällt, weil ich gerade fröhlich bin. Hüpfend und doch gut ausschwingend ist seine Melodie und die Stimmen begegnen einander, weichen einander aus, umarmen und umranken einander, ein einzigartiges, lebendig überströmendes, glückliches Spiel und zugleich eine Art verhaltenen Tändelns, das zu einem Frohlocken und Jubilieren wird. Ja, da war Jubel; es zu singen, war Jubeln, und zudem ein erlaubtes, ungehindertes Jubeln; ein Jubeln mit aller Kraft des Atems und der Stimme; ein solches Jubeln, daß man selber in Jubel verwandelt wurde und nichts anderes mehr war als Lobpreis des Blühens und hingebender Jubel. Es war gut, daß es diese Stunden gab. Mit Fröhlichkeit waren die langen Monate der Schulzeit nicht überladen. Aber die Ferienmonate waren es auch nicht. Man freute sich jeweils auf diese Zeit. Besonders auf Weihnachten und auf die Sommerferien. Aber ich verbrachte sie nicht zu Hause und auch nicht mit meinen Eltern. Einmal war ich auf dem ostpreußischen Gut eines Klassenkameraden, das an der Ostsee lag. Da gab es wenigstens wirklich zu essen, richtiges, reichliches Essen. Ein anderes Mal war es eine Försterei. Ich blieb nur ein oder zwei Tage auf der Durchreise in

Berlin bei den Eltern. Ein Abschied ist mir unvergeßlich. Nicht, weil er traurig war; das waren alle jene Abschiede. Aus einem ganz anderen Grunde. Ich hatte von schmutziger Wäsche gesprochen. Da sah mich mein Vater an und sagte sehr bestimmt: «Das heißt gebrauchte Wäsche.»

Vielleicht findest Du, das wären alles sehr magere Ereignisse: jener Vortrag und jenes Madrigal. Und mager wären auch jene kleinen Hinweise auf die Ferien und die Wäsche. Zugegeben selbst, sie wären mager für jenes Lebensjahr, doch für das Leben, das ich nachzuzeichnen habe, waren sie es keineswegs, sondern auf eine fortwirkende Weise lebenserfüllt.

Vielleicht erscheint das Neben- oder Nacheinander dieser Ereignisse und Hinweise als ein Kunterbunt. Was sie verbindet, ist nicht so sehr ihr Inhalt, sondern ihre Quellen und Wirksamkeiten. Gewiß, ich hätte das alles auch auf ganz andere Weise erzählen können. Ich hätte es mit ausschmückenden Einzelheiten versehen, mit kleinen, wohl durchdachten Umweltsschilderungen durchwirken, mittels leiser, vielleicht nicht ganz ungeschickt durchgeführter Überleitungen, Verknüpfungen und was dergleichen mehr ist, ineinanderweben können. Aber dann hätte ich begonnen zu fälschen. Wir dürfen ja nicht vergessen, daß bereits die geringste Schilderung eines Tatbestandes – alle Zeugenaussagen über irgend einen Vorfall beweisen es – selbst bei aufrichtigstem Bemühen um Wahrhaftigkeit, wenn auch nicht gerade Fälschungen oder Entstellungen, so doch Trübungen des tatsächlich Geschehenen sind. Zumindest zur Hälfte schildert jeder, worüber er auch immer berichte, nicht das Geschehnis als solches, sondern wie er es sah, also sich selbst, oder doch die Verfassung oder den Zustand, in welchem er sich zur Zeit gerade befand. Da bricht irgendwo Feuer aus. Ich schildere den Brand. Aber alle die kleinen, gleichzeitig sich ereignenden Dinge muß ich in ein Nacheinander rücken, obwohl sie ein Gleichzeitiges sind. Und bereits das, womit ich meine Schilderung beginne, mit welchem Wort, verfärbt die Wirklichkeit, verführt, ja zwingt zu eigenmächtiger Betonung und Bevorzugung von Einzelheiten aus einem in sich geschlossenen und gleichwertigen Geschehen. Es ist bereits etwas anderes, ob ich schreibe: «Da war ein Haus; plötzlich brach Feuer aus;» oder ob ich beginne: «Feuer brach in einem Hause aus.»

Aus dem Schlaf der Jahre, aus diesem Bereich ausgedehnter Dunkelheiten und Dämmerungen ragen stets gewisse Vorkommnisse herauf in ein Belichtetsein – das plötzliche Aufzucken eines schnell wieder erlöschenden Erwachens –, das manchmal nur Sekunden währt, das aber die verborgenen Landschaften der Kindheit und Jugend blitzlichtartig grell und scharf beleuchtet. Darnach sinken sie für die Erinnerung ins Zwielicht jenes Lebensalters oder in das Dunkel des Innern zurück, die man sehr wohl auch versuchen könnte zu schildern, die dann allerdings nachträglicher Zutaten nicht entbehren könnten. Und gerade diese Art verdächtiger Verbrämungen gilt es zu vermeiden.

Die aus jenen Jahren erinnerbaren Geschehnisse sind lichtbildmäßiger Art. Und so wie alte Photographien nach Jahrzehnten leicht eine unwirklich bräunliche Tönung annehmen, so erdulden auch diese Geschehnisse eine milde Verschleierung. Aber der tatsächliche Gehalt bleibt doch sichtbar. Es bedarf keiner großen Umwege, um sich der umwegigen Dinge zu erinnern. Mit jedem Geschehnis öffnen oder schließen sich mannigfache Möglichkeiten; daß wir die versäumten später, dem späteren Lebensalter entsprechend, nachholen, das ist eine der schweren Aufgaben, die uns gestellt sind. Versäumtes zeigt sich auch auf diesen Seiten. Aber nichts, das man versäumte ist tödlich, wenn wir, und sei er noch so gering, einen Saum des Geschehenen im Herzen tragen und ihm nicht abschworen. Dann führen auch Umwege dorthin, worauf das jeweilige Leben angelegt ist.

14

Es bleiben noch zwei Ereignisse jener Roßleber Jahre, von denen zu berichten ist. Sie fielen beide in das vierzehnte Jahr. Das eine war die Aufklärung, das andere die Entdeckung.

War es die Verwirrtheit jenes Kameraden, der etwas älter war als ich, mit dem mich so gut wie nichts verband, als daß wir in der gleichen Klasse waren, die ihn trieb, mir ein großes Geheimnis, wie er sagte, mitteilen zu müssen? War, was er wußte oder erfahren hatte, so überwältigend für ihn gewesen, daß er zu irgend jemandem darüber sprechen mußte? Ob ich wisse, wie die Kinder gemacht würden? Ich wußte es nicht. Aber auf den Spaziergängen, die alle Alumnen nachmittags während einer oder anderthalb Stunden zu machen hatten – sie führten durch eine bestimmte Kirschenallee zum nördlichen Talhang und zum Kloster zurück – teilte er mir das Geheimnis mit. Zuerst war ich gar nicht begierig, es zu wissen. Er hatte in den Ferien ein Liebespaar im Walde überrascht, beobachtet und belauscht. Er muß dann nachträglich noch zusätzliche Erkundigungen eingezogen haben. Jedenfalls war es eine pflegsame und schöne Form der Aufklärung. Bienen und Blumen kamen darin vor, das Wort Befruchtung, und daß das Mädchen und der Jüngling einander geherzt und ganz fest umschlungen hätten, daß die Körper ineinandergeschmolzen seien, und daß das Mädchen Brüste gehabt hätte, ganz anders als wir, und einen Schoß, und daß es dort geschah, und daß sie sich bewegten und das Mädchen leise stöhnte, so daß er gefürchtet habe, ihm geschähe etwas Schlimmes; daß sie dann aber ruhig wurden und das Mädchen mit geschlossenen Augen lächelte und daß sie sich dann streichelten. Er hat mir viele Nachmittage davon erzählt. Es war nicht alles ganz klar. Und ich verstand auch nicht, warum das alles so aufregend sei, da es sich doch um ein ganz natürliches Geschehen handeln sollte. Aber seine Stimme hatte hin und wieder eine merkwürdige Tönung und es war irgend etwas Unbegreifliches in ihm, das sich auf mich übertrug. Er war näher am Stimmwechsel als ich. Das war es wohl.

Jenes Jahr war überhaupt ein beunruhigendes und unruhiges Jahr. Jedenfalls meine ich, es wäre damals gewesen, daß wir, als die Ferien kamen, fast nicht hätten nach Hause fahren können. Besonders in der Gegend von Halle fanden Kämpfe statt; es herrschte Bürgerkrieg; die Eisenbahn fuhr nur streckenweise. Um nach Berlin zu kommen, wobei die Kampflinie zu durchfahren war, bedurfte man eines Ausweises, der vom Soldatenrat ausgestellt wurde. Als Jüngster wurde ich in Merseburg von den Kameraden, die das gleiche Reiseziel hatten, mit der Beschaffung dieses Ausweises betraut. Ich weiß noch, daß jeder der anderen aufatmete, weil nicht er in die Höhle des roten Löwen, der Spartakisten, gehen mußte, da ich meines Alters wegen unserer Reisegesellschaft ein harmloses Aussehen zu geben vermochte. Ich ging also zum Soldatenrat, wurde verhört, man prüfte meine Angaben über Roßleben in einem Buche nach, worin jede Ortschaft beschrieben war. Ich erhielt den Ausweis für alle und wir fuhren auf einem Leiterwagen um Halle herum und nahmen dann wieder den Zug.

In jenen Ferien muß es gewesen sein, daß meine Mutter ein ernsthaftes Gespräch mit mir zu führen wünschte. Eines Tages sagte sie ganz unvermittelt: «Hans, ich muß mit Dir über etwas sprechen. Eigentlich sollte es der Vater tun. Aber der findet doch nicht den Mut dazu. Weißt Du, wie die Kinder zur Welt kommen?»

Ich bejahte die Frage.

«Was?», sprang es ärgerlich, ja gereizt aus ihr heraus. «Woher weißt Du es und was weißt Du?»

Ich sagte ihr woher und was ich davon wußte. Mir war dabei unbehaglich zu Mute. Es war eine Inquisition. Sie war zudem sehr ungehalten, was ich nicht verstand. Sie war unruhig und ungeduldig und schien auf etwas zu warten. Mein Bericht hatte wohl Lücken, denn hin und wieder verzog sie das Gesicht. Schließlich fragte sie sehr hart: «Wo ist das Kind vor der Geburt?» Ich deutete auf meine Magengegend. «Und wo kommt es heraus?» Ich war fassungslos; ich wußte es nicht. Ich überlegte. Sie wurde noch ungeduldiger. Da antwortete ich: «Na, da, beim Nabel.» Da schimpfte sie, lachte mich aus, sprach von Unsinn und erklärte mir auf reichlich unumwundende und ungewählte Art, wo es geboren würde. Damit hatte die Unterredung ihr Ende. Ich war etwas verwirrt, denn ob es nun da oder dort geschah, das schien mir gar nicht so wichtig und meine geringe Kenntnis des weiblichen Körpers machte mir den Vorgang eher rätselhaft; zudem begriff ich nicht, warum die Mutter so erregt und ärgerlich davon gesprochen hatte. Das war alles sehr befremdlich gewesen. Und ohne Vertrauen.

Als ich wieder in Roßleben war, erschrak ich eines Tages über ihr Bild. Jeder der Alumnen hatte in der kleinen mittleren Nische seines Pultes – es war eine Art wuchtiger Sekretär – seine «Ahnengalerie» und das wollte besagen, daß dort die freundlich gerahmten Photographien der Eltern und Geschwister standen. So auch ich. Der Vater war da und daneben die Photographie der Mutter. Die des Vaters war schlicht, die der Mutter war es nicht. Die Mütter der Zellkameraden hatten, wenn auch nicht alle, eine gewisse Haltung. Die Photographie meiner Mutter war anders. Den Kopf im Halbprofil, mit einem Blick, der den Betrachter mit einem Lächeln, an dem das ganze Gesicht teilnahm, ansah, hielt sie dicht unter dem Kinn einen kleinen Muff, wie er damals noch nicht unüblich geworden und im ostpreußischen Klima sogar fast notwendig gewesen war. Quer durch den Muff geschrieben standen in lilafarbener Tinte, die mir immer schon unangenehm gewesen war, die Wörter: «Deine Mutter». Zweiundeinhalb Jahre hatte ich diesem Bilde gegenübergesessen. Jetzt sah ich, wie peinlich es war. Gewiß, es sollte wohl nur schelmisch sein, schalkhaft, lebensfreudig, heiter. Aber es war ohne Würde. Plötzlich schämte ich mich seiner. Ich stellte es aus meinem Blick hinaus und ganz tief in die dunkelste Ecke der Nische.

Glaube nicht, ich wüßte nicht, was ich mit dem soeben Gesagten gesagt habe. Ich weiß es. Aber gleichgültig, ob wir die Mutter erhöhen, sie madonnenhaft oder königinnengleich auf ein Piedestal stellen, oder ob wir sie fallen lassen, ins Dunkle stellen und sie damit in die Unterwelt verbannen, immer sind wir es, die damit unsere Form der Bindung ins Sichtbare heben, und vor allem, ob überweltlich erhöht, ob unterweltlich verhöhlt, die Bindung, die wir schufen und der wir Ausdruck liehen, müssen wir eines Tages aus dem Überschwang oder aus der Abwertung heraus ins menschlich geordnete Maß zurückholen. Eine leuchtende Madonna aus Himmelshöhen ins bloße Tageslicht herunterholen zu müssen, ist gewiß schmerzlich, ist Preisgabe inneren Aufschwunges, der nun, ohne an ein Bild gebunden zu sein, fortwirken sollte. Schmerzlicher, schwerer vielleicht ist es, die gewissermaßen schwarze Madonna aus den unterweltlichen Dunkelheiten ins Tageslicht heraufholen zu müssen und dabei auch der möglichen Armseligkeit und Verderbtheit des Menschlichen ansichtig zu werden.

Um ein Bild ins Dunkele zu verbannen, dafür bedarf es dreier Sekunden; es aus dem Verschlungensein zu erlösen, es aus der Finsternis wieder heraufzuholen und ihm seinen menschlichen Ort in dieser Welt zu geben, dafür kann man möglicherweise nicht bloß drei, sondern dreißig Jahre benötigen; denn das ist zugleich ein Heraufholen der eigenen Dunkelheiten; und dies ist vielleicht schwerer als ein bloßes Herabbringen der eigenen Helligkeit.

Es ist schon sonderbar (und deshalb sollte ich wohl nochmals davon sprechen); da stellt jemand ein Bild ins Dunkle und das währt sehr kurz; aber ein jahrzehntelanger Umweg ist damit entschieden. Ich frage mich, wie konnte jemand, der das tun mußte, weiterleben. In jenem Alter gibt es nur die Bindung an die Eltern. Sie ist die Welt. Sie wurde hier, vorerst nur hälftig, zur Unwelt. Wo aber bleibt einer, der nur noch eine halbe Welt hat? Vielleicht in seiner eigensten, die, wenn auch wie hier noch unerwacht, doch eine eigene, eine ganze Welt ist. Die Form, wie ich diese Welt entdeckte, war überraschend, aber ich weiß, daß diese Entdeckung mir das Leben rettete.

Das eifrige Laubsammeln hatte alle Alumnen, und die Störungen, welche die Geschichten vom Geborenwerden mit sich brachten, hatten mich zusätzlich hinsichtlich dessen, was wir hätten lernen sollen, in Rückstand gebracht. Der Rückstand war groß geworden, das Lernen deshalb nicht mehr so wichtig, wie es hätte sein sollen, zumal etwas anderes sehr viel wichtiger für mich wurde, das Dichten; also die Beschäftigung mit der Sprache, aus Liebe zu ihr, die zudem von den Ahnen und dem Vater genährt worden war. Es war ein ganz natürlicher, mir damals keineswegs offensichtlicher Verlauf, daß ich die Sprache zu lieben begann, als ich die Mutter in der Dunkelheit auszulöschen versucht hatte.

Wo immer ich konnte, arbeitete ich an meinen Gedichten; sowohl in den lästigeren Schulstunden, das will sagen, in den Fächern, in denen ich schlecht war, als auch während der Arbeitsstunden am Nachmittag. Dies waren die beiden Gelegenheiten, da man ungestört bei sich selber sein konnte. Es waren keine bemerkenswerten Gebilde, die ich da aus der Sprache herauszufeilen und in Versmaß und Reim umzuschmelzen trachtete. Eines Verses entsinne ich mich noch; es war einer der allerersten: «Den Blüten entsteigen / Die Elfen und neigen / Die Köpfchen und bringen / Die Düfte zum Singen.» So einfältig und ungekonnt sie gewesen sein mögen, so hatten sie doch jene heilsam verwandelnde Kraft des Gedichtes, die einen inneren Zustand, zumeist einen düsteren und verworrenen, gestaltet, ihm Maß gibt, ihn in einen geordneten Rhythmus zwingt und durch den Reim Beziehungen zwischen Dingen herstellt, von denen man nicht gedacht hätte, sie ließen sich in eine Beziehung zueinander setzen. Es war der Versuch, in der eigenen Welt, die in diesen Versen erarbeitet und gestaltet wurde, zu leben, da die Beziehungen zu jener Mitwelt, die sich altersmäßig ergab, zur Hälfte zerschnitten waren.

Vielleicht hätte sich, wäre ich in Roßleben geblieben, durch eine Freundschaft die neue und notwendige Beziehung angebahnt. Daß es Derartiges gab, sah ich mit Staunen und Eifer. Manche jener Mitschüler, die reifer waren als ich, waren auf eine scheu zärtliche Art miteinander befreundet; andere waren weniger zurückhaltend; wenn sie nachts zusammen schliefen, übersahen es die Kameraden, taten jedoch alles, um sie vor dem Entdecktwerden durch den Lehrer, der die Nachtwache hatte und hin und wieder die Runde durch die Schlafzellen machte, zu warnen und zu schützen. Denn traf er zwei im gleichen Bett, so bedeutete es das schimpfliche Ende ihrer Roßleber Tage.

Das Ende der meinen hatte einen anderen Grund. Welcher es genau war, weiß ich nicht. Ich glaube, mein Aufenthalt dort wurde zu kostspielig. Zu Ostern des Jahres neunzehnhunderteinundzwanzig verließ ich die Klosterschule. Man hatte mir zum Abschied die Reife für die viertletzte Gymnasialklasse gegeben, was aber durch mein Wissen nicht gerechtfertigt war, wobei freilich – nicht nur für mich –, der mangelnde Unterricht, der im Laubsammeln ertrunken war, mildernd gewirkt haben mag. Es wäre freilich besser gewesen, man hätte mir jene Unter-Sekunda-Reife damals nicht gegeben; sie hat dann in Berlin Schwieriges noch schwieriger gemacht. Die Folgen einer Aufklärung und die einer Entdeckung ließen, gefördert durch das besondere Verhalten der Eltern, nicht auf sich warten.

Es gibt heute eine Wissenschaft, die die Seelensonde handhabt, das Seelenleben auslotet und den Triebpegel mißt; sie erklärt manches, nicht alles. Jene, die sich ihr widmen, werden ein gewisses Vergnügen an meinen Ausführungen haben, so wie ich Vergnügen daran hatte, ihre Schriften zu lesen. Nur fürchte ich für viele von ihnen, daß sie andere Wurzeln als jene, die sie zu kennen vorgeben, unbeachtet lassen. Manchmal bereitet sich ein Schicksal in noch tieferer Herkunft, die unübersehbar ist. Eine Beseligung, ein Verhängnis, genährt aus Vergangenheit, können nachwirkend eine entscheidende Rolle spielen, vor allem aber eine unausweichliche, da sie das Heute und das Morgen des Gestern enthalten. Und selbst was Umweg schien und Verzögerung, das stellt sich, gegen solchen Hintergrund oder Untergrund gehalten, nicht einmal als Weg dar, sondern als notwendige Aufarbeitung eines Leidens, das in früheren Schicksalen sichtbar wurde, und das dies hervorhob, jenes vernachlässigte, auf daß ein anderes Mal dies vernachlässigt, jenes hervorgehoben werden könne. Das größere Leben jedes Menschen gleicht einem Gestirn, das um seine Sonne kreist, bis alle seine Seiten einmal von dieser Sonne bestrahlt und von seinem Monde berührt wurde. Hin und wieder ist da ein Schluchzen; aber es ist schwer auszumachen, ob es aus der Freude oder ob es aus dem Leiden stammt.

15

Wie leicht könnte man glauben, es wäre die uns vom Zeitlichen her aufgezwungene Aufeinanderfolge der Geschehnisse nichts als ein bloßer Ablauf. Die meisten aber glauben gar nicht daran, obwohl diese Anschauung ein Glaube ist, sondern sind sich dessen, daß es sich nämlich um einen Ablauf handle, sicher. Und all die Schicksale, die gewissermaßen schräg durch das eigene und seinen sogenannten Ablauf reichen? Und die anderen, die in gleichem oder anderem Rhythmus das eigene Schicksal nicht einfach nur begleiten, sondern durchwirken, beeinflussen? Sehen wir nichts als den zeitlichen Ablauf, so erscheint ein Leben leicht sehr armselig; aber ein jedes ist reicher, ist in jedem Augenblick nicht nur Ablauf, sondern auch Rundblick und eingewoben in andere Abläufe, deren kein einziger sich so gradlinig abhaspelt, wie der Abreißkalender an der Wand es wahr haben will. Es hinge das Leben an einem dünnen Faden, wäre es ein abspulbarer Ablauf. Das zeitliche Nacheinander, das einzuhalten uns das hiesige Leben zwingt, weil es sich hier in dieser Form kundgeben muß, ist trotz allem, was man zu Gunsten seiner ausschließlichen Geltung vorbringen kann, nicht die alleinige Erscheinungsform dessen, was wir Leben nennen, sofern man nicht nur seine Vordergründigkeiten und Offensichtlichkeiten berücksichtigt. Was irgendwo, sofern dieses Irgend ein Wo hat, vorentworfen wurde, um sich in einer Aufeinanderfolge zu eigenem Ausdruck zu bringen und somit Lebensschicksal zu sein, das enthält noch andere Beimischungen, derartige, daß man sich fragen darf, ob sie nicht etwas mehr als Beimischungen seien. Denn hat das Nacheinander kalenderhafte Vordergründigkeit und Offensichtlichkeit auf seiner Seite, so haben die Beimischungen Zwischenlichter, Hintergründe, Ober- und Untertöne, besondere Grund-

schwingungen in sich. Wer es lernte, sie zu berücksichtigen, der sieht
dann, daß die ablesbaren, einander angeblich bedingenden Geschehnisse
ohne das geheime Wirken der anderen Komponenten sich wie eine ge-
heimnisvolle, etwas sonderliche und wenig begründete, man möchte sa-
gen: wie eine melodielose Melodie ausnehmen würden. Denn der hinter-
gründig bestimmende Vorentwurf enthält ja auch immer die sich dann in
ein Später verwandelnde Zukunft. Hin und wieder kommt man diesem
Tatbestand auf die Spuren. Das ist beunruhigend für diejenigen, denen
die Zeit lediglich Ablauf ist. Beglückend aber für jene, denen Zeit schon
Zeitfreiheit wurde.

Als ich nun gewissermaßen ins Elternhaus zurückkehrte, in dem ich
während der drei vergangenen Jahre nur in den kürzeren Ferien besuchs-
weise geweilt hatte, war Verschiedenes geschehen. Die um zwei Jahre
jüngere Schwester – sie hieß Charlotte und war nun inzwischen dreizehn
Jahre alt geworden – war auf eine sichtbarere Weise als früher gegenwär-
tig. Und dann war ein Fremder da, der nun auch zur Familie zu gehören
schien. Seines Vornamens kann ich mich nicht mehr entsinnen, der
Nachname ist nicht wichtig. Wir nannten ihn den Hauptmann, denn als
er aus dem Heeresdienst entlassen wurde, war er zum Hauptmann be-
fördert worden. Er arbeitete auf einer Militärbehörde, hatte im Kriege
den linken Arm verloren, war damals wohl gegen zweiunddreißig Jahre
alt und somit knapp zwanzig Jahre jünger als mein Vater. Er hatte in der
Nebenwohnung zu der unseren ein Zimmer gemietet. Meine Mutter war
viel mit ihm zusammen.

Der Vater kam immer erst am Abend nach Hause. Er hatte seine Pra-
xis am Wedding; es war eine aufreibende Praxis mit Mordfällen und an-
deren schweren Verbrechen. Daß er, aus der mit sachlich-frommem Ge-
habe wohlausstaffierten Luft des Konsistoriums kommend, sich gerade
diese Praxis gekauft hatte, mag seltsam erscheinen. Wahrscheinlich war
sie nicht teuer gewesen. Eines jedenfalls war eindeutig: sie war sehr an-
strengend. Ich sehe noch, wie der Vater abends müde ins Zimmer trat,
höre noch den verfallend mutlosen Guten-Abend-Gruß, der vielleicht
um eine Spur zu betont erschöpft klang, so als wolle er sagen: «Bitte
nehmt etwas Rücksicht.» Aber gerade das tat meine Mutter nicht. Im
Gegenteil. Abend für Abend überhäufte sie ihn mit Vorwürfen, Ankla-
gen, ja Beschimpfungen, die nicht nur unsinnig schienen, sondern ganz
unsinnig waren und es handelte sich immer um Geld. Er aß schweigend
und antwortete nie; er hatte das schon in früheren Jahren so gehalten, als
die Anwürfe der Mutter noch nicht so häufig, aber um nichts weniger
heftig erfolgten. Manchmal erreichten die Szenen ein derartiges Maß,

daß wir Kinder zu weinen begannen. Es waren keine erhebenden Mahlzeiten.

Auch in der Schule war es nicht erhebend. Wir wohnten zwei Schritte vom Kaiserdamm entfernt am Bahnhof Witzleben; gleich auf der anderen Seite des Bahn-Einschnittes begann der Grunewald; damals reichte er noch so weit in die Stadt hinein. Ich besuchte das Gymnasium in Schöneberg. Ich hatte Mühe mit der Klasse, die mir voraus war, Schritt zu halten. Es war die fünfte Umschulung in zehn Jahren. Nirgends war ich heimisch geworden, überall war ich allein geblieben. Aber ich gab mir Mühe. Einmal hatte ich Glück. Natürlich im Deutschunterricht. Wir erhielten die Aufgabe, in einem Hausaufsatz das Land der Lotophagen, der Lotosesser, wie es in der Odyssee kurz erwähnt wird, nach eigener Phantasie zu beschreiben. Ich verfiel auf den Gedanken, meine – übrigens von Indianer-Vorstellungen durchsetzte – Beschreibung einem Schiffsgenossen des Odysseus' in den Mund zu legen, der sie eines Abends am heimischen Herd seinen Enkeln erzählte. Auf diese Weise wurde gerechtfertigt, daß ich den ganzen Aufsatz in Hexametern abfassen konnte, woran mir sehr gelegen war. Es gelang. Mein Vater fand nur einen einzigen metrischen Fehler. Er war zufrieden, ja er schien verstohlen etwas stolz zu sein und gab seiner Zustimmung zu den mehr als zweihundert Hexametern ziemlich offen Ausdruck. Übrigens hatte ich ihm mein Geheimnis anvertraut, daß ich dichte. Zum folgenden Geburtstage hatte er mir ein in Leder gebundenes Buch, das nichts als leere Seiten enthielt, geschenkt, mit dem Vorschlag und der Bitte, meine Gedichte darin einzutragen. Das war nach den Sommerferien gewesen, die ich mit ihm gemeinsam an einem der märkischen Seen verbracht hatte. Und all das hatte mich beglückt; auch der Aufsatz, der auf dem Gymnasium viel von sich reden machte und sogar dem Rektor vorgelegt wurde, was ein besonderes, ja ein großes Ereignis war, zumal der Rektor mich zu sich rief, mit mir plauderte und mich lobte.

Es muß noch auf jener Schule gewesen sein, daß wir die ersten mittelhochdeutschen Texte gelesen haben, unter anderem die ersten Gesänge des Nibelungenliedes. Was wir auswendig zu lernen hatten, gefiel mir nicht besonders. So habe ich es auch wieder vergessen. Dagegen beeindruckten mich drei Zeilen so sehr, daß ich sie mein Lebtag behalten habe: «Ez was ein küneginne gesezzen über sê / ninder ir gelîche was deheiniu mê / was unmâzen schöne...» Daß es eine Frau, weit über dem Meer, geben könne, die schöner sei als irgend eine andere, schien, wenn ich an das Elternhaus dachte, eine beglückende Verheißung zu sein. Sie mag mich neben den anderen urbildhaften Grundgehalten dieser drei Zeilen, ohne daß ich es wußte, zutiefst getroffen haben. Aber was half es? Zumindest nicht in der Schule; dort stand es nicht gut für mich; das Klassenziel, wie man das nannte, lag in unerreichbarer Ferne. Als Ostern nahte und die furchtbare Aussicht mit einem schlechten Zeugnis und ohne in die nächste Klasse versetzt worden zu sein, nach Hause zu kommen, überfiel mich Verzweiflung. Jetzt, da alles zu Hause so schlecht stand, durfte ich das meinem Vater nicht antun. Aber durch Fleiß war da nichts mehr einzuholen, zudem gebrach es mir daran, denn es war alles sehr wirr. So ging ich eines Nachmittags pochenden Herzens in die Privatwohnung des Lehrers, von dem es abhing, ob ich versetzt würde oder nicht, je nach dem er mir eine ausreichende oder eine nicht mehr ausreichende Note geben würde. Er ließ mich vor; er war sehr verwundert mich zu sehen. Ich stotterte mein Anliegen heraus, schilderte die Verhältnisse, versprach Fleiß und war ehrlich verzweifelt und auch gedemütigt, da der betreffende Lehrer mich gar nicht besonders schätzte. Er sagte mir, er wolle darüber nachdenken. Vier Wochen später erhielten wir unsere Zeugnisse. Ich war versetzt worden.

Da es ein sehr weiter Weg bis nach Schöneberg war, wurde ich nach Ostern auf das Grunewald-Gymnasium, das unserer Wohnung näher lag, umgeschult. Ich hatte die besten Absichten, all das nachzuholen, worin mir meine Klassenkameraden voraus waren. Aber es kam ganz anders.

16

Wenn wir geboren werden, schreien und weinen wir, wenn wir sterben, sollten wir lächeln. Hin und wieder, so lehrt die Erfahrung, gelingt es. Da ich das niederschreibe, fällt mir auf, welch ein merkwürdiges Wort dieses Wort «gelingen» ist. Es ist auch etwas Helles in ihm. Mehr möchte ich dazu nicht sagen. Dies umso weniger, als das, was jetzt nachzuzeichnen ist, kaum irgendwelche Helligkeiten aufweist. Der Grund dafür ist nicht etwa die Zahl sechzehn, obwohl diese sehr seltsame Zahl wie alle alten Überlieferungen uns wissen lassen, die Zahl des Gelingens, des Sterbens und des Todes sein soll. Ich kann Ihnen nicht sagen, warum dem so ist; aber es ist so.

So als genügte es nicht, daß die Mutter allabendlich den Vater mit Vorwürfen und Forderungen überhäufte, ließ sie es sich angelegen sein, auch mittags dem Hauptmann Vorhaltungen zu machen. Sie betrafen sein einstmals ausschweifendes, ziemlich wahlloses Liebesleben – sofern diese Art Leben mit Liebe etwas zu tun hat –, betrafen seine Unkenntnis guter Bücher und ernsthafter Musik und seine Vorliebe für leichte Literatur. Er nahm sich das sehr zu Herzen. Er wurde jeweils aschfahl und eines nachts schluckte er so viele Schlafpillen, daß es großer Anstrengungen seitens der Ärzte bedurfte, ihn im Leben zu halten. Danach wurde es für ihn bei den mittäglichen Mahlzeiten vorübergehend erträglicher. Statt seiner kamen die Schwester und ich an die Reihe; wieder waren es ungerechtfertigte Vorwürfe, Vorwürfe um der bloßen Vorwürfe willen, und Anschuldigungen gegen den Vater, der nicht genügend Geld nach Hause bringe. Dann wurde ich beschimpft, weil ich der Sohn eines solchen Vaters sei. Und dann kam das Unfaßliche. Hin und wieder fuhr ich am späteren Nachmittag in die Praxis meines Vaters, um ihn abzuholen. Er freute sich immer darüber. Nun trug mir meine Mutter auf, dort auf seinem Schreibtisch Umschau zu halten, ob da nicht vielleicht Briefe, Quittungen oder Photographien fremder Frauen lägen. Ich versuchte zu widersprechen. Da begann sie sich derart zu ereifern, daß wieder die Luft im Zimmer zu zittern begann und schickte mich unter Drohungen fort.

Es war noch heller Nachmittag, als ich zu meinem Vater ins Zimmer trat. Als er es einmal verließ, blieb ich in meinem Sessel, der dem Fenster und dem Schreibtisch gegenüberstand, sitzen.

Ich müßte lügen, wollte ich jetzt etwas über das Verhalten der Mutter sagen, nachdem ich ihren Auftrag nicht ausgeführt hatte. Ich weiß nichts mehr davon.

Einige Zeit später – es war am Vormittag eines Sonntags, bevor mein Vater, wie das des öfteren geschah, mit mir in eines der großen Konzerte der Charlottenburger Oper ging – legte er mir die Hand auf die Schulter und sagte: «Es tut mir leid, es Dir sagen zu müssen. Ich habe alles mit Deiner Mutter besprochen und wir sind übereingekommen, daß wir uns trennen. Du ziehst zu mir in die Wohnung, die ich bei meiner Praxis habe und nun einrichten werde. Deine Schwester wird hier bei der Mutter in Charlottenburg bleiben. Ich hoffe, Du bist mit dieser Lösung einverstanden. Ich denke, nach den Sommerferien wird es soweit sein.» Wir standen, als er das sagte an dem Klavier aus Ebenholz.

Wir gingen dann in das Konzert. Es wurden zwei der Ungarischen Rhapsodien von Franz Liszt gespielt; sie waren der Grund gewesen, weshalb wir gingen. Als der Vater das Programm am Morgen in der Zeitung gelesen hatte, hatte er gesagt, er wolle dieses Konzert mit mir besuchen, denn er möchte diese Rhapsodien «noch einmal» hören. Daß er diese Wendung gebrauchte, das weiß ich noch genau, und auch, daß wir ungewiß waren, ob wir wohl noch Eintrittskarten erhalten würden.

Auf dem Hinweg strahlte die Sonne. Während des Konzertes überfiel mich ein kaum mehr ertragbarer, den Kopf gleichsam zum Bersten bringender Schmerz. Als wir das Opernhaus verließen, tobte ein großer

Sturm den Kaiserdamm hinauf. Unter einem grauen, zerfetzten Himmel, in dessen einer Seite schwefelgelb ein riesiges Gewitter heraufzog, barsten Bäume und die Fahrleitungen der Straßenbahn waren gerissen. Es war gar kein Leben mehr auf den Straßen, wohl aber an dem zerrissenen Himmel.

Beide Szenen, die am Klavier und die des Heimweges nach dem Konzert, stehen mit lichtbildmäßiger Deutlichkeit in meiner Erinnerung, und ich glaube auch, daß sie sich am gleichen Sonntage ereigneten. Wie dem auch sei, es wird noch deutlich werden, daß sie zusammengehören. Das alles scheint, so wie ich es hier berichte – abgesehen von einer Ausnahme – in einem einwandfreien Ablauf eingebettet zu liegen; also in einem durchaus beruhigenden Nacheinander. Aber aus ihm ragt dieses «noch einmal» heraus, das dem Konzertbesuch voranging. Weder der Vater noch ich wußten, was er damit sagte, am wenigsten, daß er damit baldige Zukunft in die Gegenwart hereinriß. Hätten wir uns Rechenschaft davon gegeben, was damit ausgesprochen worden war, wir wären zu Tode erschrocken.

Mit einer Pfadfinder-Gruppe, zu der ich gehörte, verbrachte ich die Sommerferien auf einem Gut, ich glaube in Pommern, jedenfalls in einer doch eher, wie mir nach der Landschaft der Goldenen Aue scheinen wollte, kargen und unwirtlichen Gegend. Die große Überraschung jenes Sommers war aber nicht die Neuartigkeit, die dieses Pfadfinderlager an sich hatte, sondern das, was mich bei meiner Rückkehr erwartete.

Aber was heißt das: eine Überraschung? Überrascht zu sein ist das Eingeständnis, nicht aufmerksam gewesen zu sein. Das Unvermutete können jene, die uns lieben oder die uns erfreuen wollen, mit einigem Geschick in Erscheinung treten lassen; dann hat das Überraschtwerden seine Gültigkeit. Andernfalls widerfährt und überrascht uns etwas, dessen langsames Heranreifen, dessen schon lange Anwesenheit wir übersehen hatten, dessen in Worten ausgesprochene Vorausnahme wir überhörten, weil wir das Doppeldeutige mancher Ausdrucksweisen noch nicht durchschauten. Und selbst wenn wir sie durchschauten –, wer hätte jeweils den Mut, es sich einzugestehen?

Als ich nach Hause kam, war der Vater nicht daheim. Ich fragte nach ihm. Da sagte mir die Mutter, daß er im Krankenhaus sei. Ich erschrak und es stellte sich heraus, daß er schon seit einiger Zeit dort war. Auf meine Frage, von der ich noch weiß, daß ich sie vorwurfsvoll stellte, warum die Mutter mich nicht davon benachrichtigt und aus den Ferien nach Hause gerufen habe, antwortete sie leichthin, sie habe mir die Ferien nicht verderben wollen. Es war dabei eine Verärgerung in ihrer

Stimme, die zunahm, als ich erklärte, daß ich den Vater zu besuchen wünsche. Das sei nicht nötig, meinte sie. Ich bestand darauf. Es sei schwierig, meinte sie. Ich bestand darauf. Am nächsten Nachmittag ging ich hin.

Ich entsinne mich des Weges zum Krankenhaus, den ich damals ging, sehr genau. Es war ein weiter Weg zu Fuß und es war eine unbekannte Gegend. Heute in der Erinnerung vermischt sich dieser Weg mit jenem, den ich ging, um mit dem Lehrer zu sprechen. Die nachmittagsmüden Vorortstraßen waren menschenleer und die Villen lagen töricht hinter ihren Gartenzäunen. Ich hatte mir von einem Strauch eine Gerte gerissen; die ließ ich neben mir an den Zäunen entlangstreifen. Je nach dem Druck, mit dem ich ihre Spitze gegen die Gatter oder die Zaunlatten drückte, je nach dem Abstand, der diese voneinander trennte, je nach dem Material, aus dem sie gefertigt waren, gab das ganz verschiedene Geräusche.

So deutlich ich mich des Weges zum Krankenhaus entsinnen kann, so undeutlich steht es selber in meiner Erinnerung. Der Besuch dort verblaßte vor dem, was nachher kam. Ich weiß nur, daß es weitläufig war, und daß der Vater sehr bleich und abgemagert, mit erschreckend eingefallenen Wangen in den Kissen lag.

Der nächste Besuch, den ich dem Vater machen konnte, fand ganz woanders statt. Das kam so: eines Nachts, nachdem die Mutter nachmittags bei ihm gewesen war und ihn mit Vorwürfen überhäuft hatte, hatte er in hohem Fieber versucht, sich aus dem Fenster zu stürzen. Sie hatte, so scheint es, eine gewisse Begabung, Selbstmorde anzustiften, hatte den Drang zum Vernichten und besaß das Geschick, die geeigneten, zur Selbstaufgabe bereiten Opfer zu finden. Hier kam ihr dieser Selbstmordversuch sehr gelegen. Sie hatte bereits ob des vielen Geldes geklagt, das die Krankheit des Vaters kostete. Nun hatte sie einen Vorwand, ihn aus dem Krankenhaus in die Armenabteilung einer Irrenanstalt überführen zu lassen. Zuvor nahm sie ihm (ich habe das alles erst später erfahren) noch seine kleinen Besitztümer ab: seinen Siegelring, die goldenen Manschettenknöpfe, die Krawattennadel mit der damals üblichen großen Perle und die schmale, goldene Genfer Uhr aus dem ausgehenden achtzehnten Jahrhundert mit ihrem Repetierwerk, welches ein Vergnügen meiner Kindheit gewesen war, da es nicht nur alle volle Stunden, sondern mit lustigem Klang auch alle Viertel-, Halbe- und Dreiviertelstunden schlug. Sie war das Patengeschenk Friedrich Wilhelm III. an meinen Vater gewesen, an dem er, wie man es aus seiner Zeit heraus verstehen kann, hing.

Es war Herbst geworden; Ende September oder Anfang Oktober. In der Erinnerung ist das ganze Geschehen jener wenigen Wochen in Novembernebel gehüllt.

Es war eine weite Bahnfahrt bis zur Anstalt; sie dauerte etwa zwei Stunden. Es war fast eine kleine Reise. Die Anstalt lag am anderen Ende Berlins, gleichsam am Ende der Welt. Hans fuhr allein hin. Die Mutter hatte ihm eingeschärft: «Rühre ihn nicht an, rühre ihn nicht an. Du wirst Dich und dann uns alle anstecken. Es wäre furchtbar.»

Ein Wärter führte ihn durch lange, schmale Gänge. Sie waren erfüllt von einem giftig süßlichen Geruch, der zu Übelkeit reizte. Einst waren diese Gänge wohl weiß getüncht gewesen, nun aber von einem abgestandenen Grau. An vielen klinkenlosen Türen aus ärmlich magerem Holz ging es vorüber und unter kleinen, hoch angebrachten, vergitterten Fenstern hin. Endlich blieb der Wärter stehen und öffnete eine Tür.

Es sind drei Betten, die Hans sieht. Keiner der Liegenden richtet sich auf. Er steht zögernd in der Türe, ehe er auf das mittlere Bett zugeht. Drei Augenpaare begleiten seine Bewegungen. Er kann nur sehr langsam gehen, obwohl jetzt jener, der im mittleren Bett liegt, bemüht ist, sich etwas aufzurichten. Erst als Hans bei ihm ist und der Vater langsam in die dürftigen Kissen zurücksinkt, lassen die fremden, törichten, aufgerissenen Blicke der anderen von ihm ab; nur die Augen des Vaters sind noch da. Sie haben einen matten Glanz und dann versuchen sie, und danach versuchen auch die Lippen zu lächeln, aber es gelingt nicht mehr. In seinem Gesicht ist alles schon wie ausgeteilt und die Falten, die sonst ein Lächeln erzeugen können, gehen ungehorsam über das ganze Antlitz und können sich nicht mehr zusammenfinden. Auch die Hände haben Mühe sich zu bewegen und sind aschfahl wie das Gesicht, das auf erschreckende Weise kein Aufhören mehr hat, sondern ohne Übergang in den anstaltsmäßig ausrasierten Kopf übergeht.

Hans hat sich auf den Rand des Bettes gesetzt. Seine Hand liegt in der des Vaters. Sie haben sich Guten-Tag gesagt, aber es war kaum zu hören. Nun schweigen sie. Nur die Kranken regen sich in den Betten. Aus den Nebenzimmern, die durch keine Türen voneinander getrennt sind, dringt manchmal abgedämpft ein gequälter Laut herüber. Die Luft ist krank, ein von Ängsten und widrigen Ausdünstungen aufgequollener Schwamm, der selbst die kleinen Laute erstickt. Eine seltsame Stille herrscht. Doch dann, plötzlich, schreit es. Kinder schreien anders und auch Tiere schreien anders. Wenn sie schreien, dann ist doch wenigstens ein Anlaß da, irgend etwas Verläßliches. Dieses Schreien hier aber ist grundlos. Und noch ehe die Luft sich darüber beruhigt hat, ist es von neuem da. Wer ist es? Ein Mensch? Nein, nur die Kehle eines Menschen ist es, die schreit; ohne Hintergrund. Stünde noch das Grauen dahinter oder das Tier. Aber es ist tiefer und zugleich leerer als Grauen oder Tier. Hans ist zusammengezuckt. Die in den beiden äußeren Betten sind aufgefahren. Der Vater blieb unverändert, nur sein Puls jagt, wie der des Sohnes; aber er hält dessen Hand jetzt ganz fest; alle Kraft und Zucht, die diesem Menschen einmal eigneten, sind in ihn zurückgekehrt; die Augen sind starr und von bittender Gewalt. Als sich das Schreien plötzlich nähert, begleitet von einem eiligen Tappen und Springen nackter Füße, geht es über seine Lippen, klar und beherrscht: «Sieh' nicht hin, Hans.» Um einen Bruchteil zu spät wendet Hans den Blick weg von den drei oder vier Gestalten, die nackt, die Anstaltskleidung hinter sich her schleifend, ein wirres Schattenspiel, vor dem breiten, vergitterten Fenster tanzend vorüberziehn. Dann, als sie im nächsten Zimmer sind, hört man, daß die Wächter sich ihrer bemächtigen und sie abführen.

Jetzt, da dies vorüber ist, ist die Hand des Vaters wieder matt geworden. Seine Augen haben sich halb geschlossen an die Leere der gegenüberliegenden Wand verloren. Leise geht ein Geraune über seine Lippen, stoßweise, während kleine Falten auf seinem Gesicht kommen und gehen, Falten, die vielleicht Kummer sind, vielleicht sich aber nur um ein Lächeln mühen. Hans hat sich etwas nach vorn gebeugt, um ihn zu verstehen. Aber das Geraune geht unverständlich an ihm vorbei. Nur einmal hellt es sich zu deutlichen Wörtern auf, die zittrig sind und kaum begonnen zu zerbrechen drohen: «Sieh, sieh, soviel reiner Schnee. Und Du bist bei mir. Hörst Du die Glocken am Schlitten? Oh, es ist gut, so zu fahren. So leicht zu fahren. Und der Himmel ist so klar. Friert Dich nicht? Du, Liebe. Sieh nur den vielen Schnee. Und so leicht zu fahren. Friert...» Dann fallen die Wörter wieder in das dunkle Geraune zurück. Hans weiß, daß er von der Mutter sprach. Mit ihr war der Vater einmal in Warschau gewesen, im Winter, vor seiner Geburt. Er streichelt die Hände des Liegenden. Er hat viel Zeit dafür, bis der Vater aus dem Fiebertraume zurückkehrend ihn ungläubigen Blickes sieht: «Du bist ja da.» Hans nickt. Nach einer Weile fragt der Vater: «Ich schlief? Entschuldige bitte.» Hans nickt. Nach einer neuerlichen Pause würgt Hans heraus: «Nicht wahr, nun wird bald alles besser werden?» Während der Vater mit den Augen eine Antwort zu lächeln versucht, öffnet sich die Türe und sein Bureauvorsteher kommt herein; klein, auf eine unangenehme Weise dienernd legt er dem «Herrn Justizrat» Schriftstücke zur Unterschrift vor. Hans stützt den Vater. Die Unterschrift ist kaum mehr zu erkennen, die dort mit matter Hand geschrieben wird. Dann schleicht er wieder hinaus. Das alles war nicht ohne Anstrengung. Der Vater liegt schwer atmend, seine Augen lassen nicht von dem Sohn. Er möchte wohl noch etwas sagen. Da öffnet sich wieder die Türe und ein Wärter sagt das Ende der Besuchszeit an. Hans steht auf. Er ist nicht sehr sicher im Stehen. Er beugt sich über den Vater und küßt ihn. Dessen Hände fahren auf, daß das rauhe Gewebe der blau gestreiften Anstaltskleidung die abgemagerten Arme bis zu den Ellenbogen entblößt. Mit beiden Händen hält er den Kopf des Sohnes. Und läßt ihn los, während Hans seine Stirne noch einmal streichelt. Der Wärter steht noch immer in der Türe. Da wendet Hans sich zum Gehen. Er will noch einen Gruß sagen, aber die Stimme versagt ihm. Auf dem Wege zur Türe schaut er sich noch einmal um und sieht, daß der Vater ihm mit den Blicken folgt. Sie versuchen beide zu lächeln. In der Türe dann und neben dem Wärter bleibt er nochmals stehen, nochmals ihn ansehend, bis an seinem kleinen Winken vorbei der Wärter die Türe schließt. Ja, er spürt es, nur würde er es nicht so ausdrücken, daß hier der Wärter als armseliger Stellvertreter einer fremden Macht die Türe schloß. Aber er hat den Vater noch einmal gesehen.

Ich glaube, auf der Fahrt nach Hause hat er geweint; es kamen einfach die Tränen.

Die Mutter empfing ihn voller Argwohn, wie er deutlich merkte; mit schlechtem, unruhigem Gewissen, das sie hinter Schroffheit zu verbergen trachtete. Wie es dem Vater ginge? Was er gesagt habe? Ob er ihn etwa berührt habe? Ich gab keine Antwort und sie ließ zu meiner Verwunderung von dem Verhör ab. Nur noch einmal kam sie auf die Frage, was er gesagt habe, zurück. Ich gab nichts preis. Ich redete mich heraus. Das fiel mir nicht schwer. Ihr gegenüber hatte ich es früh lernen müssen und es bis zur Kunstfertigkeit entwickelt, mich herauszureden. Diese Schmiegsamkeit war damals ein Vorteil; später hat sie mir lange den Weg zu mir selber versperrt.

Einige Tage nachher hatte die Klasse, in der Hans war, Klassenaufsatz zu schreiben. Es waren verschiedene Themen, die der Lehrer zur Auswahl stellte. Neben dem üblichen über ein klassisches Drama nannte er als letztes eine Stimmungsschilderung «November». Ein Schüler nach dem anderen traf seine Wahl und nach einer halben Stunde waren alle über ihre Arbeit gebeugt. Nur Hans wußte nicht, welches Thema er wählen sollte.

Das Klassenzimmer liegt im zweiten Stock. Sieht er zum Fenster, so sieht er über bereits entlaubten Bäumen einen grauen, nebligen Himmel. Zudem fällt jetzt ein haarfeiner Regen. Er sitzt ohne sich zu rühren vor seinem Heft. Er denkt eigentlich nichts. Er sitzt vor seinem Heft und es vergeht eine Stunde und es wird zehn Uhr, dann halb elf. Da fängt er zaghaft an zu schreiben. Über den November, über einen Totensonntag, den er allein im Walde verbringt. Grauer Himmel ist da, kahle Bäume, Regen und ein paar Nebelschwaden, vor denen ein Fuchs, der achtsam jedes Rascheln der gefallenen Blätter zu vermeiden trachtet, erschrickt, denn irgendwie ging da im Nebel der Tod vorüber.

Ich entsinne mich, daß der Lehrer in der folgenden Woche bei der Besprechung der Aufsätze gerade diese Stelle mit dem Fuchs, dem Laub, dem Nebel und dem Tod sehr lobte, aber meinte, ich hätte das wahrscheinlich nicht selber erfunden, sondern bestenfalls, vielleicht ohne es zu wissen, aus irgend einer Erzählung von Hermann Löns übernommen, der damals viel gelesen wurde. Deshalb erhielt ich auch nur die zweitbeste Note für meinen Aufsatz.

Ich entsinne mich aber auch, daß ich etwa eine halbe Stunde nachdem ich zu schreiben begonnen hatte, auf diesen Gedanken, daß der Tod im Nebel verborgen sei, kam, der mich sehr erregte und fieberhaft wach machte. Ich war dann sogar als erster mit der Reinschrift fertig, gab das Heft ab und konnte die Schule etwas früher als gewöhnlich verlassen.

Zu Hause öffnete das Mädchen und begrüßte mich so, wie sie mich alle Tage begrüßte. Wie stets ging ich durch das Eßzimmer. Es war ein sogenanntes «Berliner Zimmer», ein großer Raum, der etwa neun Meter in der Diagonale maß und in der Ecke der einen Längswand ein einziges sehr großes Fenster auf den Hof hinaus aufwies; in seiner Mitte stand der bereits gedeckte Tisch und die steifen Stühle mit den roten Ledersitzen und Rückenlehnen. Als ich schon am anderen Ende des Zimmers angelangt war, um die Türe zu dem kleinen Gang zu öffnen, der zu meinem Zimmer führte, trat auf der Seite, von der ich gekommen war, die Mutter ein und rief mich an: «Hans». Ich wandte mich um: «Guten Tag. Ja?» Da schloß sie die Türe, blieb aber an ihr stehen, etwas vornübergebeugt und den Hals nach vorn streckend, damit ich auch ja höre, was sie zu sagen hätte: «Endlich ist der Kerl verreckt.»

Sie sagte diesen Satz (ich glaube, ich muß das anmerken), Wort für Wort, wie er hier steht.

Als ich mich daraufhin entsetzt ihr ganz zuwandte, fuhr ihr Arm beschwörend in die Höhe: «Es soll noch niemand wissen. Und den Kopf haben sie ihm aufgeschnitten.»

Ich starrte aufs Parkett. Gleichmäßig reihten sich dort die einzelnen Hölzer aneinander. Einige Ritzen zwischen ihnen waren etwas grau. Das war wohl Staub. Eines der Hölzer war ganz scharf gemasert und viel

dunkler als die anderen. Dann verschwamm mir alles in eine gelbe irr-
lichternde Fläche. Ich stand ziemlich lange dort, wie angewachsen, bis
mich die Stimme der Mutter aufschreckte. Doch erst als sie es zum zwei-
ten Male sagte, verstand ich, daß ich mich zum Mittagessen bereit ma-
chen solle. Da ging ich; ohne zu antworten, ohne jede Eile, ohne sie
auch nur anzusehen. Und dann schloß ich die Türe.

Beim Mittagessen saßen wir uns wortlos gegenüber. Auch der Haupt-
mann sagte kein Wort. Die Schwester sah ungläubig vor sich hin; sie
weinte lautlos. Die Mutter aß, der Hauptmann aß, die Schwester löffelte
auf ihrem Teller herum. Auch von dem Hauptgericht aß ich nichts, aber
ich fragte: «Wann starb er?» Sie antwortete nicht gleich, erst als ich sie
ansah, sagte sie: «Um elf Uhr. Man rief sofort bei mir an.» – «Und Du
hast mich nicht sogleich aus der Schule kommen lassen?» – «Ihr schriebt
doch Klassenaufsatz.» – «Ach so.» – Das war alles.

Das Begräbnis war ärmlich. In der Totenkammer lag er bereits einge-
sargt. Der Sarg war noch nicht geschlossen. Es war der billigste, den es
gab. Aus ungehobelten Latten und der Sparsamkeit wegen niedrig. Ich
sah nur einen Teil seiner rechten Hand, die auf dem Totentuche lag, er
hatte sehr schöne Hände. Sein Kopf war zugedeckt. Man fragte, ob wir
ihn noch einmal zu sehen wünschten. Die Mutter verneinte. Darauf
hämmerten sie mit lauten Schlägen den Sarg zu. Dann wurde er auf einen
vierrädrigen Handwagen gehoben und mit argem Gepolter ging es hin-
aus ins Freie. Zuvorderst zwei Totengräber, die den Karren zogen; da-
hinter die Mutter in einem sehr kleidsamen schwarzen Trauerkostüm,
das am Kragen eine kleine weiße Einfassung hatte. An ihrer Seite, sie
stützend, der Hauptmann. Dann kamen ihre Mutter und eine ihrer
Schwestern, die ich seit vielen Jahren nicht gesehen hatte. Hinter ihnen
folgten meine Schwester und ich. Ich weiß noch, daß mich diese Reihen-
folge verletzte. Irgendwo ging auch der Anstaltsgeistliche. Es war noch
heller Tag, ein haarfeiner Regen hatte den Weg aufgeweicht, die Bäume
waren kahl, es roch süßlich nach verwesendem Laub, es gab sogar einen
oder zwei Nebelschwaden. Am Grabe wurde der Sarg sehr unsanft in
die Grube hinuntergelassen; der Pfarrer sprach ein Gebet; jeder warf
noch die Handvoll Erde hinunter; das polterte sehr. Blumen gab es nicht.

Ich habe ihn nicht mehr gesehen; ich kann nicht sagen, ob er, als er
starb, gelächelt hat. Du wirst sagen, das sei auch unerheblich und das
ginge schließlich nur ihn etwas an oder mich. Ich bin anderer Meinung,
denn ein Mehr oder ein Weniger eines solchen Lächelns verändert das
Gleichgewicht der Waage, die für den Bestand oder den Unbestand der
Welt den Ausschlag gibt.

17

Auf diesen Seiten versuche ich lediglich das nachzuzeichnen, wovon ich heute meine, daß ich es klar sehe und deshalb klar zu beschreiben vermag, ohne daß ich dabei die Wirklichkeit der Tatsachen noch die, in der sie sich abspielten, entstelle. Das ist lediglich ein Anspruch auf Wahrhaftigkeit, keinesfalls auf Wahrheit. Es gibt nichts, nicht die kleinste Geste, die wir in ihrer ganzen Wahrheit zu schildern vermöchten. Und Teilwahrheiten haben mit der Wahrheit nichts zu tun. Dessen muß man sich bewußt sein. Wahrheit ist höchstens im Wesen, falls Wahrheit und Wesen nicht gleichbedeutend sind. Sie aber entziehen sich dem Wort, das immer auch zeitgebundenes Geschehen ist. Ich messe dem Geschehenden nur insofern Bedeutung zu, als es den beteiligten Menschen zu dem Schicksal wurde, das sie sich selber bereiteten, um daraus zu lernen oder daran zu sterben. Da wir alle an uns selber sterben, ist es nicht unwichtig, besonders wenn man älter wird, daß man sich fragt, wo der tödliche Keim im Lebendigen sich eingenistet habe, sofern wir ihn nicht von allem Anbeginn an zusammen mit dem des Lebens in uns tragen.

Der tödliche Keim: ich glaube zu wissen, wo der meine sitzt. Und ich bin seit einigen Jahren gewissermaßen auf du und du mit ihm. Das will nicht sagen, daß ich todessüchtig sei. Irgendwie war der Tod mir immer so nahe, daß er auch wieder fern war. Ich wollte ihn manchmal wachrufen. Wer hätte das nicht gewollt? Manchmal versuchte er es bei mir. Aber es war dann doch noch nicht soweit. Diesmal jedenfalls wird nicht er mich rufen noch würgen, wie das ja auch schon geschah. Inzwischen hat er mich einiges gelehrt; zum Beispiel, daß man voneinander abhängig ist, und daß keiner dem anderen ins Handwerk pfuschen darf. Ist es an der Zeit, ist auch die Übereinkunft da, die Sterben heißt. Jene, mit denen es das Leben und der Tod gut meinen, auch dann, wenn ihnen nichts erspart bleibt, lassen sich nicht auf bloße Wiederholungen ein. Ich sage das aus Vertrauen, aus innerer Gewißheit, nicht aus Mut oder gar Übermut. Denn auch mit den Wiederholungen hat es seine Bewandtnis.

Vielleicht fandest Du gewisse Wiederholungen in dem, was ich nachzuzeichnen hatte, unnötig; fandest sie fade, flach, kurzum: banal. Aber ich habe hier nicht zu fabulieren. Das Leben selber, oder doch viele seiner Ereignisse scheinen banal, da es sich dauernd wiederholt, was übrigens, wenn man das Wort aufmerksam liest, etwas ungemein Beeindruckendes zum Ausdruck bringt, nämlich die Tatsache, daß es sich selber immer wieder, also immer von neuem holt; immer aber auf eine andere und doch gleiche Weise.

Da wurden Aufsätze geschrieben (zwei), es wurden Selbstmordversuche gemacht (auch zwei), und dreimal schlossen sich Türen. Aber es war eigentlich immer die gleiche Türe, die da geschlossen wurde, nur die Personen, die sie schlossen, waren verschieden. Zwei sind mittlerweile tatsächlich verschieden; und für den Dritten schloß sich die Türe ins Leben, denn ich war, als das geschah, gerade siebzehn Jahre alt geworden. Es ist, als hätte ich damals das ganze bis dahin gelebte Leben nochmals anfangen müssen, denn erst sieben Jahre später – und nicht etwa vier Jahre später, wie es gedeihlich und richtig gewesen wäre – machte ich mich auf den Weg. Aber erst nach siebzehn Jahren ging die Türe auf.

Gewiß war das meine Schuld. Es war mein Umweg. Ein anderer meines Alters wäre einen anderen Weg oder Umweg gegangen; einen, der von dem meinen verschieden gewesen wäre. Mich fröstelt jetzt fast bei diesem Wort «verschieden», weil mein Leben lange von ihm überschattet und bedroht gewesen ist. Das aber ist hier unwichtig. Wichtig will mir ein anderes Wort scheinen, das soeben in diesem Zusammenhange gefallen ist: das Wort Schuld.

Es ist sehr bequem und einfach, Menschen zu verurteilen, weil man ihre Handlungsweise oder ihre Art mißbilligt. Auch ich habe lange das, was meine Mutter getan hat, verurteilt. Wußte sie damals, was sie tat? Sie trieb andere in den Tod oder versuchte es, vielleicht weil sie selber eine Getriebene war? Auch der Vater trug seine Schuld; sie bestand gewiß nicht darin, daß er war, wie er war (wennschon man auch das wahrscheinlich nicht so ohne weiteres aussprechen sollte); aber vielleicht häufte er zusätzliche Schuld auf sich, weil er zugab, daß sie schuldig wurde. Wenn jemand es zuläßt, daß ein Mensch, und sei es auch nur am anderen, schuldig wird, wird er selber mitschuldig. Aber die Mutter war wohl stärker, weshalb man seine Kraft des Ertragens nicht unterschätzen sollte. Doch wie hätte sie all dem entgehen sollen, das ihr anhing? Sie hatte Inquisitorisches an sich; woher, das wollen wir offen lassen. Und sie war zugleich das Opfer ihrer Ahnen. Da waren ihr Generationen und Generationen von Pfarrherren vorangegangen, die aus Berufung oder Beruf ein frommes Leben geführt hatten oder hatten führen müssen. Aber das Unfromme, die Dunkelheiten waren von ihnen nicht gelebt worden, und was verderblicher war, sie waren nicht aufgearbeitet worden; denn wieviele dieser Pfarrherren waren wohl Heilige gewesen? Irgendwann mußte einmal, und gewiß nicht zufällig durch eine Frau, die im Erdhaft-Dunklen die stärkere ist, all diese Unsumme ungelebter Dunkelheiten gelebt werden. Daß sie dies Übermaß an Finsternis nicht zu verwandeln vermochte –, wer will darüber den Stab brechen, da sie ja außer dem Erbe aus der Geschlechterfolge noch ihr eigenes Erbe hatte, jenes, das hier auf eine sehr besondere Weise mit dem irdisch-blutmäßigen verschmolz. Dabei wollen wir unsererseits weder inquisitorisch ergründen, welcher vermutbaren Art dieses ihr eigenstes Erbe war, noch ob nicht dieses sie bestimmte, sich gerade in jenen durch die Jahrhunderte fließenden und unterdessen mit Dunkelheiten angereicherten Blutstrom der frommen Pfarrherren zu stürzen.

Alles was nicht gelebt wurde, muß einmal gelebt werden. Diese Notwendigkeit erfüllt sich über die Generationen hin ausgeteilt, sie erfüllt sich, so der einzelne das Glück hat, an sich zu arbeiten, zu einem entsparenden Teil im eigenen Leben. Das kann damit beginnen, daß wir das Fehlbeispiel, das fast jedes Elternpaar uns neben dem Beispielhaften vorlebte, nicht wiederholen. Viele verfallen bei diesem Bemühen in den Fehler der falschen Wiederholung, indem sie einfach das Gegenteil dessen zu leben versuchen, was ihnen vorgelebt wurde. Das alles, so will mir scheinen, ist nicht nur für den einzelnen wichtig. Wo käme die Menschheit hin, wie käme sie je über sich selber hinaus, oder, falls dies zu viel gefordert ist: wie bewahrte sie ihr Gleichgewicht gegenüber den in die Verhärtung und Erstarrung ziehenden Mächten, wenn Generation nach Generation gehorsam am falschen Beispiele scheiterte? Denn das falsche Beispiel ist stets einprägsamer als das dünner gesäte und der Erfüllbarkeit entzogenere Beispiel der echt aufeinander antwortenden Herzen. Die Antwort des Herzens kann sehr schnell verstummen. So war es wohl zwischen jenen Beiden gewesen, die Margarethe und Friedrich Wilhelm hießen. Welches Paar trägt denn Wort und Antwort länger als bestenfalls in dann und wann wiederkehrenden Augenblicken durchs Leben? Aber genügt das?

Alles was nicht gelebt wurde, muß doch einmal gelebt werden. Nach siebzehn Jahren holte ich nach, wovon die sich schließende Türe mich ausgeschlossen hatte. Ich sagte das bereits. Es ist, zeitlich gesehen, ein reichlich langer Umweg. Aber auch angekommen und glaubend, den Punkt erreicht zu haben, wo das eigentliche Leben begänne, darf ich heute meine Zweifel hegen. Die Rache dieser Mütter reicht weit, wenn man sie nicht rechtzeitig begnadigt. Und das war mir damals noch nicht gelungen. Mit dem einfachen Fallenlassen ist es nicht getan. Das wird noch deutlicher werden, als es einem lieb sein kann. Doch ich möchte da nicht vorgreifen, wenn auch der Umstand, daß man dem Nacheinander der Worte und der Abfolge der Ereignisse Rechenschaft tragen soll, das echte Geschehen auf eine verderbliche Weise auseinanderreißt. Vieles, das in jenen Jahren geschah und auch alles, was später geschah, war wahrscheinlich nur ertragbar, weil zutiefst die Gewißheit vorhanden war, daß trotz aller Dunkelheiten alles seinen Sinn, seine Berechtigung hatte. Immer hat ja das was später geschieht, und wäre es auch noch Jahrzehnte entfernt, schon Anteil daran, was sich heute ereignet. Ohne das Wissen, besser: ohne die ungewußte, tiefinnere Ahnung, daß man nachholen wird, wessen man heute beraubt ist, ließe sich das, was im Augenblick geschieht, gar nicht leben. Nur muß es dann auf die gemäße Weise nachgeholt werden. Doch daran scheitern die meisten. Damals in der Zeit des ersten Reifens wußte ich nichts davon, daß das Leben jedem spätestens am Ende des fünften Jahrzehntes noch einmal die Möglichkeit einer zweiten Reife bereithält; nur will sie dann ihrem Alter entsprechend bestanden werden.

Die ersten Wochen nach meines Vaters Tode waren sehr eigenartig. Er war tot und war doch nicht tot. Es war das alles nicht recht zu greifen; eindeutig war nur, daß etwas sehr Einschneidendes geschehen war. Auch war da ein Auftrag, tapfer zu sein. Woher er kam, ließ sich nicht feststellen. Aber er war da. Zurückblickend sehe ich es an zwei kleinen Geschehnissen, die dicht aufeinander folgten.

In der Schule ging es immer schlechter. Es gab Tage, da ging ich gar nicht mehr hin. Es ging mir so viel durch den Kopf, von dem ich nicht wußte, was es war. Ich fand Buchhandlungen bei weitem des Besuches werter als die Schulstunden. Also trieb ich mich vormittagelang in den verschiedensten Buchhandlungen herum, um immer dann, wenn das Geld dazu reichte, mir nach vielstündigem Stöbern ein Reclamheft oder ein Inselbuch zu erstehen. Hin und wieder tauchte ich in der Schule auf. Wie es mir gelungen ist, nicht überführt zu werden, daß ich, wie man es damals nannte, unentschuldigt dem Schulbesuch fernblieb, weiß ich nicht mehr. Dagegen weiß ich noch, daß ich auch im Griechischen meine eigenen Wege ging. Jene Stellen, die wir aus der Odyssee für die nächste Stunde vorzubereiten hatten, sah ich kaum an. Aber ich ging in anderen Gesängen als jenen, die wir in der Schule lasen, auf Entdeckungen aus und fand herrliche Stellen voller Lautmalerei und andere, die rhythmisch ganz weich und biegsam waren oder dann so scharf und reißend, daß man hörte, wie der Sturm die Segel zerfetzt.

Doch das waren noch nicht die Geschehnisse, von denen ich erzählen wollte. Das eine hing allerdings mit der Odyssee zusammen. Es war der fast überwältigende Eindruck, den jene Szene auf mich machte, in der sich Odysseus, nachdem ihn Nausikaa aus dem Schiffbruch geborgen hatte, im Palast der Phäaken, an eine Säule gelehnt den Gastgebern zu erkennen gibt. Es war jenes «Eim' Odyseus», jenes stolze: «Ich bin Odysseus». Dieses Wort sprang förmlich in mich hinein; dieses «Ich bin» war eine Fanfare, ein Jubel ohnegleichen, erfüllt von einem liebenswerten Stolz.

Es muß damals eine Kraft dagewesen sein, die mir diesen Anlauf zur Selbstfindung ermöglichte, die mir den Mut und die Freude an der Selbstbehauptung eingab und stärkte. Ohne dem wäre das andere wohl kaum möglich gewesen. Das ereignete sich am Weihnachtsabend nach dem Tode des Vaters.

Es war natürlich ein eher stiller Weihnachtsabend. Meine Mutter tat, als wäre nichts geschehen, so wie sie es seit dem Todestage gehalten hatte. Der meiner Schwester und mir bereitete Gabentisch war äußerst sparsam bestellt, auf dem, den die Mutter für den Hauptmann gedeckt hatte – er wohnte jetzt in unserer Wohnung – lag ein halblanger Gehpelz. Ich traute meinen Augen nicht, als ich ihn sah. War das nicht das Futter aus dem Pelzmantel meines Vaters? Ich fragte. Betretenes Schweigen. Dem Hauptmann war sichtlich unangenehm zu Mute. Selbst die Mutter wurde unsicher und redete etwas davon, daß ich ja noch zu jung sei, um ihn tragen zu können. Noch während der Weihnachtsbaum brannte, ging ich, unbeobachtet, in die hinteren Zimmer. Im Wäscheschrank der Mutter hatte ich vor Wochen zufällig etwas gesehen. Ich öffnete ihn, nahm die Uhr des Vaters und steckte mir seinen Siegelring an den Finger. Er paßte.

Beim Weihnachtsmahl schrak sie plötzlich zusammen und starrte entgeistert auf meine Hand. Dann begann sie mit hochrotem Kopf zu husten, als wäre ihr eine der Karpfengräten im Halse stecken geblieben. Ich sah sie ganz ruhig an, wodurch sich ihr Husten steigerte. Der Hauptmann sprang auf; die Schwester wurde ängstlich; ich blieb sitzen. Als sie sich beruhigt hatte, fragte sie mich: «Wo hast Du das her?» – «Aus dem Wäscheschrank», und ich zog die Uhr aus der Tasche und fügte hinzu: «Die gehören nun mir».

Sie war so sprachlos, daß sie nichts antwortete. Von dem Vorfall wurde nie wieder gesprochen. Beide Dinge blieben bei mir. Aber sie antwortete auf andere Weise. Wäre ich damals nicht erst siebzehn gewesen, sondern schon über die Zwanzig hinaus, so hätte ich mich dieser Vergeltung ihrerseits vielleicht erwehren können.

Es ist nie günstig, wenn die Väter uns verlassen, bevor wir uns von ihnen lösen konnten, indem wir sie verließen, um unsere Freiheit zu gewinnen und um dann als Mensch und nicht mehr nur als Sohn zu ihnen zurückzukehren. Ein Fortgehen um einer solchen selbständigen Rückkehr willen gab es nun nicht mehr. Nicht ich, er war fortgegangen.

18

Alles Gelebte ist Schlacke. Das Lebendige der Vergangenheit, dessen Glut uns formte, lebt aber in uns, den Lebenden weiter. Was sich einst im greifbaren Außen der Umstände zutrug, das können wir bestenfalls aus unserem Innen heraus erinnern, oder können uns seiner entsinnen. Das Wort «entsinnen» ist hier wohl das zutreffendere. Wer sich entsinnt, billigt damit dem Geschehen, das einst hiesige Sinnenhaftigkeit hatte, nun das Entkleidetsein von aller sinnmäßigen Greifbarkeit zu. Entsinnen hat etwas mit Entsinnlichen zu tun und ist eine Umschreibung dafür, daß wir das körperhaft Ereignismäßige hinter uns ließen und nur noch gewissermaßen den ungreifbaren, geistigen Wert dessen, was einmal auch Sinne besaß, weitertragen, weil diese Kraft uns selber weitertrug. Am Erinnern ist immer noch das Gefühl beteiligt. Das Entsinnen enthebt uns bereits dieser Bindung; es ist eine leise Vorbereitung der Ablösung, ein Eingewöhnen in die Sterbestunde. Es bedarf der Überwindung, in aufgelebte Jahre zurückzudenken, um damit nochmals an dem, was rasch verglomm oder langsam verschwelte, und dessen wechselnde Glut uns umschmolz und vielleicht läuterte, die Bahn zu erkennen, die das Geschehene hinterließ, weil die dort erloschene Glut uns ohne Unterlaß am Leben erhielt.

Nur wenn man dies einsah und es weder der Wehmut noch dem Groll gestattete, sich in der brachen Schlackenhalde vergangenen Geschehens anzusiedeln, beginnt das Leben eigentlich zu werden, beginnt es zu blühen und kann sich frei entfalten. Solange wir noch Reste unserer selbst dort belassen, wo kein Blühen mehr möglich ist, schwächen wir uns; denn ob wehmütiges Gedenken an Beglückungen, ob rachsüchtiges an erlittene Beleidigungen, ob nachtragendes an erfahrene Unbill: mit alledem begeben wir uns in die Knechtschaft und das verdorbene Leben labt sich an Wehmut, Rache und Groll und vergiftet uns und alles, was wir tun. Freilich, alle diese Widerhaken zu lösen, mit denen wir in der Schlacke hängenbleiben, dafür bedarf es mühseliger Arbeit, die innen geleistet werden muß.

Wenn ich an die Jahre zurückdenke, die auf den Tod des Vaters folgten, so muten sie mich wie Brackwasserjahre an. Trotzdem geschah einiges. Aber alles geschah langsam und es bedurfte vieler Anläufe, bis der Absprung zu gelingen schien. Es brauchte jene sieben Jahre, von denen schon gesprochen wurde. Von ihnen will ich auf diesen Seiten noch berichten, obwohl es so aussieht, als gäbe es da kaum etwas, das des Nachzeichnens wert wäre. Die kleinen Anläufe zu einer Selbstbehauptung brachen schneller in sich zusammen, als es vielleicht hätte sein müssen;

die Mutter tat das ihre dazu. Diese sieben Jahre waren eine Art Lähmung und die Welt, in der ich mich bewegte, war nicht fern davon, gespenstisch zu sein, schemenhaft, unwirklich, uneigentlich, eine Schlakkenwelt, in der nichts zu blühen vermochte, eine Welt aus Asche, zu der sie nicht erst wurde, als sie Vergangenheit geworden war, sondern die sie bereits damals war, als sie hätte gelebt werden sollen. Es ist bedenklich, eine solche fahle Aschenwelt beschreiben zu wollen.

Die Schule war mir gleichgültig geworden. Mehr oder weniger war mir alles gleichgültig geworden. Ich unterschied nicht mehr. Es war alles von gleicher Gültigkeit oder Ungültigkeit. Eines nur gab es, daran hing ich mit allem, was ich war: das war Lesen und Schreiben. Wenn man das Leben nicht zu leben vermag, dann muß man das Leben denken.

Einer der Buchhändler, bei dem ich viel herumstöberte, vermittelte mir eine Nachmittagsbeschäftigung bei einem Japaner. Der war ein kleiner, immer höflicher Mann, der seinen Haaren eine erstaunliche Pflege angedeihen ließ, die sich durch einen eindringlich schweren Öl- oder Brillantineduft bemerkbar machte. Er sprach sehr gut Deutsch und hatte viele deutsche Bücher gekauft, die ich katalogisieren mußte. Ich übersetzte ihm auch ein ganzes Inselbuch aus dem Plattdeutschen ins Hochdeutsche, «Die Geschichte vom Fischer und syner Fru», die ihn entzückte. Ich sprach und las deutsch mit ihm und verdiente mir ein kleines Taschengeld, das mir aber die Mutter abnahm. Kurz vor Jahresende zog Mister Tanaka zu uns, zahlte in damals hochbegehrter ausländischer Währung und aß wenig. Er war der erste vieler Zimmermieter, die sich die Mutter hielt. Sie bekundete sehr viel Anteilnahme für ihn. Es war echte Neugier, einwandfreie Gier nach Neuem. Er konnte dann einfältig-verschmitzt lächelnd seine Brieftasche ziehen, um die Photographie seiner Frau und seiner Kinder zu betrachten. Auch sehe ich noch sein glückstrahlendes Gesicht, wenn er einen Brief von zu Hause erhalten hatte. Als er im Frühling nach Japan zurückfuhr, hatte ich nebenbei etwas Japanisch gelernt. Es war davon die Rede gewesen, daß ich nach Kyoto oder Tokio kommen sollte, um in der Familie seines Bruders, der ein großes Warenhaus besaß, Deutschunterricht zu geben. Ich glaubte daran. Ich schrieb ihm auch einmal deswegen. Ich freute mich darauf, hörte nicht auf, Japanisch zu lernen und war über fernöstliche Schifffahrtslinien und die transsibirische Eisenbahn genauestens unterrichtet.

Ich habe nie wieder von ihm gehört.

Es war zu Lebzeiten des Vaters niemals ausdrücklich die Rede davon gewesen, welchen Beruf ich hätte ergreifen sollen. Aber es war, ohne daß darüber gesprochen worden wäre, eine ausgemachte Sache, daß ich studieren würde. Kurz nach dem Tode des Vaters überfiel mich eine Art Musikrausch und ich wünschte nichts sehnlicher, als einmal Komponist zu werden. Doch dieser Rausch verflog sehr bald. Ich wollte Sprachen lernen und schreiben. Inzwischen las ich, soviel ich konnte. Die Klassiker der väterlichen Bibliothek, Shakespeare, Grillparzer und andere, wurden Band für Band studiert, ohne daß ich viel von dem begriff, was ich las. Dagegen beeindruckte mich ein Roman eines gewissen Diehl sehr, der das Leben des Reichenauer Mönches Suso beschrieb. Ich glaube, es war ein eher zu gefühlvoll geschriebenes Buch, mit übertrieben viel Güte ausgestattet und einer peinlich übertreibenden Betonung des Vaterländischen. Ich mag da mehr an ergriffener Frömmigkeit hineingelesen haben als vielleicht herauszulesen war. Ein unverbrauchtes, dem Echten nahes Gemüt vermag sehr wohl hinter unzureichenden Worten den Glanz wahrzunehmen, den diese Worte selbst nicht zu vermitteln vermögen. Die mönchische Hingabe an etwas, das größer ist als der Mensch, das bittere, entsagungsvolle Sich-Weihen empfand ich als beispielhaft und mein Herz wurde in dem Wunsche, dem Größeren zu dienen und einem guten Vorbilde nachzueifern, bestärkt.

Noch vor Ablauf des Schuljahres eröffnete mir die Mutter, daß ich die Schule verlassen müsse, um Geld zu verdienen. Bis zur Abschlußprüfung hätte ich noch drei Jahre benötigt, da ich auf Ostern nicht in die vorletzte Klasse versetzt worden wäre. Wohl oder übel mußte ich mich fügen. Ich bat lediglich und sehr eindringlich, daß ich dann wenigstens eine Buchhändlerlehre machen dürfe. Das wurde nicht gestattet, da es kein Beruf sei, der einbringlich wäre. Sie hatte mir durch einen ihrer Bekannten, der Prokurist an der «Deutschen Bank» war, dort eine Lehrlingsstelle zum sofortigen Antritt besorgt. Ich erhielt noch vor Ostern mein Abgangszeugnis vom Gymnasium. Es war ein erstaunliches Dokument und ich glaube, mich rühmen zu dürfen, daß es ziemlich einzigartig gewesen sei. Es bestand für durchgängig alle Fächer aus der schlechtesten Note: ungenügend. Am Tage nachdem ich es erhalten hatte, ging ich mit ihm zum Rektor und ersuchte ihn um Milderung des verärgert summarischen Urteils, da es mich, da ich es der Bank vorlegen mußte, im vornherein einer gänzlichen Unfähigkeit zieh. Das Zeugnis wurde durchgehend auf die zweitschlechteste Note, «mangelhaft», aufgebessert. Einige Tage später trat ich meine Lehre in der Bank an.

Dafür also hatte ich Griechisch und Latein gelernt, um jetzt Zahlen zu schreiben und Dinge zu tun, die mich nicht im mindesten etwas angingen? Aber es war mir gleichgültig. Zweieinhalb Jahre würde die Lehrzeit dauern. Es war eine reichlich trostlose Aussicht. Du siehst, es beginnt Asche zu regnen. In der Nähe der Menschen, die wie die Mutter unaufgearbeitet ihre Vergangenheit mit sich schleppen, sollte man besser nicht leben müssen. Die Schlacken ihrer Herzen wirken zerstörend. Und was in ihrem Umkreis wohnt, ist der verderblichen Strahlung des Grolls und der Rache ausgesetzt. Dort ist kein Blühen. Und selbst die Luft, die sie umgibt, scheint vergiftet. Lähmung geht von ihnen aus und der Haß verwüstet langsam ihr Antlitz. Man könnte wohl sagen, es sei dies Liebe, die in Haß umschlug. Liebe aber, die sich in Haß verwandeln kann, war niemals Liebe.

19

Die Tage waren eintönig, das Leben war eintönig. Ich war einer der aberhundert Lehrlinge. Weder mit ihnen noch mit den Angestellten verband mich das mindeste. Ich schrieb meine Zahlen, füllte Formulare aus, addierte riesenlange Kolonnen, saß mit dreißig oder noch mehr fremden Menschen im gleichen Saal, wechselte turnusmäßig alle Vierteljahre die Abteilung und tat immer wieder Dinge, über deren Sinn und Ineinanderspiel ich mir nicht klar war, die deshalb sinnlos schienen, so sinnlos, daß es ein Grund mehr war, ihnen keinen Geschmack abgewinnen zu können. Es war die Langeweile, wie ich sie nie wieder gekannt habe, ein Unbeteiligtsein, das mir, da ich schnell arbeitete, viele Zeitspannen eintrug, die ich zum Verseschmieden benutzte. Hunderte von Gedichten, die alle nur Versuche waren, sind in jenen Jahren entstanden. Es war eine gute und hartnäckig betriebene Einübung in die Sprache, in ihre lautlichen und rhythmischen Geheimnisse.

An den Sonntagen machte ich Ausflüge mit den Pfadfindern; aber auch die Welt derer, die noch zur Schule gingen, begann mir langsam abzusterben.

Vorerst verdiente ich so gut wie nichts. Im ersten Lehrjahr waren es, glaube ich, monatlich fünfundzwanzig Mark. Sie reichten gerade für die beiden Untergrundbahnfahrten am Morgen und am Abend, sowie für das Kantinenessen am Mittag in der Bank. Im letzten Lehrjahr stieg der Monatslohn auf etwa sechzig Mark, was mir aber nicht zugute kam, da die Mutter die Hälfte für sich beanspruchte.

· Die einzige Einnahmequelle war der Verzicht, mit der Bahn zur Arbeit zu fahren. Nahm ich das Fahrrad, was aber im Winter schwierig war, da die Fahrt eine knappe Stunde dauerte, so ersparte ich mir täglich dreißig Pfennige, die mir jedoch die Mutter vorzuenthalten' versuchte. Zudem war das Fahren mit der Untergrundbahn manchmal höchst aufregend. Sie war zu jenen Stunden überfüllt; man stand ganz dicht gedrängt, was gar nicht angenehm war, manchmal jedoch erregend, wenn der Zufall oder die eigene Umsicht es mit sich brachten, daß man ganz dicht neben ein hübsches, junges Mädchen oder ihm gegenüber zu stehen kam. Hin und wieder, es war fast unvermeidlich, streifte man einen Arm, eine Brust, ein Knie und eine kleine heiße Welle flutete durch den Körper. Manchmal, beim Anfahren oder Bremsen des Zuges, stieß man wohl auch etwas heftiger aneinander und entschuldigte sich dann; manchmal erhielt man als Antwort ein Lächeln. Das war etwas sehr schönes und seltenes. Es machte glücklich und froh. Das war neben dem Gedichtemachen die andere Beglückung, welche der leeren Eintönigkeit der Banktage kleine Unter- und Obertöne verlieh.

Mit der Zeit lernte ich drei Menschen kennen, mit denen ich mich befreundete. Auch sie waren Lehrlinge der Deutschen Bank und hatten alle noch etwas mit der Jugendbewegung zu tun, jener idealistischen Auflehnung gegen die Generation, welche den ersten Weltkrieg heraufbeschworen hatte. Jene Jugend hatte zwar auf eine weniger heftige, aber gemeinschaftlichere Weise auf die Verunglimpfung des Lebens, der sich ihre Eltern gewidmet hatten, geantwortet, als es die existentialistische nach dem zweiten Weltkriege tat; was aber war das Ergebnis dieser zahmeren Auflehnung gewesen? Die aus der Jugendbewegung stammende Generation hatte den Absturz in noch tiefere Höllen nicht zu verhindern vermocht, jenen Zusammenbruch, der dann in den ärgeren Zerstörungen und Verwüstungen, welche der zweite Weltkrieg zeitigte, sichtbar wurde. Der Jugend von neunzehnhundertzwanzig hat es wenig geholfen, daß sie in die bergende Dunkelheit der Wälder gezogen war und sich damit in jenen bewußtseinsferneren Bereich geflüchtet hatte, dem die Jugend von neunzehnhundertfünfzig mit dem Hinabstieg in die Keller ihr Opfer brachte.

Da war Vauo und sein Freund Herbert. Der Name Vauo ist kein Druckfehler, obwohl sein Träger später viel mit Druckfehlern zu tun hatte, sondern ein aus den Initialen V. und O. zusammengezogenes Zeichen, dem er für sich Namenswert zusprach.

Vauo war Wandervogel gewesen, war von der Schulbank fort als Leutnant in den Schützengraben gekommen und in französische Kriegsgefangenschaft geraten, was sicher nicht zufällig war; aus ihr hatte er sich durch eine vorgespiegelte Schwindsucht befreien und in einem Davoser Sanatorium internieren lassen können. Er kannte sich vorzüglich in der Dichtung aus und schrieb selber eigenwillige Gedichte und lyrische Dramen, deren mohnhaft betäubende Monologe er mit monotoner Eindringlichkeit vorzutragen wußte. Später schrieb er auch Traumprosa und liebte es andererseits, sich in streitbaren Glossen einer herausfordernden Ausdrucksweise zu bedienen, um die im Alltagsdenken Befangenen zu entsetzen und zu erschrecken. Er spielte die Rolle des enfant terrible so gut, daß er wieder zum enfant terrible wurde, gehörte also zu jenen, die einen Teil ihrer Lausbubenhaftigkeit, sei es ins Mannesalter hinübernahmen, sei es sie nicht abzustreifen vermochten. Er war, als ich ihn kennenlernte, fünfundzwanzig Jahre alt und somit um acht Jahre älter als ich.

Sein Vater war kränklich und hatte sich von der Leitung einer Großbank zurückgezogen. Seine Eltern bewohnten in Lichterfelde ein schönes Haus, wo er sich in zwei Mansarden sehr höhlenhaft eingerichtet hatte. Er hing, wie ich allmählich bemerkte, außerordentlich an seiner Mutter, einer gestrengen Dame. Sein Gefangensein hatte wohl mit dieser Liebe zu tun. Das Schicksal der Gefangenschaft ziehen sich, wie ich später beobachten konnte, wenn auch nicht ausschließlich, so doch vornehmlich jene zu, die es aus der Vaterwelt heim ins Umhegtsein der Mutterwelt treibt. Selbst Stacheldraht umhegt, bewahrt vor der Außenwelt, gibt Geborgenheit, schützt vor der Ich-werdung und Verantwortung, welche die Vaterwelt fordert. Und er hing außer an seiner Mutter an seiner fast gleichaltrigen Schwester, die Bildhauerin und unglücklich verheiratet war, zwei Kinder hatte, und deren Mann er haßte, da er sich nicht damit begnügte, ihn seiner trunkenboldenen Grobheit wegen nur zu verachten.

Sein Freund hieß Herbert. Er galt nach dem letzten Kriege lange als verschollen. Damals, als ich ihn kannte, war er etwas jünger als ich. Es scheint, die seinem damaligen Alter entsprechende Unsicherheit und Flucht vor dem anderen Geschlecht hat er niemals überwunden. Er war Musiker, ein eifriger Pianist, der Brahms liebte und Debussy, und der selber zu komponieren lernte. Er wohnte mit den Eltern und einem etwas ungeschlachten älteren Bruder in einer Zweizimmerwohnung, die in einem Hinterhof der Gegend des Stettiner Bahnhofs gelegen war. Dort stand auch sein Klavier, das ihm seine Mutter nach vielen Kämpfen mit der Familie und um das Sparkassenbuch hatte kaufen können. Er schrieb mir den Klaviersatz zu einigen liedhaften Vertonungen, die ich zu fremden und eigenen Gedichten gemacht hatte. Die Melodien, die ich damals zu zwei Gedichten von Storm und von Dehmel ersann, weiß ich heute noch; sie galten jenen Gedichten, die mit den Zeilen: «Am grauen Strand, am grauen Meer» und «Es klagt im Dunklen irgendwo» beginnen. Es waren weder gute noch schlechte Melodien, aber sie drückten aus, was ausdrücken zu können für mich Befreiung war.

Waren diese beiden Freunde den Künsten zugewandt, so war der dritte anders geartet. Er entstammte, glaube ich, einer preußischen Offiziersfamilie. Seines Vornamens entsinne ich mich nicht mehr und da ich nicht weiß, ob er noch lebt, will ich ihn, seinen Nachnamen abkürzend, Roch nennen. Auch er, um weniges nur älter als ich, war in der Jugendbewegung, aber weder Wandervogel noch Pfadfinder; er gehörte einem kleinen Jugendbund an, der sich preußischer Strenge hingab. Ich las damals Spengler. Er dagegen machte mich auf die in seinem Kreise geschätzten Schriftsteller aufmerksam: auf Klatt und auf Künkel, aber auch auf Möller van den Bruck, den Aufwerter preußischer Sitte und preußischen Stiles, dem ich wenig abzugewinnen vermochte, sowie auf Hans Blüher, der wegen seiner Verherrlichung der Männerbünde in der Jugendbewegung großes Ansehen genoß, aber auf die geschlechtlich Unerwachten oder gerade Erwachenden nicht den besten Einfluß ausübte. Er verherrlichte, was zu Zeiten Platons des Verherrlichens wert gewesen sein mochte, weil damals die noch das Leben und die Familie beherrschende Mutter so stark war, daß der Ausbruch aus der Mutterwelt fast unmöglich schien, so daß dem Jüngling, ja selbst dem jungen Manne der Weg zur Frau kein Weg zum Menschen oder zu einem Du war, sondern vorwiegend um der bloßen Arterhaltung willen gegangen und vollzogen wurde. Das übersah Blüher, indem er einst natürliche Liebesweisen einer Mitwelt anpries, die in den letzten zweitausend Jahren die Mutterwelt zu Gunsten der Vaterwelt aufgegeben und damit den Mann vom Ödipus-Schicksal zu befreien begonnen hatte, nachdem der Muttermord des Orest auch in seiner sinnbildlichen Kraft zur Auswirkung gekommen war. In einer Welt, wo die Sippe herrscht und damit die Bindung an die Mutter überwiegt wie heute noch im vorderen Orient und im Fernen Osten, haben Liebesbetätigungen, die in ihrer Wahl keinen Unterschied zwischen den Geschlechtern machen, etwas gleichsam Unschuldiges und Unbescholtenes an sich; sie sind von blinder natürlicher Triebhaftigkeit und die mangelnde Bewußtheit entreißt dem einzelnen nicht seinen eigenen, ihm eingeborenen weiblichen Anteil, der sehr wohl den Zauber und die Schmiegsamkeit des männlichen Bevölkerungsteiles jener Gegenden ausmachen kann. Aber es gibt auch bei uns heute noch Mütter, deren Machtanspruch an die Söhne so stark ist, daß sie sich ihm nicht zu entziehen, sich dieser entrechtenden Fesselung nicht zu entringen vermögen, durch welche jede echte Liebesbeziehung gestört, wenn nicht verhindert wird.

Was jener Schriftsteller der Jugend idealisierend mit deutlichem Erfolg predigte, entsprach einer gewissen Strömung jener Nachkriegszeit und lebte sich, weniger verbrämt, in anderen Schichten desgleichen aus. Da war ein Krieg verloren worden. Mit der Flucht des Kaisers war die vorbildliche Vaterwelt in sich zusammengestürzt. Der linke und damit unbewußtere Teil des Volkes trug ungeordnete, gefühlsmäßig überladene Kräfte an die Oberfläche, die Geldentwertung brachte eine Aushöhlung aller Verläßlichkeit mit sich. Es waren, nicht zuletzt in Berlin, die Jahre der Rauschgifte, des Rückfalls in Amazonentum und andererseits, wohl auch infolge des Zusammensturzes der Vaterwelt, eine Verweiblichung vieler Söhne, dazu eine Flucht vor den Anforderungen des Lebens in Ästhetentum und leeres, literarisches Gewurmsel. Alles in allem eine ungesunde Luft, die Luft einer erschreckenden Mauserung, welche sich über die Stadt und ein ganzes Volk ausbreitete. Für einen Heimatlosen meines Alters eine belastende, schwer zu atmende Luft.

Aber es gab auch Gegenkräfte. Eine der stärksten lernte ich dank jenes Roch kennen. Sie wurde durch einen Hochschullehrer verkörpert, dessen geistige Lauterkeit und menschliche Überlegenheit eine ungewöhnliche Strahlkraft besaßen. Durch Roch hatte ich zu meiner Freude erfahren, daß mir der Zutritt zur Universität infolge der mangelnden Reifeprüfung nicht verwehrt war. Ich konnte mich als Werkstudent immatrikulieren, erhielt die «Kleine Matrikel», die aber zu keinem Examen berechtigte. Nach der Arbeitszeit in der Bank hörte ich an späten Nachmittagen und an den Abenden Vorlesungen des eleganten Volkswirtschaftlers Sombart, des kleinen, aber wissensgeladenen Völkerkundlers Hahn und anderer Dozenten. Vor allem aber besuchte ich die Vorlesungen von Romano Guardini, dessen Geistigkeit und Aussage selbst jene beeindruckte, die wie Roch nur aus politischer Neugierde gekommen waren, da sein Lehrstuhl der erste bedeutende katholische Lehrstuhl an der Berliner Universität war. Seine Berufung in die protestantische Hauptstadt war damals ein großes Ereignis. In seinen Vorlesungen ging er mit außerordentlichem Takt auf all das ein, was in der Jugendbewegung schwelte und wußte auf heilsame Weise an ewige Werte zu erinnern. Es waren unvergeßliche Stunden von einer seltenen Dichte, die, obwohl ich nicht allem zu folgen vermochte, mich nachhaltig beglückten und bereicherten.

Es war eine ungeahnt intensive Welt, die ich damals zu entdecken begann, darin ich, wo und wie immer ich nur konnte, heimisch zu werden trachtete. Einige Monate nach Antritt meines Studiums fielen mir in einer Buchhandlung, es war um Weihnachten des Jahres neunzehnhundertdreiundzwanzig, die damals gerade erschienenen «Duineser Elegien» und «Die Sonette an Orpheus» in die Hände. Ich weiß noch, daß mich bei ihrer Lektüre eine Verzauberung ohnegleichen ergriff; diese Elegien strömten eine das Herz verwandelnde, und es aus sich selber heraushebende Kraft aus; der Duft und die Luft ihrer neuartigen Weltgestimmtheit legte einen Weg frei und rief den eigenen Mut wach, ihn zu gehen und jenen zu verlassen, den ich seit zwei, drei Jahren einzuhalten versucht hatte und der weniger durch Nietzsche als durch kleinere Schriften Schopenhauers und durch Georg Trakl bestimmt worden war.

Im darauffolgenden Jahre konnte ich mir die Taschenausgabe der «Vorlesungen zur Einführung in die Psychoanalyse» kaufen. Auf eine andere Weise als die «Duineser Elegien», nämlich nicht durch eine Umstimmung des Herzens, sondern durch die Entschuppung des der Beobachtung fähig werdenden Blickes für Zusammenhänge waren die «Vorlesungen» von Sigmund Freud ein ungemein hilfreiches und förderndes Buch. Es entfremdete mich langsam der Jugendbewegung. Den samstagsonntäglichen Ausflügen mit den Altersgleichen konnte ich keinen Geschmack mehr abgewinnen. Ich zog es vor, allein zu bleiben und zu lesen. Die neu entdeckte Welt, an der außer Vauo keiner teilzunehmen vermochte, den ich kannte, gaben mir zudem die Kraft, mich der eigenwilligen Zuwendung des jungen Musikers zu entziehen und auch die Kameradschaft mit dem preußentümelnden Roch aufzugeben. Einer nach dem anderen verließ zudem die Bank, auch Vauo, der sich in einem Steglitzer Keller eine Druckerei mit einer kleinen Handpresse einrichtete und dort für billigstes Geld Doktorarbeiten zu setzen und zu drucken begann.

Ein Zuhause hatte ich eigentlich nicht mehr. Die Mutter hatte auch mein Zimmer vermietet. So war das Zuhause nur noch eine Schlafstelle, nämlich eine Übernachtungsmöglichkeit auf dem Divan im Eßzimmer oder auf dem Sofa des Salons. Im Anfang meiner Bankzeit erhielt ich noch magere Abendessen, später holte ich mir dies oder jenes aus der Speisekammer. Eines Nachts aß ich nach dem Dafürhalten der Mutter zuviel, zumal ich es gewagt hatte, mir von einem Gänsebraten, der von ihrer Mahlzeit übriggeblieben war, etwas zu nehmen. In der Folge war die Speisekammer immer abgeschlossen.

Die Mutter hatte, ich glaube, es war bereits im Frühjahr nach dem Tode des Vaters, den Hauptmann geheiratet. Die Trauung fand an einem Sonntag in der Wohnung statt. Die Mutter hatte mit dieser Heirat keine schlechte Wahl getroffen. Der Hauptmann hatte schon damals bei seiner Behörde ein sehr auskömmliches Gehalt, das sich bei seiner Eheschließung noch um die Zulage für zwei unmündige Kinder, meine Schwester und mich, erhöhte. Er brachte es später bis zum General. Nichtsdestoweniger wurde damals gleich mir auch die Schwester aus der Schule genommen; sie wurde dann als Kindermädchen verdingt.

Da ich es sonntags, an den Feiertagen und selbst an den drei bis vier Urlaubstagen, die den Lehrlingen jährlich von der Bank zugestanden wurden, vermied, mich zu Hause zu zeigen, sah ich das neu vermählte Paar nur selten. Eine Anteilnahme an dem, was ich trieb, bekundete die Mutter erst wieder kurz vor Ablauf meiner Lehrzeit, da die Aussicht, daß ich als Angestellter einige hundert Mark verdienen würde, ihr eine angenehme zusätzliche Einnahmequelle verhieß. So kam der Herbst des Jahres neunzehnhundertfünfundzwanzig und mit ihm der letzte Tag meiner Lehrzeit.

Ein Jahr vorher geschah jedoch noch etwas, das meine Schwester betraf. Während eines Stellenwechsels war sie zu Hause, wurde als Dienstmädchen gehalten und bewohnte auch das leerstehende, winzige Dienstmädchenzimmer. An einem Sonntag, es regnete und ich war in der Wohnung, hörte ich plötzlich in der Küche Geschrei. Ich ging hin. Da lag meine Schwester auf dem Steinboden über eine Emailleschüssel gebeugt, in der sie Spinat gewaschen hatte, und die ihr, als unvermutet die Mutter in die Küche trat, vor Schreck zu Boden gefallen war. Verwünschungen ausstoßend stampfte die Mutter auf den Händen und Beinen der Schwester herum und zertrampelte schier das verzweifelt weinende Kind.

Als ich am nächsten Tage von der Bank heimkam, saß die Schwester im finstersten Winkel der stockdunklen Diele und wimmerte am ganzen Leibe zitternd vor sich hin. Den Kopf hatte sie in den Händen geborgen und hielt sich die Augen zu. Ich fragte sie, was ihr fehle. Sie konnte kaum sprechen und brachte nur immer wieder den hingeschluchzten Satz heraus: «Sie will mich töten. Sie will mich töten.»

Ich versuchte sie zu beruhigen und brachte sie in ihr Zimmer. Sie hörte nicht auf zu weinen und zu zittern. Dann kam die Mutter und verwies mich des Zimmers. Die Schwester sah mir mit gänzlich verstörten Augen nach.

Am übernächsten Tage mußte ich gleich nach der Bank nach Hause kommen. Der Hauptmann eröffnete mir, daß er zusammen mit mir die Schwester in eine Klinik bringen müsse. Wir fuhren lange mit der Vorortbahn. Ich hielt ihre Hand. Angekommen stand über der Einfahrt «Heilanstalt». Ich erstarrte. Die Schwester schrie auf. Der Hauptmann griff sie und drängte sie hinein. Da war sie gefangen.

In den nächsten Tagen wurde es deutlich, daß die Mutter die Schwester in der Anstalt belassen wollte, da sie sie für verrückt erklärte; trotzdem wäre sie fähig zu arbeiten, so daß die Mutter so gut wie nichts zu zahlen hätte. Am folgenden Samstag machte ich nachmittags und ohne ihr Wissen der Schwester einen Besuch. Man erlaubte mir, sie zu sehen. Sie kam aus einem großen Saal eine helle, breite Treppe herunter. Sie war etwas ruhiger. Wir gingen in ein Besuchszimmer, wo wir tuschelnd miteinander reden konnten. Ich fragte, ob sie mit dem Arzte gesprochen habe. Sie hätte ihm alles erzählt, aber er habe ihr kein Wort geglaubt; das wäre alles Einbildung, hätte er gesagt, der Stiefvater hätte einen einwandfreien Bericht gegeben. Sie hatte sich damit abgefunden. Es war eine andere Anstalt als jene, in der der Vater gestorben war, aber sie trug die gleiche blau-weißgestreifte Anstaltskleidung, die er getragen hatte. Ich war verzweifelt. Nach der halben Stunde, die wir miteinander sprechen konnten, verlangte ich den Arzt zu sehen. Er kam. Ich schilderte ihm das Vorgefallene. Er wurde nachdenklich, aber dann sagte er siegesgewiß, daß sie trotzdem verrückt sei: sie habe Größenwahnsinn, denn heute habe sie von einem Onkel, der ehemals Reichskanzler, von einer Vorfahrin väterlicherseits, die eine Prinzessin gewesen sei, gefaselt. Als ich ihm die Richtigkeit dieser Aussagen bestätigte und ihm Genaueres mitteilte, dankte er mir und meinte, dann wäre es nur eine erklärliche Angst, die einen jugendlichen Verfolgungswahn ausgelöst habe. Er würde mit ihr sprechen.

Einige Tage darauf wurde sie entlassen. Sie kam furchtsam nach Hause. Der Hauptmann und ich hatten sie abgeholt. Wenige Tage später trat sie eine neue Stelle als Dienstmädchen irgendwo in Berlin an, die ihr die Mutter besorgt hatte. Sie kam kaum zu Besuch und ich konnte sie dort nicht sehen; langsam verloren wir uns aus den Augen.

Am letzten Tage meiner Lehrzeit wurde ich zur Direktion gerufen. Ich ging ohne sonderliche Erwartungen hin, denn von den Hunderten, die ihre Lehre beendeten, wurde kaum ein Zehntel angestellt. Der Personaldirektor eröffnete mir, die Zeugnisse der verschiedenen Abteilungen seien ausgezeichnet, ja hervorragend, so daß er sich freue, mich ab morgen zum festen Mitarbeiterstab der Bank zählen zu können. Ich war verdutzt. Daraufhin fragte er mich, ob ich einen besonderen Wunsch, vielleicht die Abteilung betreffend, in der ich zu arbeiten hätte, äußern wolle. Ich dankte höflich und sagte, daß ich sehr wohl einen Wunsch hätte, nämlich den, heute Abend mein Lehrzeugnis zu erhalten, da ich von dem ehrenden Entgegenkommen einer Anstellung keinen Gebrauch zu machen gedächte. Da war er verdutzt. Dann verabschiedete ich mich.

Zu Hause erwartete mich die Mutter mit Ungeduld. Ich sagte ihr zweierlei: daß ich am nächsten Tage ausziehen würde, daß ich aber nicht zur Bank zurückginge, da ich dort die Anstellung ausgeschlagen hätte, sondern in der Druckerei von Vauo zu arbeiten gedächte. Sie sprach voller Wut und Empörung von Undank und Wahnwitz. Noch am gleichen Abend packte ich meine Koffer und verließ am nächsten Morgen mit ihnen und mit dreißig Mark in der Tasche, der Hälfte des letzten Monatsgehaltes der Bank, das Haus.

Das Traumbuch

Anmerkung des Herausgebers

Die folgenden Traumaufzeichnungen sind persönliche Notizen, die nicht im Hinblick auf eine spätere Veröffentlichung aufgeschrieben oder überarbeitet worden sind.

DAS TRAUMBUCH

Traum. 6. November 1943 morgens

Ich gehe durch die grünen Außenbezirke (altes Villenviertel) einer Stadt. (Es könnte Florenz sein, die Höhen gegenüber Fiesole.) Breite Alleen antiken Stiles, dann eine modernere, engere Straße. Mir fällt ein, daß ich in Limoges bin (von wo aus ich im August 39 überstürzt meine (Flucht-) Reise nach der Schweiz antrat). Irgendein Mann aus dem Volke wendet sich in dieser engeren Straße in Französisch an mich, um mir zu sagen, daß eine Allee, die links einen sanften Hügel hinuntergeht, dämmerig ist, von uralten Bäumen bestanden mit großen Rasenflächen in der Mitte, weiter unten zu einem äußerst schönen Aussichtspunkt führt. Ich danke für die unerbetene Auskunft, sagend (und auch glaubend) daß ich jenen Aussichtspunkt kenne.

Plötzlich befinde ich mich in einer merkwürdigen Umgebung; in der parkhafte, klösterliche, palasthafte, ja selbst burghafte Elemente zusammenfließen: Gänge, viele Ecken, plötzliche Höfe, Dunkel mit Hell und Halbdunkel abwechselnd, wobei das Halbdunkel betont ist. Mich begleitet eine Gestalt, die unkörperlich ist und nichts mit dem früheren Mann aus dem Volke zu tun hat. Nach vielem Zick-Zack, das aber immer eine bestimmte Richtung bewahrt (anscheinend unbewußt eine Richtung auf den im ersten Teil des Traumes erwähnten Aussichtspunkt, der sich immer weiter links von der vorherigen Position zu befinden scheint), erhellt sich plötzlich die Szenerie auf eine geradezu einzigartige Weise: ich trete plötzlich, zu meiner Linken immer noch unkörperlich von meinem Begleiter, eine Art Fremdenführer, begleitet, auf eine Art offene Terrasse, die hoch über einer herrlichen Parklandschaft liegt, höher als alle Wipfel der uralten herrlichen Bäume, über die sich die blaue, goldene Schale des Himmels wölbt. Alles ist von einer unsentimentalen traurigen Klarheit, ein leicht beschwerter golddurchwirkter Spätsommernachmittag. Die uralten Bäume umrahmen einen tiefblauen See, der spiegelglatt und ruhig, sehr ruhig, gleichgültig-heiter, sehr tief unten liegt, und zwar so direkt unterhalb der Terrasse, daß ich ihn zuerst gar nicht wahrnehme. Ich erinnere mich, diese Szenerie schon gesehen zu haben. Die Terrasse ist ohne Brüstung, nach vorn und nach rechts offen, nach links vermauert, vor der Mauer jener Begleiter. Ich stehe in der Mitte. Die Terrasse, alles ist äußerst klar gezeichnet, hört messerscharf auf. So scharf, daß die Grenze überhaupt kaum wahrnehmbar ist, zumal ihr Boden von dem gleichen Blau-Grün-Gold ist wie die restliche Szenerie. Plötzlich – ich bin einen oder zwei Schritte nach vorn gegangen, wohl um mich dann umzuwenden (was auch geschah), kehre also der Szenerie den Rücken, habe den Begleiter, den unkörperlichen, jetzt zur Rechten, der vorher links stand, dafür jetzt die offene Landschaft auch zur Linken – aber ich fühle, daß ich ins Bodenlose getreten bin, sehe tief tief unter mir den Teichsee, bemerke mich selber in der Luft hängend, ja fast in ihr für eine kurze Weile stehend: ich habe vergessen, daß die Terrasse messerscharf am Rande aufhört (dies Vergessen wird mir blitzartig bewußt). Mein Schrecken ist unverhältnismäßig gering, eher eine konstatierende Feststellung einer äußerst kritischen und irremediablen Situation. Ich höre die Stimme des Begleiters: «Ach, das hätte ich Ihnen sagen sollen, daß es dort abbricht (oder ähnlicher Ausdruck).» Ich denke: «Na, eine ‹nette› Art solch eine gefährliche Situation zu bedauern», aber die Trockenheit, ja Sachlichkeit dieser Bemerkung des Begleiters läßt mir die ganze Situation als irgendwie natürlich erscheinen, weniger katastrophal, so daß auch irgendein möglicher leisester Wunsch nach einem Zurück erstirbt und mir es ermöglicht, die Situation als solche zu akzeptieren und sie trotz des inneren Ruckes klar ins Auge zu fassen. Ich sage mir auch, daß ich mich selber daran hätte erinnern können, daß es dort zu Ende mit der Terrasse sei, da ich sie ja von früher her kannte und damals mit Schaudern in diesen unvermittelten tiefen Absturz hinuntersah, der sonnbeschienen ist, aus glasklarster Luft, unten der klare Teichsee, glatt, ja fast freundlich, wäre nicht die sehr große Höhendifferenz, die durch die Klarheit durchaus nicht gemildert wird. Ich denke, noch immer in der Luft schwebend, immer noch mit den Augen in der Höhe der messerscharfen Kante des Terrassenbodens: solch ein Sturz ist das Ende, vielleicht hilft es, wenn es mir gelingt, daß ich jetzt, da gleich der definitive Sturz unweigerlich, unaufhaltsam beginnt, die Position dergestalt ändere, daß ich nicht Kopf-nach-oben, sondern kopfvoraus stürze. Ich müßte mich also in der Luft gewissermaßen während des Falls zusammenkugeln, um diese Umdrehung der Körperlage zu erreichen. Wenn ich sie erreiche, müßte ich, wegen der immensen Strecke des Falles und der daraus resultierenden Beschleunigung darauf achten – falls ich meiner Sinne mächtig bleiben könnte –, daß ich mit einem ganz flachen Kopfsprung im Wasser ankomme, denn der See könnte nicht tief genug sein (es ist ein anscheinend doch künstlicher Parksee oder Teich), so daß ich mir den Kopf zerschlüge; andererseits darf ich nicht zu flach anlangen, denn dann gibt es einen «Bauchklatscher», d. h. ich würde mir evtl. den Leib aufschlagen. Mit dieser Überlegung bricht dieser Teil des Traumes ab. (Den Sturz selbst, der wohl einen Bewußtseinsschwund auslöst, realisiere ich nicht mehr im Traum.)

Dagegen bin ich irgendwie, nicht als Gestalt, anwesend, als eine Art zwerghafter Leute, die von rechts aus einer großen Allee aus dem Park mit einem langen auf Rädern ruhenden Gestell gekommen sind, einen überdimensionalen menschlichen Körper auf dieses Fahrgestell legen. (Ich weiß, daß sie ihn in der Zwischenzeit aus dem See gezogen haben und daß es ein Ertrunkener ist.) Jener starre, an eine Mumie erinnernde, überlebensgroße Körper liegt dann auf dem Fahrgestell und ich denke: «Na, die haben auch keine Eile Wiederbelebungsversuche zu machen; wenn sie dich wieder zum Leben dort unten bringen wollen, sollten sie etwas schneller machen. Ich befinde mich dabei als unbeteiligt-beteiligter, unkörperlich-körperlicher Zuschauer irgendwo die Szene übersehend etwas unterhalb rechts der Terrasse in der Luft, zwischen Terrasse und Seerand. Aber die Leute unten geben sich gar keine Eile, erfüllen aber doch meinen Wunsch, indem sie die Schenkel und den Körper einer Art kurzen Massage unterziehen (wohl um ihn, der wohl durch das geschluckte Wasser so vergrößert ist, von diesem zu befreien, jedoch sieht man kein Wasser austreten, dagegen verliert er einen soupçon seiner Mumienhaftigkeit). Dann wird er von den Leuten in voller Ruhe mit Fuhrmannsgesten, sehr sachlich, erst einmal vom Seerand, der sonnüberstrahlt ist, fortgefahren in eine mit Herbstlaub erfüllte herrliche breite Allee, die von rechts auf die Seelichtung (nicht aber direkt auf den See) mündet und in der ein blasses, sonnengesprenkeltes Halbdunkel herrscht. In der Allee angekommen machen sie sich dann daran, den Körper zu behandeln. In dem Maße, in dem sie ihn zum Leben zurückbringen, fühle ich eine Erleichterung. Betont werden muß eine gewisse Gleichgültigkeit über das Resultat, eine beobachtende, aber doch interessierte, sachlich-interessierte Anteilnahme daran, ob die Wieder-Erweckung gelingen werde. – Als der Körper durch das hinausgeknetete Wasser wieder menschlichere Formen annimmt und sich die Gestalt sogar, wenn auch schwach, etwas aufzurichten vermag, verlange ich (denn jetzt bin ich dieses sich ziemlich erbärmlich fühlende Etwas), man möge mir behilflich sein, noch mehr Wasser aus meinem Magen zu brechen, was geschieht (ohne daß der Vorgang als solcher plastisch erlebt würde) und wünsche dann ein Brechmittel, das man mir auch gibt (jedoch auch die Annahme des Mittels, das Einnehmen, das fast geschmacklose Brechen wird nicht plastisch, sondern nur konstatierend registriert).

Der Schluß des Traumes ist eine Feststellung: ich bemerke, da ich (anscheinend im Weggehen) mich umwende und die Allee in Richtung auf die Lichtung zurück- und hinunterschaue, daß es sich anscheinend um jene Allee handelt, auf deren Aussichtspunkt mich zu Anfang des Traumes der Mann aus dem Volke hingewiesen hatte. Jedoch bin ich etwas befremdet, weil ich glaubte in Erinnerung zu haben, daß diese Allee nicht seitwärts bloß auf die Seelichtung mündet und dazu noch von einer Marmorballustrade gegen dieselbe abgeschlossen wird, sondern meine, früher hätte sie direkt auf den See gemündet. In diesen Gedanken, den Rücken zur Szene, gehe ich anscheinend langsam rechts (immer von der Terrasse oben gesehen aus) die Allee langsam hügelan und erwache.

Traum. 29. Dezember 1943

(Beim Einschlafen, noch halb bewußt: halb Traum, halb «Vision».)

Ich stehe, mit dem Rücken nach Norden, auf der engsten, obersten Stelle eines Talendes, das Tal selbst, ein Alpental, senkt sich vor mir nach Süden. Ich überblicke es ganz. Es ist freundlich und grün. Von meinem Standpunkt aus (ich fühle, daß es hinter mir weglos zu Ende ist) führt eine breite, weinüberdeckte Pergola mit weiten Stufen hinunter; weiter unten die Andeutungen einer sich schlängelnden Straße, ein freundliches weißes Band. Die rechte Seite der Pergola wird durch senkrecht glatt abfallenden Fels gebildet, die linke ist zum Tale hin offen. Die Abgründe und Schluchten sind treuherzig, mit Tann und Grün bestanden, desgleichen der links liegende Bergabhang. Unten im Tal, kurz vor seinem Ausgang in die weite Ebene, liegt ein kleiner runder, gewissermaßen zahmer, hell-hell-blauer See unter heiterem Himmel. Als ich ihn erblicke, denke ich: natürlich, du bist auch da, und sieh' an, du liegst, brav wie es sich gehört, links unten, und wie freundlich du bist. Dann geht mein Blick wieder zu der Pergola zurück, wobei mich die merkwürdige rechte Felswand, die bis heraufreicht zu meinem Standpunkt, etwas irritiert. Ich erschrecke auch, weil ich plötzlich bemerke, daß es kein Weiter mehr zu geben scheint, zumal ich die Überlegung habe, daß ich mich nach rechts wenden müsse. Aber da ist eben die große Felsmauer. Wieder überschaue ich die vor mir sich ausbreitende, an sich verlockende Landschaft mit der einladend hinunterführenden Pergola-Treppe. Meine Grundstimmung ist ruhig, ausgeruht, und dort hinunterzugehen, wo ich anscheinend heraufkam, kommt überhaupt nicht in Frage. Ich habe das Gefühl einer unbeschwerten Abschieds-Situation – nur daß der Weg nirgendshin weitergeht, bringt etwas Unbehaglichkeit, ja Verwirrung in mich. Ich sehe suchend nochmals die Felswand an, und da entdecke ich, genau neben mir rechts, ein halb verfallenes, jedenfalls altes Tor, durch das gerade ein Mensch hindurchgehen kann. Der Durchblick gibt eine Landschaft frei, die unwirtlich ist und rauh: eine Stein- und Felshalde, die etwas bergan führt, vielleicht zu einem Gipfel, der aber nicht ausschlaggebend ist; es scheint windig dort, neblig, eine Stimmung wie am frühesten Morgen oben im Gebirge, in der vegetationslosen Zone. Ich bin sehr erfreut, diese unwegsame Möglichkeit eines Weitergehens zu sehen und sehe mich selber bereits dort etwas mühsam, aber getrost das als unabänderlich empfundene Durchqueren jener westwärts gelegenen Landschaft unternehmen. Ich denke mir: heiter ist es nicht, viel Himmel sieht man nicht, alles ist grau, aber das ist gleich, es ist herrlich, daß du überhaupt dorthin weiterkannst. Und da mich diese Erkenntnis des «rechten» Weiterkommens ungemein belebt, erwache ich mit dem Gefühl, etwas sehr Wesentliches festgestellt zu haben und mit einer ausgesprochenen Genugtuung darüber, daß ich überhaupt in diese so ganz andere Welt weitergehen werde und weitergehen kann.

P.S. – Die zuletzt beschriebene Landschaft habe ich einmal als Neunzehnjähriger in einem Jugend-Epos beschrieben, wo in 13 Gesängen – 13 Stadien der Entwicklung – ein gewisser Hermbrecht (ich) mit 12 Gefährten aus dem Urwald aufbricht. Er durchwandert die sich immer mehr klärenden Landschaften, von denen jeweils eine dem seelischen Vermögen eines seiner Gefährten entspricht, so daß in jedem Gesang, in jeder Landschaft, einer zurückbleibt, bis er, im letzten Gesang ganz allein direkt in jenen Frühmorgennebel hineingeht und in ihm verschwindet, aufgenommen von einer unkörperlichen Region. –

Der Unterschied zwischen Traum und «Dichtung» ist, daß ich im Traum nicht das Gefühl hatte eine lange Wanderung zu beenden, sondern den Eindruck eines gänzlich neuen Anfanges. Die nüchterne Akzeptierung der von der Tallandschaft so grundverschiedenen Berglandschaft, die gerade noch zur Natur gehörte, das Mitleidlose, mit mir selber, als ich mich da in der Vorstellung bereits das Felsgeröll (Felsen, die alle größer waren als ich selber) durchschreiten sah, waren mir ganz selbstverständlich. Das Reich der Seele noch einmal überschauend (die Tallandschaft) stellte ich nur fest, daß sie gewiß schön sei, daß aber auch die andere, von einem anderen Standpunkt aus gesehen, schön, wenn nicht mehr als schön sei.

Traum. Nacht vom 19. auf den 20. August 1946

Auslösende Faktoren:
Am Mittag des 19., als ich ins Dorf ging, dachte ich daran, daß ich am nächsten Tage 41 werde. Daß ich jetzt also sehr in der Mitte des Lebens stehe. Daß jedenfalls bis zum nächsten Geburtstag, dem 42., die «Aperspektivische Welt»* geschrieben sein müsse: gewissermaßen als Abschluß und als Anfang. Dann fiel mir ein, daß mein 42. Geburtstag genau auf einen Mittwoch fallen würde: Mitte des Lebens.

Der Traum:
Ich befinde mich auf, besser: in einem Bahnhof. Er ist eher dunkel; eine große Halle; Kopfbahnhof, dessen Geleise auf der rechten Seite zu Ende sind. Ich bin auf den Bahnsteig gegangen, und zwar durch eine Unterführung gehend, um einen Zug zu nehmen, der zu einer Vormittagsstunde, um x Uhr 20 Minuten oder um x Uhr 30 Minuten (ca.) abgehen soll, jedenfalls weiß ich nicht die genaue Abfahrtszeit. Da ich das Gefühl habe, daß bis Abgang des Zuges noch Zeit sei, gehe ich durch die Unterführung zurück, also vom hintersten Bahnsteig, auf dem ich mich befinde, zum ersten, wo ein Zeitungskiosk ist, und kaufe mir eine Zeitung. Dann wieder zurück zum Zug, wo ich schon einen Platz belegt haben muß. Ich stehe auf dem Bahnsteig und denke, ach, der wird nicht gleich abfahren (der Zug), dir bleibt noch Zeit, schnell eine Grapefruit zu holen. Ich verlasse den Bahnsteig wieder, gehe wieder zum Zeitungskiosk, kaufe die Grapefruit, freue mich über die schöne goldgelbe Frucht, bin aber besorgt, daß ich nun den Zug verpassen könne, frage deshalb den Billettknipser (wie es sie in Frankreich gibt), der in einem erhöhten «Häuschen» sitzt und von dort alle Bahnsteige übersehen kann, wann mein Zug abfahren werde. Er sieht auf die Uhr, dann zum Bahnsteig hinüber und sagt: da, gerade in diesem Moment fährt er ab. Ich erschrecke nicht einmal sehr, gehe aber doch noch schnell durch die Unterführung auf den hinteren Bahnsteig und

---

* Arbeitstitel von «Ursprung und Gegenwart» (Der Herausgeber)

sehe, als ich die Treppe hinaufkomme, wie der Schlußwagen des Zuges bereits über die Mitte des Bahnsteiges hinausfährt. Ich mache gar nicht den Versuch, noch aufzuspringen, sondern gehe langsam die Treppe wieder hinunter in die Unterführung, dabei die Zeitung öffnend, wo mir auf den ersten Blick ein ganzseitiger Artikel in die Augen springt: etwa des Titels: «Anklage eines Arbeiters der x-Fabrik».

Nun geschieht etwas Merkwürdiges insofern, als ich mich zur Hälfte, aber nur zur Hälfte, mit dem Direktor dieser Fabrik identifiziere und mir sage: na, wenn der Direktor diesen Angriff auf seine Fabrik erst im abfahrenden Zuge gelesen hätte, dann wäre er noch rasch abgesprungen, hätte sogar sein Gepäck im Zuge mitfahren und weiterfahren lassen, denn natürlich mußte er sofort zu dem Artikel von der Fabrik aus Stellung nehmen.

Trotzdem befriedigt mich diese Überlegung nicht. Ich empfinde sie, im Traume (!), nicht als eine Lösung der Tatsache, daß mir der Zug weggefahren ist, was kein gutes Zeichen sein soll, ja was, wie ich mir im Traume sage, sogar ein schlechtes Zeichen ist, und so überlege ich mir, ob sich die Situation nicht doch noch retten ließe. Da fällt mir ein, daß ja der Zug einen großen Bogen macht, wenn er aus dem Bahnhof ausgefahren ist. Ich werde also ein Taxi nehmen und an eine Vorortstation fahren. Ich bin mir nicht ganz klar, ob er dort halten wird, aber ich glaube ja. Mit dem zwiespältigen Gefühl eine schiefe Lösung gefunden zu haben, die ich im Traum auch gar nicht mehr ausführe, wache ich auf.

Kommentar:
Der Traum ist eine Mahnung des «Schattens», ihn einzusehen, die ich noch nicht akzeptieren oder besser: ausführen kann. Der Zug fährt nach *links* hinaus, um die *halbe* Stunde: eine Aufforderung, in der Lebensmitte das Unbewußte zu integrieren als Unbewußtes und nicht durch Bewußtsein. Meine Unwissenheit, wann diese Hälfte genau geschlagen hat oder schlägt, äußert sich im Nichtwissen der genauen Abfahrtszeit. Mein Wunsch geht jedenfalls noch dahin, mich noch nicht von der ersten Hälfte des Lebens zu trennen: ich gehe zurück und kaufe eine Zeitung: ich will die «Zeit» in der Hand haben und alles, was sich im Leben, wofür die Zeitung ein Spiegel ist, abspielt. Ich gehe dann sogar noch ein zweites Mal zurück (der Kauf der Zeitung vermittelt mir also kein Wissen um die Abfahrts-Zeit), gehe diesmal sogar etwas unruhig zurück, denkend, daß der Zug nun jeden Augenblick abfahren könne, und hole mir die Grapefruit: die hellste, goldenste Frucht, eine Sonne,

die Fülle des Lebens: ich will das ganze lebendige und hellste Bewußt-sein in der Hand haben. Schließlich habe ich beides: lebendige Zeit und lebendiges, ganzes Bewußtsein, aber versäume darüber den Zug, d. h. die Fahrt ins Unbewußte. Derjenige, den ich um Auskunft bitte, eine höhergestellte, alles überblickende Person, kann nur feststellen, daß der Zug abgefahren sei. Mein Bedauern, den Zug verfehlt zu haben, kann ich selbst mit der Erfindung des Direktors nicht beschwichtigen: die Zeitung klagt zumindest jene Hälfte von mir an, welche meine Machtkomponente darstellt, mit anderen Worten: meine Mächtigkeit, also meine mir unbewußt wirkende Seele. Ja, die Zeitung als Bild der *Zeit* genommen, welche immer etwas *Seelisches* ist, und ferner als Bild des Kollektivs genommen, welches auch seelisch ist, verrät, daß mich *meine* Seele, daß mich sogar *die* Seele als solche anklagt oder mahnt, wobei der Arbeiter nur eine Funktion derselben darstellt: es herrschen Miß-stände, die in Ordnung gebracht werden müssen. Dabei realisiere ich im Traum, daß der Direktor mit dem Abspringen aus dem anfahren-den Zuge falsch gehandelt haben würde, denn die Reise ist wichtiger, ja nur die Reise kann die Anklage des vom Direktor abhängigen Arbei-ters mit der Zeit zum Schweigen bringen. – Auch die zweite Lösung, den Zug per Taxi einzuholen, wird nicht ausgeführt. Dies wenigstens ist positiv zu werten. Führte ich sie aus, so würde das bedeuten, daß ich den Zug erst besteigen wolle, wenn er die Fahrt ins Bewußtsein, nach rechts, begonnen hat, nämlich erst dann, wenn er, nach seiner Ausfahrt aus dem Bahnhof (er fährt nach links hinaus) den großen 180gradigen Bogen durchs Unbewußte ohne mich absolviert hätte; es ist also auch ein Zug, der für mich nicht in Frage gekommen wäre, da er ins alte Bewußtsein zurückführt, allerdings mit einer Wendung im Uhrzeiger-sinne, also nach oben, einer Wendung freilich, die ich ihm erst nach seiner Abfahrt zuspreche, als mir einfällt, daß ich ihn durch die Ab-kürzung mit dem Auto einholen könnte. – Jedenfalls zeigt mir der Traum ein Zögern; zeigt, daß ich unbewußt noch nicht so weit bin, wie ich es bewußt wahrhaben wollte. Zeigt, daß ich die Fahrt noch antreten muß, – vielleicht aber mit einem Zuge, der nicht so schnell wieder die Richtung nach rechts aufnimmt, sondern der durch das Linke durch-stößt und sich damit gewissermaßen jenseits von Rechts und Links stellt.

Noch ein Detail: der Schlußwagen erschien mir, als ich ihm nachsah, ungemein breit; viel breiter als sonst Eisenbahnwagen sind. Jetzt fällt mir ein, daß man nur in Spanien solch breite Wagen hat.

Der Traum zeigt mir zudem noch, daß ich rein biologisch gesehen, bereits die Mitte meines Lebens überschritten habe: der Zug soll zwischen x Uhr 20 Minuten und x Uhr 30 Minuten abfahren, und fährt dann um ca. x Uhr 32 oder 33 Minuten ab. Ich werde also in keinem Falle 82 oder 84 Jahre alt, sondern, wie ich immer meinte, höchstens einige siebzig.

Der Traum warnt mich auch, bei der Abfassung der «Aperspektivischen Welt» das zu berücksichtigen, was ich mir in der letzten Zeit oft und oft gesagt habe: die Gewinnung der neuen fünften Ebene in der Allgemein-Entwicklung nicht mit der von mir für mich angestrebten Gewinnung einer neuen Ebene zu verwechseln: also keine Projizierung eigener Bewußtseins-Mutationen in den allgemeinen Ablauf derselben hineinzutragen.

Und er zeigt mir vor allem, daß die eigene Auseinandersetzung begonnen habe.

Das I Ging sagt über diesen Traum befragt folgendes:

7 —		— —
8 — —		—
7 —		— —
7 —	Das Spiegelbild dieses Zeichens ergibt:	— —
7 —		— —
8 — —		—

50. Kapitel, Ding, «Der Tiegel»   3. Kapitel, Dschun,
                                         «Die Anfangsschwierigkeit»

Die in diesen beiden Kapiteln vorkommenden Stichwörter stimmen weitgehend mit meiner augenblicklichen und sich akut sowie latent (dafür das Spiegelbild) manifestierenden Situation überein.

Traum. Nachmittags den 16. und 18. Juni 1947

Der Traum vom 16.:

Aus einem kurzen Tiefschlaf erwachend, sehe ich folgendes Traumbild noch vor mir: Aus einem dunkeln Punkt heraus beginnt sich eine Spirale, die rechtsläufig ist, zu entwickeln und dreht sich, sich vergrößernd, mit ungeheurer Energie und sehr schnell. Der Eindruck ist ein gedämpftes Gold und ein transparenter Raum zwischen den einzelnen Spiralwindungen. Mit dem Größerwerden der Spirale wird der Goldeindruck verstärkt. Ich stelle während des Träumens fest, «Gott sei Dank: rechtsläufig». Und gleichzeitig: «um Gottes willen, die Bewegung ist zu kraftvoll, daß ist ja kaum auszuhalten; das darf nicht so ins

Uferlose weitergehen und weiterwachsen.» Kaum, daß ich mir das gesagt habe, kommt mir der Gedanke, daß die Kraft dieser Bewegung ja nicht bloß in der Fläche zu wirken brauchte, wo sie sich unendlich ausdehnen müßte, sondern daß sich die Spirale gewissermaßen drehen lassen könnte, und zwar auf ihrem Durchmesser, so daß sie zu einer Kugel wird. Kaum gedacht, geschieht es auch. Kurz darauf wache ich auf und zwar nicht durch ein Geräusch geweckt, wobei das Aufwachen dadurch geschieht, daß ich einen unglaublich starken Ruck, der auf den Schultern einsetzt, empfinde, der mich ein Stück gewissermaßen bewegt und an den anschließend ich, dann schon wach, halblaut vor mich hin denke: «so, jetzt ist die Krankheit hinausgejagt.» (Ich konnte danach zum ersten Mal seit vier Wochen wieder die rechte Hand ganz schließen.)

Der Traum vom 18.:
(Auch in der Nachmittagsstunde zwischen 5 und 6): Ich sehe mich selber auf der Erde liegen. Es herrscht Dämmerung, und zwar eher Morgendämmerung. Die in einer gewissen Distanz vor mir liegende menschliche Gestalt liegt wie entseelt und vollständig entkräftet auf der Seite. Ich sage mir, «der arme Kerl; der hat auch keine Kraft, sich aufzurichten; aber er liegt dort bei ‹Mutter Erde› sicher gut; wenn es gehen soll, wird es schon gehen.» Grundstimmung des Traumes: sachliche Feststellung. Hinter dem auf der Erde Liegenden befindet sich eine Wand oder ein Haus. Der Kopf ist nach Osten gerichtet, die Füße nach Westen und etwas angezogen, die Kleidung: grauer Flanell; links und hinter den Füßen geht undeutlich irgendein Weg nach hinten um das Haus, welcher nach rechts hinüberführt, was man aber nicht sehen kann.

Kommentar zum zweiten Traum:
Ich sehe darin gewissermaßen eine Distanzierung vom alten und auch psychisch-physischen Ich, das sich dank seiner Erdgebundenheit, auf seinem Plane, trotz Erschöpfung und Entseelung wieder zurechtbringen wird. Vielleicht wurde dieses Traumbild auch mit dadurch ausgelöst, daß ich durch das schockartige, ruckartige Erwachen aus dem ersten Traum die Vorstellung hatte, daß die als goldene Kugel gesehene Kraft gewissermaßen aus ferneren Regionen in meine Psyche und meinen Körper hineingedrungen sei, so daß deren Bewußtwerdung diesen Schock verursachte, weil beide eigentlich die unglaubliche Kraft dieser Strahlung nicht aushalten könnten und doch aushielten.

ANHANG

Anmerkung des Herausgebers

Die Gedanken von Peter Streiff zu Gedichten von Jean Gebser sind auf dem Hintergrund musikalischer Analyse entstanden. Aus dem Vorgang des Nach-denkens und des Nach-empfindens hat er dann 1976 sechs Lieder für Sopran und sieben Instrumente mit Gedichten von Jean Gebser komponiert.

NACH-DENKEN VON GEDICHTEN JEAN GEBSERS

Seite 53 (Kindheit)
Die äußere Form des Gedichtes «Kindheit» weist 3 Strophen zu 4, 3 und 2 Versen auf. Parallel zu dieser Reduktion wird die Bildsprache zurückgenommen, die in der letzten Strophe in weite und grundlegende Begriffe wie Ding, Herz, Last und Mitte mündet.

Seite 109 (Fragment)
Durch jeweils Halbieren der Anzahl Verse je Strophe erscheint die 3. Strophe als unteilbare Einheit mit nur noch einem Vers. Das Unteilbare – im chinesischen Taoteking von Laotse als Tao oder der SINN begriffen – ist im Gedicht mit dem Gedanken «des Aufstiegs zum Grund» beschrieben. Die drei Punkte am Schluß sind dann die konsequente Fortsetzung und Beendigung des Gedichtes.

Seite 50 (Die Hand)
Auch im Gedicht «Die Hand» stimmen die formale Gliederung und die gedankliche Entwicklung überein: Die 3. Strophe zu 7 Versen bildet die Summe der beiden ersten Strophen und ist mit 2, 3 und 2 Versen in sich symmetrisch unterteilt. Inhaltlich wird die 1. Strophe in die 3. integriert, wobei durch neue Kombination der Wörter die Deutung erweitert wird.

«Die gestrige Blume welkt schon» steht in Verwandtschaft mit den 2 Versen aus einem anderen Gedicht (vgl. S. 17): «Alles Blühen / meint schon den Tod» und versinnbildlicht Polarität im ursprünglichen Sinn (siehe weiter unten).

Seite 94 (Tagebuchblatt [6])
«Tagebuchblatt (6)» ist ein geschlossenes Gedicht, das auf die letzten 4 Verse gerichtet ist. Der Reim hingegen wird nicht als ein geschlossenes System verwendet, wie z. B. der Paarreim oder der Kreuzreim, sondern er liegt als offene Struktur über dem ganzen Gedicht. In allen 3 Strophen ist der Reim anders angeordnet; der jeweils überzählige Vers reimt sich mit den entsprechenden Zeilen der anderen Strophen. Diese 3 Verse stehen auf der 2., 3. und in der letzten Strophe auf der 4. Zeile, was die Idee des Durchlaufenden im Gedicht unterstützt. Mit der 4. Zeile ist in der 3. Strophe die Mitte innerhalb der 7 Verszeilen erreicht.

In der ersten Strophe kann «Gesicht» als umfassende Bewußtheit ge-
deutet werden, die ohne das Licht der Erhellung in alte Zeiten zurück
versinkt.

Die Zahl 7 erinnert an die Welt der Zahlensymbolik, und die 7 ist
durch die 7 Verszeilen vertreten; 7 gilt als Zahl der Vollkommenheit.
Wird der Spekulation mit Zahlen weiter nachgegeben, so läßt sich 1 durch
die reimlose Zeile vertreten, 2 durch den Reim, 3 durch die Anzahl
Strophen und Reimpaare; 4 ist die Mitte von 7 (vgl. letzte Strophe);
5silbige Verse herrschen vor und 6 Verse pro Strophe sind durch den
Reim gebunden:

TAGEBUCHBLATT (6)

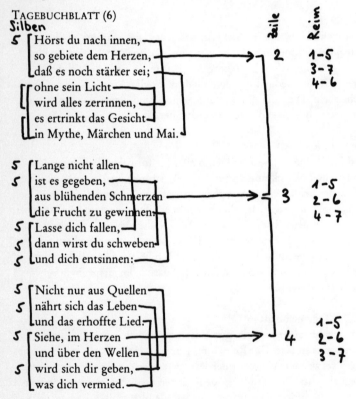

Silben

5 [Hörst du nach innen,
    [so gebiete dem Herzen,
    [daß es noch stärker sei;
    [ohne sein Licht
    [wird alles zerrinnen,
    [es ertrinkt das Gesicht
    [in Mythe, Märchen und Mai.

Zeile Reim
  2   1-5
       3-7
       4-6

5 [Lange nicht allen
5 [ist es gegeben,
    [aus blühenden Schmerzen
    [die Frucht zu gewinnen;
5 [Lasse dich fallen,
5 [dann wirst du schweben
5 [und dich entsinnen:

  3   1-5
       2-6
       4-7

5 [Nicht nur aus Quellen
5 [nährt sich das Leben
    [und das erhoffte Lied;
5 [Siehe, im Herzen
    [und über den Wellen
5 [wird sich dir geben,
    [was dich vermied.

  4   1-5
       2-6
       3-7

Seite 99 (Nichts, das uns betrübt)
In diesem Gedicht ist die Spiegelung ein Hauptgedanke, und mit Spiege-
lung wird auch Symmetrie in Verbindung gebracht. Die 4 Strophen

lassen sich in 2mal 2 Strophen teilen. In den beiden ersten stechen die Wörter «Nichts, Teich, spiegelt, Heute, Herz, Offenen» hervor, die in der 3. und 4. Strophe ihre genauen Entsprechungen wiederfinden. Die Entsprechungen sind entgegen der Erwartung, aber in Ergänzung der vordergründigen Idee von Symmetrie, ausgesprochen asymmetrisch angeordnet. Die Gedanken und die Form bilden in diesem Gedicht eine anregende Ergänzung:

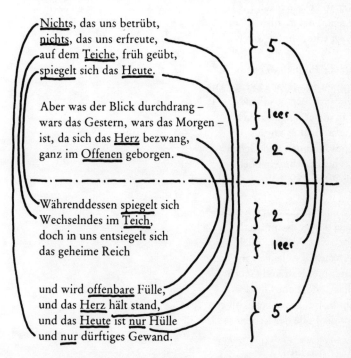

Nichts, das uns betrübt,
nichts, das uns erfreute,
auf dem Teiche, früh geübt,
spiegelt sich das Heute. }5

Aber was der Blick durchdrang –
wars das Gestern, wars das Morgen –
ist, da sich das Herz bezwang, }leer
ganz im Offenen geborgen. }2

Währenddessen spiegelt sich }2
Wechselndes im Teich,
doch in uns entsiegelt sich }leer
das geheime Reich

und wird offenbare Fülle,
und das Herz hält stand,
und das Heute ist nur Hülle }5
und nur dürftiges Gewand.

Seite 100 (All die Fülle des Lebens)
Das zweistrophige Gedicht ist auf die 2 letzten Verse «jenes Nehmen und Geben / im Worte: ich habe dich lieb.» hin angelegt. Die insgesamt 8 Verse können aber auch untereinander frei vertauscht werden, ohne daß die Idee des Gedichtes verloren ginge. Gleichzeitig mit der auf den Schluß hin konzipierten Form ist auch die Möglichkeit im Gedicht verborgen, die hier als verbindlich aufnotierte Abfolge aufzuheben, was dann das Ganze in jedem Moment gegenwärtig erscheinen läßt.

Drei Beispiele:

> All die Fülle des Lebens
> im Worte: ich habe dich lieb
> all das mögliche Glück
> jenes Nehmen und Geben
> wir suchen es lange vergebens
> fern in vergangenen Leben
> irgend liegt es zurück
> doch eine Ahnung blieb

> All die Fülle des Lebens
> wir suchen es lange vergebens
> all das mögliche Glück
> fern in vergangenen Leben
> irgend liegt es zurück
> jenes Nehmen und Geben
> doch eine Ahnung blieb
> im Worte: ich habe dich lieb

> Fern in vergangenen Leben
> irgend liegt es zurück
> doch eine Ahnung blieb
> wir suchen es lange vergebens
> jenes Nehmen und Geben
> all das mögliche Glück
> im Worte: ich habe dich lieb
> All die Fülle des Lebens

Seite 87 (Abendlied)

Das Gedicht «Abendlied» verwendet auffallend viele Substantive, die mit nur sehr wenigen Verben und Adjektiven kaum dynamische Zusammenhänge herstellen. Das Gedicht zeigt sich dem Leser sehr offen für seine persönliche Interpretation dessen, was im einzelnen gemeint sein mag.

Die «ganze Welt» kann hier als Grundvoraussetzung für die menschliche Existenz betrachtet werden. Das Gedicht zählt Wörter auf, die Assoziationen wecken, und diese Kette von Assoziationen bildet dann die eigene «Welt» des Lesers, die er als Einzelner hat und benötigt. Darin, daß jeder Mensch auch seine eigene Welt braucht, besteht möglicherweise die Notwendigkeit, das Gedicht gegenüber dem Leser offen zu halten.

Seite 107 (Tagebuchblatt)
Als Gegenbeispiel ist in diesem Gedicht kaum ein eigenständiges Substantiv anzutreffen. Das Aussparen von Substantiven bewirkt gegenüber dem Gedicht «Abendlied» nun nicht eine Offenheit assoziativer Bezüge, sondern wirkt durch die präzise Knappheit des Gedankengangs. Das Gedicht wirkt als ein Aufruf, der keiner Interpretation bedarf.

Die Polarität, wie sie in den Zeilen «denn erst das Ungeschehene/ macht das Geschehen dann...» deutlich wird, ist eine der wichtigsten Gegebenheiten für die bewegende Kraft des Lebens (vgl. die Aufsätze: «Über die Polarität» und «Dualismus und Polarität» in Band V/II). Das Ungeschehene darf nicht als negativ empfunden werden; beides, das Ungeschehene und das Geschehene sind Ausdruck einer gleichen Kraft.

Polarität, die in diesem Gedicht im Zentrum steht, wird in Jean Gebsers Gedichten oft aufgegriffen. Die anschließenden Gedanken versuchen, anhand von einigen Gedichten das einzukreisen, was Polarität meint. Damit werden die grundlegenden Texte von Jean Gebser zur Polarität zusätzlich illustriert.

Seite 39 (Die Schatten) und Seite 94 (Tagebuchblatt)
In beiden Gedichten ist das Wort «Nacht» von Bedeutung. Im Gedicht «Die Schatten» ist Nacht etwas Unbekanntes, Verborgenes, aus welchem Helles, Klares und auch Einsichtiges hervortritt.

Im Gedicht «Tagebuchblatt» wird «Nacht» ebenfalls als etwas Unbekanntes, aber für den Einzelnen Bedrohliches, in Beziehung zum Individuum gesetzt.

Seite 90 (Tagebuchblatt [2])
Trauer und Dunkelheit sind polar zu Freude und Licht, wie dies in den beiden ersten Versen beschrieben wird. Diese Polarität muß als Ganzheit akzeptiert werden, damit das eine durch das andere hindurch zur Geltung kommen kann. Das chinesische Tai-Ki veranschaulicht die hier gemeinte Polarität sehr schön und klar.

Seite 95 (Tagebuchblatt [7])
Der 3. und 4. Vers des Gedichtes «Tagebuchblatt (7)» weist eine Verwandtschaft zu den oben erwähnten zwei Zeilen auf: «Laß dem Herzen diesen Streifen Trauer, / diesen Widerschein aus so viel Glück.» Im Gedicht «Tagebuchblatt (2)» ist Trauer der Widerschein von Glück, im «Tagebuchblatt (7)» wird das Dunkle durch das Licht gemildert.

Seite 107 (Tagebuchblatt)
Die 2. Strophe erfaßt die Polarität Hell–Dunkel in ihrer ganz undramatischen Wahrheit: das Geschehene ist für uns eine faßbare Realität der äußeren Welt, das Ungeschehene ist ebenfalls eine Realität, aber eine Realität, die der inneren, nicht sichtbaren Welt angehört.

Seite 105 (Tagebuchblatt)
Mit einem sehr einfachen, aber zwingenden Bild wird die Polarität verschlüsselt in den Worten: Sonne–Nacht–Morgen, verbergen–leuchten. In diesem Gedicht schwingt die Weisheit mit, daß das Akzeptieren des Dunklen das volle Leuchten in sich trägt, und daß das Dunkel dieses zur rechten Zeit durchscheinen läßt.

Peter Streiff

NACHWORT DES HERAUSGEBERS

«Yugen: eine Methode, die Wahrheit nicht durch Beschreibung zu beweisen, sondern durch Wink und Hinweis, so daß die Leute dazu gebracht werden, selbst unmittelbar Kontakt mit dem Leben zu finden, statt sich an das zu halten, was andere darüber aussagen.»

Alan Watts: Vom Geist des Zen

«Was im Moment geleistet werden könnte? Nur Pionierarbeit: das notwendige Aufräumen mit alten Vorstellungen, Begriffen, Meinungen, die einmal ihre Gültigkeit hatten, die wir aber mitschleppen wie ein Baum einzelne trockene Blätter noch bis ins Frühjahr an sich duldet.» (Bd. VII, S. 273)* Jean Gebser verließ die ausgetretenen Pfade des Denkens und wurde zum Pionier eines neuen Bewußtseins. Die Möglichkeit und den Auftrag, in neue Bereiche des Bewußtseins aufzubrechen, erhielt er, nach seinen eigenen Worten, im Alter von 27 Jahren, als er, damals noch in Spanien, in einer Inspiration das ganze Konzept seines späteren Werkes sah. Bis diese innere Klarheit in seinem Werk zum Ausdruck kam, vergingen fast zwanzig Jahre, eine lange Zeit der Reifung und der beharrlichen, konsequenten geistigen Arbeit.

Der göttlich geistige Ursprung sucht in jeder Zeit die Ausdrucksform, welche dem Bewußtsein der Menschen dieser Zeit entspricht. Hat er sich früher, und in verschiedenen Kulturen bis heute, vor allem magisch-ekstatisch, mythisch-bildhaft und schließlich philosophisch-begrifflich ausgedrückt, so kann das Göttliche heute jenseits des Rausches, der Bilder und Begriffe in geistiger Klarheit und Nüchternheit bewußt werden. Auf diese neue Bewußtseinsmöglichkeit hinzuweisen, ist das Hauptanliegen Jean Gebsers. Er stand aber vor der Schwierigkeit, die neuen Entdeckungen in der alten Sprache ausdrücken zu müssen. «Das Handikap unserer Fragestellung besteht darin, daß wir heute, mangels sprachlicher Ausdrucksmöglichkeiten, versuchen müssen, Konstellationen, die dem sichtbaren Bereich fremdartig oder inexistent erscheinen, mit inadäquaten Termini gerecht zu werden.» (Bd. V/II, S. 85) Nur eine neue Sprache ist den neuen Inhalten angemessen, doch diese Sprache ist noch

---

* Alle Band- und Seitenangaben in Klammern beziehen sich auf die Gesamtausgabe

nicht entwickelt worden. Jean Gebser unternimmt es nun, sich im «Kampf mit einer den neuen Aussagen noch nicht angepaßten Sprache» (Bd. III, S. 490) eine neue Sprache zu erwerben. Das bedeutet aber, daß auch der Leser sich von der gewohnten und vertrauten Sprache auf eine neue Ausdrucksweise umstellen muß. Da diese Umstellung nicht leicht ist, scheint es mir sinnvoll, in diesem Nachwort den Leser auf einige charakteristische Eigenschaften der Sprache Jean Gebsers aufmerksam zu machen.

Ein besonderes Merkmal dieser Sprache ist ihre Nähe zur dichterischen Ausdrucksform. Die dichterische Sprache Jean Gebsers vermittelt Einsichten weniger durch Erklärungen, Erörterungen und logische Schlüsse, sie wirkt durch Konstellationen. Die Worte, Sätze und Kapitel sind so aufeinander bezogen, daß im allmählichen, zeitlichen Prozeß des Lesens, das, was an vielseitiger Beziehung zwischen den Worten lebt, sich plötzlich kristallisiert und als Ganzes auf uns wirkt. Diese Einbrüche des Schöpferischen in unser Bewußtsein, diese «Aha-Erlebnisse» erinnern an einen Satz Jean Gebsers: «Lächeln ist Bewußtsein» (Bd. V./I, S. 130) und an einen Passus aus dem «Grammatischen Spiegel»: «Mit einer Anerkennung (mag sie auch selbst vollständige Bewußtwerdung eines Tatbestandes sein) ist es niemals getan. Um sie ins Wirkende zu heben, muß sie erfahren werden. Ein Gedanke, der nicht zum Lächeln wurde, ist nur angenommen, nicht aber wirklich gedacht worden.» (Bd. I, S. 169f.) Jean Gebser war mit der dichterischen Sprache ganz vertraut. Das erste, was er schrieb und veröffentlichte waren Gedichte; das erste Buch, das er verfaßte, galt einem Dichter. Sein Hauptwerk «Ursprung und Gegenwart», mit dessen Niederschrift er 1948 begann, wurde vorbereitet durch die Reihe der fünf großen Sinngedichte, die zwischen 1943 und 1947 entstanden. (Das «Wintergedicht», das er am 14. November 1944 in einer dreiviertel Stunde niederschrieb, ohne eine einzige Korrektur anbringen zu müssen, war für ihn die poetische Fassung von «Ursprung und Gegenwart».) Die dichterische Sprache durchwirkt alle philosophischen Schriften Jean Gebsers und ist die Gewähr dafür, daß dem Leser konkret erfahrbar wird, was sich begrifflich nicht fixieren und festhalten läßt.

Die Unfixiertheit der Wörter ist ein weiteres Merkmal der Sprache Jean Gebsers. Er schreibt in «Ursprung und Gegenwart»: «Die Wörter und Begriffe unserer heutigen Sprache sind weitgehend der perspektivischen Welt gemäß fixiert. Freilich versucht (wie wir bereits im «Grammatischen Spiegel» andeuteten) zumindest die dichterische Sprache sich bereits dem Neuen, das Gestalt gewinnen will, anzupassen. Aber es handelt sich dabei nur um erste Ansätze, die ausserdem bisher zumeist unbeachtet blieben. Wir bemühten uns, diese sprachliche Schwierigkeit zu überwinden, indem wir eine Auflockerung der Wörter anstrebten und nicht nur ihren heutigen perspektivisch fixierten begrifflichen Ausdruckswert in Rechnung stellten, sondern uns auf ihren Ganzheits-Charakter bezogen.» (Bd. II, S. 214) Was bedeutet diese «Auflockerung der Wörter»? Ich will im folgenden versuchen, diese Frage zu beantworten. Sie hängt direkt mit der erwähnten Unfixiertheit der Sprache Jean Gebsers zusammen.

Jean Gebser verwandelt die Sprache in ein brauchbares Instrument des neuen Bewußtseins, indem er in jedem Wort seine reichen, vielfältigen Wirkungsmöglichkeiten wiederentdeckt. Er will nicht eine neue Sprache konstruieren, sondern nur wirksam werden lassen, was an verborgenen Möglichkeiten in der Sprache bereits angelegt ist. «Denn ein jedes Wort ist nicht nur Begriff (und fixierte Buchstabenschrift), sondern auch Bild, also mythisch, sondern auch Laut, also magisch, sondern auch Wurzel und somit archaisch und dadurch, durch seinen Wurzelgehalt ursprunghaft gegenwärtig.» (Bd. II, S. 184) Ein Wort ist nicht nur dadurch eine Ganzheit, daß es die mutative Entfaltung unseres Bewußtseins spiegelt, es ist auch ganz, weil in ihm die ursprüngliche Ganzheit geahnt werden kann. «Was war für den archaischen Griechen ‹plutos›?», fragte Jean Gebser einmal in einem Gespräch. «Es war für ihn Fülle, Reichtum, alles, aber auch die Leere.» Das Wort war noch nicht auf nur eine Bedeutung fixiert, seine Bedeutung blieb in der Schwebe. Jean Gebser hat diesem Phänomen in «Ursprung und Gegenwart» ein eigenes Kapitel gewidmet: Der «Exkurs über die Einheit der Urwörter» führt uns zu den Sprachwurzeln zurück, wobei Jean Gebser betont, daß diese Art der Sprachbetrachtung ihre besonderen Gefahren und auch ihre Grenzen, besser Fristen, habe, weil wir den Anfang der Sprache nicht erreichen können: «... die früh einsetzende Dunkelheit, Schlafhaftigkeit, Verquicktheit und ineinander übergehende Ununterschiedenheit der Urlaute oder Urwurzeln läßt es bestenfalls zu, daß wir gerade noch ahnen, was sich hinter jener Frist abspielt, ...» (Bd. II, S. 184) Ahnen läßt sich die Einheit der Urwörter: in der Wurzelverwandtschaft heute scheinbar entgegengesetzter Wörter (z. B. Hölle – Helle) – in dem Phänomen der Spiegelwurzel, «welche die ‹andere Seite› des Wurzelsinnes zum Ausdruck bringt» (Bd. II, S. 190) – und im «Wechselspiel, das in der einen Sprache den einen Aspekt, in der anderen den ‹gegensätzlichen› Aspekt der einst einheitlichen Bedeutung des Urwortes aufklingen läßt.» (Bd. II, S. 191) (Zum Beispiel caldo – kalt, gift – Gift.)

Für den magischen Menschen sind Laut und Bedeutung noch eine

Einheit. Mit der Entwicklung der Sprache und des menschlichen Bewußtseins spaltet sich das Urwort auf. Das Wort verliert seine umfassende Verbindlichkeit, die es in der magischen Welt noch hat, und wird auf einsinnige Bedeutungen eingeschränkt. Der Klang des Wortes verblaßt mehr und mehr hinter seiner festgelegten Bedeutung. So ist es verständlich, daß der innere Zusammenhang von Laut und Bedeutung heute kaum mehr erfahren, ja zum Teil sogar geleugnet wird. Zu demjenigen aber, der sich seiner magischen Fähigkeiten des Hörens bewußt ist, sprechen wieder die für unser Mental oft sinnlos scheinenden, vielseitigen Lautbezüge der Wörter. So entsprechen z. B. den lautlichen Bezügen zwischen Nacht und acht (Bd. II, S. 49), Wald und Welt (Bd. II, S. 96) auch Sinnbezüge, die in «Ursprung und Gegenwart» ausgeführt werden. In einem Gespräch erwähnte Jean Gebser einmal die Bedeutung des R-Lautes für die Entwicklung des Kindes, und er sprach davon, wie dieser Laut auch ein Merkmal für die Verschiedenartigkeit bestimmter Völker sein könne; er verglich in diesem Zusammenhang das Fehlen des aggressiven R-Lautes in der chinesischen Sprache mit dem Vorhandensein des charakteristischen Doppel-R im Spanischen. Er wies dann auch auf die explosive Qualität des PL-Lautes hin und brachte folgendes Beispiel: Für den Durchbruch des mentalen Bewußtseins waren in Griechenland: Platon, Plutarch und Plotin maßgebend. Anfangs dieses Jahrhunderts kündigte sich der neue Bewußtseinssprung mit dem Namen Planck an. Die Gesprächsteilnehmer waren etwas verblüfft, und dem Ausdruck unserer Gesichter ist es wohl zu verdanken, daß Jean Gebser lachend beifügte: «Sie müssen nun aber nicht unter jeder Teppichecke ein PL suchen wollen!» Feine Bezüge lassen sich nicht festlegen und rational erzwingen, sie lassen sich weder schematisieren noch systematisieren, sie sind aber nichtsdestoweniger da: «Es ist heutzutage anrüchig geworden, sprachlichen Zusammenhängen, wie diesen zwischen den Wörtern Acht und Nacht, nachzugehen und in einer Zeit der Handgreiflichkeiten subtilere Beziehungen aufzudecken; auch wenn die Sprache selbst auf derartige Zusammenhänge und Beziehungen hinweist, sperrt sich der heutige Mensch dagegen und bemüht sich, sie möglichst zu entvitalisieren und zu entseelen, um sie seinem schlechten Gewissen gefügig zu machen.» (Bd. II, S. 49) Dem rational-einseitigen Gebrauch der Sprache entspricht das schlechte Gewissen des heutigen Menschen sich selbst, seinen unterdrückten und unerwachten Fähigkeiten gegenüber. «Subtilere Beziehungen» setzen ein subtileres Wahrnehmungsvermögen voraus, und es ist die Wirkung der Sprache Jean Gebsers, daß dieses Vermögen in uns wachgerufen wird.

Ich bin von der «Auflockerung der Wörter» ausgegangen, welche die Unfixiertheit der Sprache gewährleistet, und habe davon gesprochen, wie Jean Gebser die Wurzeln der Wörter und ihre vielfältigen Lautbezüge mitberücksichtigt. Doch nicht nur Wurzel und Laut, sondern auch Bild und Begriff bezieht er bewußt in seine Sprache ein. Davon soll jetzt gesprochen werden.

Jean Gebser liebt es, abstrakt gewordene Wörter auf ihren konkreten und damit oft auch bildhaften Erfahrungsgehalt zurückzuführen. Ich erinnere mich, wie er mir einmal das Wort «Kultur» auf dem Hintergrund des lateinischen Wortsinns einsichtig machte: «Kultur hängt damit zusammen, daß ein Acker gepflegt und bestellt, daß etwas mit Geduld und Einfühlungsvermögen zum Wachsen und Gedeihen gebracht wird.» Heute, wo es das Wort «Kulturindustrie» und ähnliche Wörter gibt, kann die Zurückführung des leergewordenen Wortes auf das ihm zugrunde liegende Bild uns wieder an die praktischen Voraussetzungen jeglicher Kultur erinnern. Auf ähnliche Weise nimmt Jean Gebser viele andere Wörter beim Wort: im «*Mater*ialismus» entdeckt er das Mutterelement, im Wort «Wirklichkeit» das zeithafte «Wirken», und im Wort «erfahren» erkennt er die seelisch-mythische Bedeutung: das Fahren übers Meer, das Meerfahrtmythologem.

Im mental-begrifflichen Bereich der Sprache Jean Gebsers zeigt sich die «Auflockerung der Wörter» darin, daß an Stelle alternativer Zuordnungen graduelle Unterschiede treten. Der Gegensatz bewußt – unbewußt z. B. ist für Jean Gebser ungültig, da es verschiedene Grade des Bewußtseins gibt. Auch der gängige Gegensatz rational–irrational löst sich auf in die Grade: praerational, irrational, rational und arational, wobei erst noch zwischen mental und rational unterschieden wird. Graduierendes Denken ist differenzierter als dualistisches Denken. Was für unsere Ratio, die gerne Schwarzweiß-Malerei betreibt, ein und dasselbe ist, hat für Jean Gebser viele Schattierungen und Nuancen. Deshalb ist es ein Merkmal seiner Sprache, daß er Wörter, die oft auf unbedachte Weise synonym gebraucht werden, differenziert. Zwischen den als Synonyma meist mißverstandenen Wörtern «Geist» und «Intellekt», «Polarität» und «Gegensatz» wird klar unterschieden, ohne daß ein Gegensatz konstruiert wird: Die Wörter «Geist» und «Intellekt», «Dualismus» und «Polarität» sind einander nicht entgegengesetzt, sie gehören aber verschiedenen Wirklichkeitsbereichen an, die sich weder vermischen noch entgegensetzen lassen. Auch: «nötig» und «notwendig», «Realitätssinn» und «Wirklichkeitssinn», «fühlen» und «empfinden», «erinnern» und «entsinnen», «Konfiguration» und «Konstellation» sind für Jean Gebser nicht dasselbe, und was «richtig» ist, braucht für ihn noch lange nicht zu «stimmen».

Der Differenzierung der scheinbaren Synonyma entspricht die Differenzierung der Bedeutungsnuancen bei jedem einzelnen Wort. So zählt Jean Gebser z. B. auf, was «Zeit» alles bedeuten kann: «Sie äußert sich, ihrer jeweiligen Manifestationsmöglichkeit und der jeweiligen Bewußtseinsstruktur entsprechend, unter den verschiedensten Aspekten als: Uhrenzeit, Naturzeit, kosmische Zeit oder Sternenzeit; als biologische Dauer, Rhythmus, Metrik; als Mutation, Diskontinuität, Relativität; als vitale Dynamik, psychische Energie (und demzufolge in einem gewissen Sinne als das, was wir «Seele» und «Unbewußtes» nennen), mentales Teilen; sie äußert sich als Einheit von Vergangenheit, Gegenwart und Zukunft; als das Schöpferische, als Einbildungskraft, als Arbeit, selbst als Motorik. Nicht zuletzt aber muß, nach den vitalen, psychischen, biologischen, kosmischen, rationalen, kreativen, soziologischen und technischen Aspekten der Zeit auch ihres physikalisch-geometrischen Aspektes gedacht sein, der die Bezeichnung ‹vierte Dimension›· trägt.» (Bd. III, S. 382) Auf ähnliche Weise machte uns Jean Gebser auch einmal darauf aufmerksam, daß wir ganz verschiedene Prozesse «denken» nennen: den selbständigen Mechanismus unserer Assoziationen, das gradlinige Denken von A nach B und auch das Empfangen von Gedanken, Einfällen und die Erfahrung, daß uns ein Licht aufgeht.

Nur wenn wir der Vieldeutigkeit der Wörter bewußt sind, können wir in unserer Sprache genau sein. «Die groben Fehlschlüsse in vielen philosophischen Systemen», sagte einmal Jean Gebser zu mir, «entstehen aus anfänglich kleinen, unscheinbaren Abweichungen von der Wahrheit.» Sauberes Denken bedeutet für ihn aber möglichst genaues Wiedergeben und Weitergeben der empfangenen Ein-fälle und Einsichten. Die Sprache muß so bewußt, differenziert, unfixiert und hell werden, daß sie fähig wird, das Empfangene rein aussagen zu können. Die «reine Aussage» ist ein zentraler Gedanke in Jean Gebsers Werk. Er führt mich in neue Zusammenhänge hinein und läßt uns neue Seiten seiner Sprache entdecken.

Alle unverstellten, unvermischten Aussagen zeichnen sich aus durch Einfachheit, Prägnanz und erfahrbare Evidenz. Jean Gebser spricht aber von «reiner Aussage» nur dort, wo die geistige Klarheit des integralen Bewußtseins durchscheint. Es gibt nun auch andere unverstellte Aussagen, die noch nicht zu diesem höchsten Aussagebereich gehören und doch eine bestimmte Bewußtseinsfrequenz rein zum Ausdruck bringen. Um diese verschiedenen Möglichkeiten unverstellter, direkter Aussage geht es bei den Zitaten, die Jean Gebser in sein Werk einbezieht. Sie dienen weder der rationalen Absicherung eigener Thesen noch sind sie Ausgangspunkt interpretierender Erörterung. Die Zitate werden in ihren Kontext gestellt, es wird das eine oder andere Wort verdeutlicht, sie werden aber nie erklärt. «Zu viel Erklären macht die Dinge dunkel.» (Bd. VII, S. 292) Die zitierten Aussagen können, wenn es echte Aussagen sind, für sich selber sprechen. So wird manchmal ausdrücklich gesagt: «Diese Tatsache dürfte für sich selber sprechen», oder: «Diese Zeilen bedürfen kaum eines Kommentares.» (Bd. III, S. 445) Die zitierten Aussagen und Schlüsselsätze werden wirksam im Sinnzusammenhang, in der wirkenden Konstellation des eigenen Textes. Die rationale Tendenz der Stoffausbreitung ist Jean Gebser fremd. In den Vorlesungen «Zur Geschichte der Vorstellungen von Seele und Geist» schreibt er: «Wir wollen aber hier nicht das ganze ziemlich umfangreiche Material untersuchen, das ich zu diesem Zwecke zusammentrug, noch uns in mythologische Spekulationen verlieren. Ich will mich darauf beschränken, die kürzesten und wesentlichsten Aussagen zu nennen.» (Bd. V/I, S. 85) Einige der zitierten Aussagen sind im Sinne Jean Gebsers bereits «reine Aussagen». Das gilt zum Beispiel für Texte Hölderlins, über welchen Jean Gebser in «Ursprung und Gegenwart» schreibt: «... er gab der Sprache zurück, was der Sprache ist. Sie, die der Beschreibung diente, wird durch ihn reine Aussage.» (Bd. III, S. 645)

Auch bei Jean Gebser ist die Sprache nicht mehr beschreibend der Welt gegenübergestellt. In der «Welt ohne Gegenüber» gibt es diese Trennung von Beschreibung und beschriebenem Gegenstand nicht mehr. Die Welt wird nicht mehr von außen beschrieben, sondern durchsichtig gemacht. Die Darstellung, welche dieser Aufgabe entspricht, nennt Jean Gebser Diaphanik. – Die Diaphanik zeichnet sich dadurch aus, daß nicht mehr ausschnitthaft, isolierend gedacht und dargestellt wird, sondern an jeder Stelle schon das Ganze durchscheint. Das bedeutet aber, daß im zeitlichen Nacheinander der Gedanken und Sätze das bloße Nacheinander überwunden sein muß. In «Ursprung und Gegenwart» schreibt Jean Gebser von der Schwierigkeit, «daß jede Abhandlung nur ein Nacheinander zuläßt und damit jedem ganzheitlichen Zugleich widerspricht.» Er fährt dann weiter: «... in dem Augenblick, da wir mehrschichtige Probleme darzustellen haben, überkreuzen sich in jedem Moment nicht nur die verschiedenen Aspekte der Probleme, sondern diese selbst; reißen wir nur einen der Aspekte heraus, so gewinnen wir zwar durch das geordnete Nacheinander der Darstellung ein Teilresultat, aber inzwischen ging uns das Ganzheitliche des Problems verloren. Wir haben versucht, diese Schwierigkeit zu lösen, indem wir bei der Abhandlung eines Problems sogleich auch auf seine *Mehrschichtigkeit* hinwiesen. Dadurch ergab sich eine große Zahl von Bezügen; es ergaben sich vor allem aber nicht nur dauernd Bezugnahmen auf bereits in anderem Zusammenhange Ausgeführtes, sondern es mußten sich auch Vorausnahmen einstellen, wollten wir nicht in den dualistischen Sackgassen stecken bleiben. Die Mehrschichtigkeit der Probleme, in welcher ihre Ganzheit durchschimmert, führte zu einer mehrschichtigen Methodik der Darstellung; da man aber eine mehrschichtige Methode als etwas in sich Widersprüchiges auffassen kann, weil jede Methode jeweils nur einen Sachverhalt auf einmal zu messen vermag, haben wir unsere mehrschichtige Methode ‹Diaphanik› genannt, mit der im Gegensatz zur Methode das ganzheitliche Zugleich wenigstens durchsichtig gemacht werden kann.» (Bd. II, S. 213f.)

Dieser Diaphanik entspricht in den Schriften Jean Gebsers eine Bewegung der Gedanken, welche weder gradlinig auf etwas hinzielt, noch kreisend in sich geschlossen bleibt, sondern gleichsam spiralförmig den Leser weiterführt. Der Gang der Gedanken schreitet nicht vom Ausgangspunkt zum Resultat, von den Thesen zu ihrer Begründung fort, sondern intensiviert und konkretisiert das, was meist schon der Titel einer Schrift im Keim enthält: z. B. «Ursprung und Gegenwart» oder «Der unsichtbare Ursprung». Die spiralförmige Bewegung ist vom Nacheinander befreit: immer sind alle Bezüge wirksam, ob sich der Leser am Anfang der Schrift, in der Mitte oder am Schluß befindet. Der Text bleibt an keinem einzelnen Punkt haften, er entfaltet von jedem Ausgangspunkt die Bewegung der Gedanken zum großen Bogen, der perspektivisch gesehen weit auseinanderliegende, zum Teil rational scheinbar unvereinbare Dinge miteinander verbindet. Ein Dichterwort kann neben der Aussage eines Physikers stehen, ein Heraklit-Zitat führt weiter zu einem Satz von Proust.

Am stärksten kommt diese spiralförmige Darstellungsweise in den spätesten Werken Jean Gebsers zum Ausdruck. In der Schrift «Der unsichtbare Ursprung» ist jedes Kapitel eine Ganzheit, welche alle anderen Kapitel in sich trägt. Jedes Kapitel weist von einem anderen Gesichtspunkt ausgehend auf die gemeinsame Mitte der ganzen Schrift hin, die im Titel «Der unsichtbare Ursprung» genannt wird. Der unsichtbare Ursprung ist aber nicht etwa das Problem des Buches, das durch kreisendes Denken einer Lösung angenähert werden soll, er ist für Jean Gebser die erfahrene Tatsache, für welche er aus den verschiedensten Bereichen Aussagen und Beispiele anführt, um sie dem Leser evident werden zu lassen. Das Buch ist deshalb in besonderem Maß auf den Leser, den Menschen bezogen. So beginnt das erste Kapitel bei den Schwierigkeiten des Lesers, für die im folgenden ausgeführten Gedanken offen zu sein. Und nachdem das zweite Kapitel das Konzept der Evolution als Nachvollzug dargestellt hat, wenden sich die nächsten beiden Kapitel wiederum dem Leser zu, um ihm zu zeigen, welche in ihm verborgenen Bewußtseinsmöglichkeiten ihm die folgenden Gedanken erschließen können. Erst dann kehrt der Gedankengang zum Thema zurück, ohne allerdings das Thema je verlassen zu haben, da ja die bewußtseinsmäßigen Voraussetzungen im Menschen und die erfahrbare Wirklichkeit zusammengehören. Im weiteren Verlauf bringt Jean Gebser Beispiele und Aussagen aus Wissenschaft, Philosophie und Dichtung, aus Asien und Europa, aus Vergangenheit und Gegenwart. Diese Aussagen werden aber nicht summierend aneinandergereiht: Das Kapitel «Vor dem ersten Tage» spricht vom kosmischen Ursprung, das Kapitel «Ein Agraphon» vom geheimnisvollen Ursprung jedes Einzelnen, und entsprechend weist das nächste Kapitel «Der atomare Prozeß» auf den Ursprung der Materie, das Kapitel «Die Kernträume» auf den ursprungshaften Wesenskern unserer Seele hin. Mensch und Welt werden zweimal, gleichsam auf zwei sich folgenden Spiralwindungen miteinander verbunden, wobei die Achse der Bewegung jedesmal dieselbe ist. Auch die Schlüsselsätze aus unserem Jahrhundert, denen die zweite Hälfte des Buches gewidmet ist, werden nicht bloß nebeneinander gestellt. Ihren qualitativen Unterschieden entsprechend werden sie graduierend in «drei Aussagebereiche» eingestuft. So entsteht eine Steigerung der Aussagen, welche das letzte Zitat, einen Text von Sri Aurobindo, vorbereitet. Das zweitletzte Kapitel faßt den ganzen Gedankengang des Buches zusammen, die spiralförmig aufsteigende Bewegung wird als ganze gegenwärtig. Es ist konsequent, wenn dieses Kapitel denselben Titel trägt wie die ganze Schrift: «Der unsichtbare Ursprung». Bereits in diesem, besonders aber im letzten Kapitel kehrt die Bewegung aus ihrer geistigen Höhe zurück zu den konkreten Möglichkeiten, die sich aus der Evidenz des unsichtbaren Ursprungs für unser Leben ergeben. Die Schrift hat mit den Schwierigkeiten des Lesers begonnen und endet dort, wo der Leser steht und an sich weiterarbeiten kann.

Diesen skizzenhaften Überblick über die Schrift «Der unsichtbare Ursprung» habe ich gegeben, um an Hand eines Beispiels zu verdeutlichen, wie die zeitüberwindende Diaphanik sich in den Werken Jean Gebsers konkret auswirkt.

Ich habe in diesem Nachwort versucht, auf einige Merkmale der Sprache Jean Gebsers hinzuweisen: auf das Dichterische dieser Sprache, auf die besondere Differenziertheit und Vielschichtigkeit der Worte, auf den ungewohnten Aussagecharakter der Zitate und auf die Diaphanik. Letztlich bleibt die starke Wirkungskraft dieser Sprache ein Geheimnis; ein Geheimnis, über das auch Jean Gebser geschwiegen hat. Er wußte immer, was er in dem Fragment: «Über Leben und Lieben» schrieb: «... erst das Ungesagte macht die Gültigkeit einer Aussage aus.» (Bd. VI, S. 377) In der integralen Sprache wird das Ungesagte bewußt zur wirkenden Kraft. Jedes Wort kommt aus dem Schweigen. Dieses Schweigen ist Gewähr dafür, daß «zur guten Stunde» das Unsagbare ausgesagt werden kann. Davon spricht die achte und letzte Strophe des «Wintergedichtes», woraus ich einige Zeilen abschließend hier anfüge:

> Wirf keinem deiner Wörter
> Erinnerungen zu, die es verfärben.
> Mit jedem Namen schon,
> den wir den Dingen geben,
> nehmen wir ihnen einen Teil der Wirklichkeit.
> Und jeder Name, jedes Wort
> ist unauslotbar.

> Aber zur guten Stunde
> wird in der Sprache es Entsprechung
> des Gemeinten,
> das sich aussagt:
> nicht in des Wortes dunkler Herkunft
> hellt sich das Wissen auf,
> aber in seinem Umkreis:
> im Flirren,
> das noch ob jeden Wortes Umschein schwingt,
> wird wahrnehmbar,
> was dieses überwache Wissen weiß.

NACHWORT ZUR GESAMTAUSGABE

Diese Ausgabe wurde von Frau Jo Gebser begonnen und nach ihrem Tode von meiner Frau und mir zu Ende geführt. Ohne die jahrelange unermüdliche Arbeit von Jo Gebser wäre diese Ausgabe nie zustande gekommen.

Vor seinem Tod hat Jean Gebser mich und meine Frau damit beauftragt, später die Aufgabe zu übernehmen, seine Bücher herauszugeben und sein Werk weiterzuführen. Bei der Herausgabe der Gesamtausgabe versuchten wir diesem Auftrag zu entsprechen.

Der erste Band der Gesamtausgabe umfaßt alle philosophischen Schriften, die vor «Ursprung und Gegenwart» (Gesamtausgabe Bd. II, III u. IV) geschrieben wurden, die Bände V/I und V/II enthalten Schriften zu «Ursprung und Gegenwart», die nach dem Erscheinen des Hauptwerkes entstanden sind. In Band VI findet sich das auf Grund der Asienreise von 1961 entstandene Buch «Asien lächelt anders» zusammen mit 36 kleinen Schriften, bei denen es sich vor allem um in Auftrag gegebene Arbeiten zur Sicherung des Lebensunterhaltes des Autors handelt. In Band VII erscheint in den Gedichten und den persönlichen Aufzeichnungen noch einmal die ganze Schaffenszeit Jean Gebsers von 1922 bis 1973.

Nach diesem Überblick ist zu einzelnen Teilen der Ausgabe noch etwas zu bemerken: Der autobiographische Roman «Die schlafenden Jahre» (Bd. VII) ist ein Fragment geblieben. Er wurde 1949 unter dem Titel «Ein Mensch zu sein. Nachzeichnungen aus einem Leben.» begonnen. Geplant waren fünf Kapitel, von denen «Die schlafenden Jahre» als erstes Kapitel die Zeit von 1905 bis 1931 umfassen sollte. Es folgen nach Plan weitere Kapitel: «Das spanische Zwischenspiel. 1931–1939.», «Das Mädchen im Schnee. 1954–1960.», «Asiatische Monde – Westliche Tage. 1961–*.» Nur das erste Kapitel wurde ausgeführt, für alle anderen gibt es erst Entwürfe und Stichworte.

Die Aphorismensammlung: «Aussagen: Ein Merk- und Spiegelbuch des Hintergrundes» geht auf ein Konzept Jean Gebsers zurück. Aus seinen Tagebüchern und Notizen hat er selber die ihm wichtig scheinenden Gedanken herausgeschrieben und in verschiedenen Ordnern und Heften gesammelt. Unsere Aufgabe bestand hauptsächlich darin, in diese schon getroffene Auswahl eine zeitliche Ordnung zu bringen. Auch der Titel der Sammlung wurde von dieser von Jean Gebser geplanten Aphorismensammlung übernommen.

Band V/II entspricht, abgesehen vom Anhang, dem von Jean Gebser vor seinem Tod noch zusammengestellten Sammelband: «Verfall und Teilhabe», der im Otto Müller Verlag, Salzburg 1974 herausgekommen ist. Auch die Anordnung der Gedichte im letzten Band entspricht der des nach Auswahl und Aufbau ebenfalls noch von Jean Gebser konzipierten Gedichtbandes, der im Novalis Verlag 1974 erschienen ist.

Nicht in die Gesamtausgabe aufgenommen wurde das umfangreiche Jugendepos: «Hermbrecht, der Wanderer», das Jean Gebser mit 19 Jahren schrieb. Er hat später nie beabsichtigt, dieses epische Gedicht zu veröffentlichen, obwohl 1926 zwei kleine Ausschnitte daraus im «Fischzug», der Literaturzeitschrift der Rabenpresse, welche Jean Gebser gründen half, erschienen sind. Ein aufschlussreicher Hinweis auf dieses Jugendepos findet sich im Traumbuch (Bd. VII, S. 409).

Nicht aufgenommen wurden ebenfalls kleinere Rezensionen und Zeitungsartikel, mit denen sich der Autor sein Geld verdiente, und die Übersetzung der beiden Dramen: «Wir sind noch einmal davongekommen» von Thornton Wilder (vgl. Bd. IV, 656[210]) und: «Der Familientag» von T. S. Eliot (vgl. Bd. IV, 684[6]), da bei beiden Dramen Jean Gebser nur Mitübersetzer war.

Der Aufsatz: «Parallele Ansätze zur neuen Sicht» (in: «Welt in neuer Sicht», München-Planegg, Barth, 1959; Bd. II, S. 101–115), ist später in die Schrift: «Die Welt ohne Gegenüber» (Gesamtausgabe Bd. V/I, S. 267ff.) eingegangen und konnte deshalb weggelassen werden, ebenso der Aufsatz: «Über das Wesen des Dichterischen (in: Schweizerische Zeitschrift für Psychologie und ihre Anwendungen, Bd. III, Nr. 3, Bern, 1944; S. 216–231), welcher später als das Kapitel: «Wesen und Wandel des Dichterischen» in das Werk «Ursprung und Gegenwart» integriert wurde (Gesamtausgabe Bd. III, S. 428ff.). Schließlich ist noch der Aufsatz: «Von den förderlichen Hindernissen» (in: «Die Kraft zu leben», Gütersloh, Bertelsmann, 1963; S. 82–90) zu erwähnen, der dem Anfang der Autobiographie «Die schlafenden Jahre» entspricht und deshalb ebenfalls weggelassen wurde.

Nun bleibt mir noch die angenehme Aufgabe, allen zu danken, welche diese Ausgabe ermöglicht und gefördert haben: insbesondere Dr. Heinz Temming für die Übersetzung der spanischen Aufzeichnungen, Dr. Henri Zoelly für das Korrekturenlesen großer Teile von «Ursprung und Gegenwart», Eva Zurbrügg für die große Hilfe bei der Einrichtung des Gesamtregisters und allen Freunden dieses Werkes, welche beratend und helfend das Werden der Gesamtausgabe begleitet haben. Was die Finanzierung der Edition betrifft, möchte ich mich dem Dank des Verlages sehr herzlich anschliessen. Der Herausgeber

DER DANK DES NOVALIS VERLAGES

Der Novalis Verlag hat 1974 – im Jahr seiner Gründung – die Herausgabe der Gesamtausgabe der Werke von Jean Gebser übernommen. Programmgemäß konnte die Edition sechs Jahre später, im August 1980, abgeschlossen werden. Das war nur möglich, weil der Verlag bei der Durchführung seiner Aufgabe vielfältige und entscheidende Hilfe erfahren hat.

Zunächst war es Frau Jo Gebser, die für die Bereitstellung der Manuskripte und deren sorgfältige Durchsicht besorgt war. Nach ihrem Tod im Jahr 1977 übernahm der Herausgeber Dr. phil. Rudolf Hämmerli, Bern, der mit dieser Aufgabe von Jean Gebser selber betraut worden ist, die druckfertige Vorbereitung weiterer Manuskripte. Sowohl Frau Jo Gebser wie auch Dr. Rudolf Hämmerli haben eine sehr große und umfassend sachkundige Arbeit geleistet, eingeschlossen war dabei das Lesen der Fahnen- und Umbruchkorrekturen wie auch die Erstellung des umfangreichen Sachwort- und Personenregisters. Sie haben es dem Novalis Verlag leicht gemacht, die übernommene verlegerische Aufgabe zu erfüllen.

Wir danken Frau Jo Gebser und Herrn Rudolf Hämmerli, der bei verschiedenen Arbeiten tatkräftig von seiner Gattin unterstützt wurde, sehr herzlich, für diese entscheidendste Aufgabe einer Edition; ohne Manuskript gibt es keine Bücher. Die Zusammenarbeit hat sich in harmonischer Weise, ohne den geringsten Anflug einer Trübung vollzogen.

Dann aber haben einige Freunde von Jean Gebser und verschiedene namhafte Institutionen durch ihre großen finanziellen Beiträge die Edition ermöglicht.

Als sachkundige Treuhänder haben bei der Finanzierung der Edition der Gesamtausgabe der Werke von Jean Gebser mitgewirkt: Herr Max Altorfer, früherer Direktor des Bundesamtes für Kulturpflege und Herr Dr. h. c. Walter Jäger, Direktor des Verlages Hans Huber, Bern. Diesen beiden Herren hat der Novalis Verlag vieles zu danken, durch sie hat das Werk eine entscheidende Förderung erfahren.

Aber schließlich waren es die Donatoren, die durch ihre Großzügigkeit die Realisierung der ganzen Edition von insgesamt acht Bänden gesichert haben:

Die Jubiläumsstiftung der Schweizerischen Mobiliar Versicherung Bern
Jubiläumsstiftung der Schweizerischen Volksbank, Bern

Stiftung Pro Helvetia, Zürich
Stiftung der Schweizerischen Landesausstellung 1939, Zürich
Ulrico Hoepli-Stiftung, Zürich
Ferner Herr Dr. Heinz Temming, Glückstadt und einige persönliche
Freunde von Jean Gebser.

Allen diesen Persönlichkeiten und Institutionen möchte der Verlag den
aufrichtigsten Dank zum Ausdruck bringen. Ohne ihre Förderung wäre
das gelungene Werk nicht zustande gekommen.

Schaffhausen, im Mai 1980   NOVALIS VERLAG AG

Dr. Max U. Rapold
Eugen Marti

1905   20. August. Jean Gebser in Posen geboren als Sohn des Justizrates Dr. iur. Friedrich-Wilhelm Gebser und dessen Frau Margaritha geb. Grundmann. Neffe des Reichskanzlers von Bethmann-Hollweg. Die Vorfahren väterlicherseits gehen zurück auf ein südthüringisches Geschlecht, von Gebesee (Franken) kommend. Ein Ahnherr, Ritter Victor von Gebser, wurde 1236 Sieger im 3. Kaisertournier in Ingolstadt. Unter den mütterlichen Vorfahren findet sich auch der Name Melanchthon.

1907   Oktober. Geburt der zweiten Schwester Charlotte.
November. Tod der um ein Jahr älteren und von ihm sehr geliebten Schwester Ilse.

1910   Ortswechsel von Posen nach Breslau.

1915   Nach Ausbruch des 1. Weltkrieges, im Frühjahr 1915 Ortswechsel von Breslau nach Königsberg. Besuch des humanistischen Gymnasiums. In der Zeit um 1915 Genickstarre mit fast tödlichem Ausgang.

1917/18   Ortswechsel von Königsberg nach Berlin, wo der Vater sich als Rechtsanwalt niederläßt, nachdem er den Staatsdienst verlassen hat.

1918   April. Jean Gebser wird auf die Klosterschule in Roßleben an der Unstrut geschickt.

1921   April. Er verläßt die Klosterschule, welche den Eltern zu teuer geworden ist. Ortswechsel von Roßleben nach Berlin. Gymnasium in Berlin.

1922   November. Tod des Vaters.

1923   März. Vorzeitiger Abgang vom Gymnasium. Banklehre in Berlin.

1924/25   Als Werkstudent an der Humboldt Universität; hört vor allem bei: Romano Guardini (Geistes- und Literaturgeschichte), Sombart (Nationalökonomie), Hahn (Ethnologie) und Holtsch (europ. Geschichte).

1925   Austritt aus der Bank nach Beendigung der Lehre. Auszug von zu Hause.
Mit V.O. Stomps Gründung der «Stomps & Gebser – Buch- und Kunstdruckerei-Verlagsanstalt» an der Stallschreiber-straße Nr. 30 in Berlin, welche u. a. die Zeitschrift: «Der Sturm» von Herwarth Walden druckt. Im gleichen Jahr Gründung der «Rabenpresse», wo «der Fischzug. Monatsblätter zur Förderung werdender Literatur» herauskommt (1. Heft 1926). In dieser Zeitschrift veröffentlicht Jean Gebser seine ersten Gedichte.

1927   Sommer. Austritt aus der Druckerei von Stomps. Kurze Zeit im Engadin.

1928   Winter 27/28. «Äußerst kritische Zeit; starke Depressionen; Verlust jeder Lebensenergie. Fast Selbstmord.»
Juli-September: «Große Gebirgswanderungen.»
Winter 1928. Eintritt in die Goethebuchhandlung als Volontär.

1929   Herbst. Aufbruch nach Florenz, wo er in einem großen wissen-schaftlichen Antiquariat die Lehre absolviert, nachdem er schon zuvor in Deutschland eine Buchhändlerlehre abgeschlos-sen hat.

1930   Nochmals Versuch, sich in Deutschland, diesmal in München, niederzulassen. Mitarbeiter des Verlegers Kurth Wolf, dessen große Privatbibliothek er liquidieren hilft.

1931   März. Jean Gebser verläßt Deutschland endgültig.
Es folgen Wanderjahre, auch im buchstäblichen Sinne des Wortes. Zuerst Paris, dann Südfrankreich: Avignon, Aix-en-Provence, ab Ende Juli St-Jean-du-Gard. Im September An-dorra, dann Barcelona, und von da geht die Reise über Valen-cia, Murcia, Almería südwärts bis Málaga, wo Jean Gebser im Dezember dieses Jahres anlangt.

1932   Jean Gebser empfängt in einer Inspiration die Konzeption für sein ganzes späteres Werk.

1932–35 Längere Zeit in Torremolinos, dann in Madrid. Dort Mitglied des Unterrichtsministeriums der Republik Spanien. Befreundet mit Federico García Lorca und anderen spanischen Dichtern, deren Gedichte er 1935 ins Deutsche überträgt: Erschienen beim «Verlag die Rabenpresse» als Sammelband unter dem Titel: «Neue spanische Dichtung. (Einzige, von den Dichtern autorisierte Übertragungen)».

1936 «Rilke und Spanien» wird im Frühjahr in Madrid begonnen und im Sommer desselben Jahres in San Sebastian beendet. Dieses Buch wird ursprünglich auf Spanisch abgefaßt, und seine Drucklegung ist für Herbst 1936 durch den Verlag «Cruz y Raya» vorgesehen, was aber der Ausbruch des Spanischen Bürgerkriegs unmöglich macht.
Oktober. «Abreise aus Madrid; wurde in Valencia von Anarchisten verhaftet, gefangengesetzt ($1^1/_2$ Tage); durch Eingreifen spanischer Freunde vorm Erschießen bewahrt. Kurz darauf Grenzübertritt nach Frankreich.» Nach Beginn des Bürgerkrieges und García Lorcas Ermordung verläßt Jean Gebser Spanien mit einem mexikanischen Paß (als Delegierter des mexikanischen Unterrichtsministeriums für Europa).
«Zwölf Stunden bevor im Herbst 1936 meine Madrider Wohnung zerbombt wurde, machte ich mich wiederum auf den Weg ins Ungewisse.»

1937–39 Für kurze Zeit in der Schweiz, dann bis 1939 in Frankreich. Es sind die «Hungerjahre von Paris». Jean Gebser gehört jenem Kreis von Paul Eluard, Aragon, André Malraux an, der sich meist an der Place Saint-Germain-des-Prés zusammenfindet. Zu diesem Kreis gehört auch Picasso. Eine entscheidende Begegnung mit Picasso schildert Jean Gebser in «Ursprung und Gegenwart» Bd. II, S. 66.

1939 30. August. Zwei Stunden vor Grenzschließung erreicht Jean Gebser die Schweiz. Er läßt sich zuerst in der Westschweiz, in Genf und Lausanne, dann in Saanen nieder.

1940 Lernt in Saanen seine erste Frau, Gentiane Hélène Schoch von Burgdorf, kennen.
«Rilke und Spanien» erscheint.

1941   Niederlassung im Tessin bis 1948. Zuerst in einer kleinen Wohnung in Locarno-Muralto, wo er die «Abendländische Wandlung» schreibt.

1942   21. Juli. Heirat mit Gentiane Schoch in Burgdorf. Ende 1942 bis anfangs 1948 in Ascona-Moscia. Beziehungen zum Eranos-Kreis: zu C. G. Jung, K. Kerényi, A. Portmann und anderen.

1943   «Abendländische Wandlung» erscheint.

1944   Tod der Mutter an Multipler Sklerose, von dem er aber erst acht Jahre später erfährt.
14. November. «Das Wintergedicht» entsteht.
«Der grammatische Spiegel» erscheint.

1947   Dozent am Psychologischen Seminar des «Institutes für angewandte Psychologie» in Zürich. Vorlesungen «Zur Geschichte von Seele und Geist» (7. Mai bis 16. Juli).
In Moscia entsteht noch «Lorca oder das Reich der Mütter» (erschienen 1949).

1947/48   Winter. Ausarbeitung des 1. Bandes der «Aperspektivischen Welt» (ursprünglicher Arbeitstitel von «Ursprung und Gegenwart»).

1948   Januar. Umzug aus dem Tessin nach Burgdorf.

1949   7. Januar. Endgültiges Manuskript des 1. Bandes der «Aperspektivischen Welt» an die DVA abgesandt.
5. Juni. Pfingsten. Änderung des Titels «Die Aperspektivische Welt» zu: «Ursprung und Gegenwart».
März bis Juni. Spaniensendungen bei Radio Beromünster, die wegen des großen Echos mehrmals wiederholt und auch in Deutschland gesendet werden.
15. November. Der 1. Band von «Ursprung und Gegenwart» erscheint.

1950–52 Ausarbeitung des 2. Bandes von «Ursprung und Gegenwart».

1951   Einbürgerung in Burgdorf.
Vortragsreihe an der Handelshochschule St. Gallen. «Die neue Weltschau: Internationale Aussprache über den Anbruch eines neuen aperspektivischen Zeitalters» mit: M. Bense, M. Brod, J. Gebser, G. Hartlaub, A. March, A. Mitscherlich, A. Portmann, W. Tritsch, C. F. v. Weizsäcker. (Erschienen in Buchform und mehrfach am Radio gesendet.)

1952   4. Oktober bis 2. Dezember. Spanienreise (Torremolinos). In der Zeit von 1952 (nach der Niederschrift von «Ursprung und Gegenwart») bis 1966 (dem gesundheitlichen Zusammenbruch) fast ununterbrochen auf anstrengenden, langen Vortragsreisen in Deutschland und in der Schweiz, um sich den Lebensunterhalt zu sichern.

1953   Der 2. Band von «Ursprung und Gegenwart» erscheint.
Zweite internationale Aussprache in St. Gallen über den Anbruch eines neuen, aperspektivischen Zeitalters mit: L. Dallapiccola, A. Gehlen, H. F. Geist, W. Heisenberg, H. E. Holthusen, E. Minkowski, H. Sigrist, R. Vittoz. (Erschienen in Buchform.)
Teilnahme am «First International Congress for Parapsychological Studies» in Utrecht.
6. Dezember. Radiosendung mit Professor H. Bender: «Der sinnvolle Zufall».

1954   8. Januar. Stellungnahme zur Parapsychologie (vgl. Bd. IV, S. 158 ff.) in einer Gemeinschaftssendung mit Karl Jaspers und Adolf Portmann, die Radio Basel über das Thema «Probleme der Parapsychologie» veranstaltet.
20. Februar. Radiosendung mit Professor H. Bender: «Über das Unheimliche».
April. Teilnahme am Parapsychologenkongreß in St-Paul-de-Vence.

1955   Trennt sich von seiner ersten Frau. Umzug nach Bern. Ab 25. April wohnhaft an der Kramgasse Nr. 52.
17. Juli. Radiosendung mit Professor H. Bender: «Strukturen mitmenschlicher Kontakte.»
Ende August. Bruchoperation und Ausheilung eines Darmgeschwürs.

1956   10. Juli. Scheidung von seiner ersten Frau.
Anteil am Deutschen Schiller-Preis, überreicht vom Bundespräsidenten Theodor Heuss in Bonn.

1957/58   In beiden Jahren im Mai Vortragsreihe bei den «Freunden der Residenz», München, über: «Die Welt in neuer Sicht» mit: W. Gerlach, A. Portmann, G. R. Heyer, J. R. v. Salis, W. F. Bürgi. (Erschienen in Buchform.)

1957   Juli-August. Provencereise. In den folgenden Jahren immer
        wieder für kurze Zeit in der Provence oder in Paris.

1958   September – Oktober. Griechenlandreise.

1960   April u. Mai. Vortragsreihe in der «Neuen Helvetischen Ge-
        sellschaft» in Bern, über: «Wege zur neuen Wirklichkeit» mit:
        F. G. Houtermans, H. Lüthy, H. Marti, A. Portmann. (Er-
        schienen in Buchform.)

1961   März bis Ende Juli. Asienreise. Auf Grund dieser Reise ent-
        stehen die «Asienfibel» (erschienen 1962) und die erweiterte
        Fassung dieses Buches unter dem Titel: «Asien lächelt anders»
        (erschienen 1968).

1962   Nach der «Asienfibel» erscheint im gleichen Jahr: «In der
        Bewährung. Zehn Hinweise auf das neue Bewußtsein.» Die-
        ses Buch vereinigt die überarbeitete Fassung verschiedener
        Vorträge, welche zwischen 1951 und 1960 gehalten wurden.

1964   Deutscher Literaturpreis der Künstlergilde Eßlingen. Kogge-
        Literaturpreis der Stadt Minden.

1964/65 Winter. Reisen in Süd- und Nordamerika.

1965   Literaturpreis der Stadt Bern.
        Anläßlich des 60. Geburtstags erscheint die Festschrift «Trans-
        parente Welt».

1966   Die 2. Auflage von «Ursprung und Gegenwart» erscheint.
        Nach einer Vortragsreise in Deutschland gesundheitlicher
        Zusammenbruch.
        «Den ganzen Oktober war ich auf Vortragsreise in Deutsch-
        land, dann im November wollte ich eine kleine Kur in Baden-
        Baden machen. Dort mußte ich mich Ende November nachts
        einer Notoperation unterziehen: Magendurchbruch, 10 Tage
        zu 95% mehr ‹drüben› (sehr heiter und glückselig) als hier –
        der Arzt brachte mich jedoch durch. Nach fünf Wochen noch-
        malige Operation, diesmal eine Doppeloperation: Bauchfell
        und Blinddarm, was bei dem äußerst geschwächten und re-
        servelosen Zustand ein gewisses Risiko war. Nun: das Schick-
        sal hatte beschlossen, daß es noch nicht so weit sei, die Ärzte

sprechen von einem Wunder und Rätsel, ich bin noch nicht ganz wieder hier...».
Jean Gebser hat sich von dieser Schwächung seiner Gesundheit nie mehr ganz erholt.

1967   Februar bis Juni: Kuraufenthalt in Ascona.
Jean Gebser wird Honorar-Professor für Vergleichende Kulturlehre an der Universität Salzburg. Aus gesundheitlichen Gründen ist es ihm bis ans Ende seines Lebens nicht möglich, an der Universität Salzburg zu lehren.

1968   «Asien lächelt anders» erscheint.

1969   September. Spitalaufenthalt in Bern.
November. Einzug an der Sandrainstraße 109 in Bern.

1970   15. Dezember. Heirat mit Jo Körner.
«Der unsichtbare Ursprung» erscheint.
«Ursprung und Gegenwart» erscheint in der dritten Auflage.

1971   Juni. Besuch bei Werner Heisenberg.
Juli. Besuch bei dem mit Jean Gebser befreundeten Lama Anagarika Govinda in Meersburg.

1972   Februar. Besuch von Pandit Gopi Krishna.
An der Ärztetagung in Bad Boll vom 6. bis 8. Oktober hält Jean Gebser den Schlußvortrag mit dem Thema «Urangst und Urvertrauen».

1973   Schreibt als Letztes kurz vor seinem Tod das Vorwort zu «Verfall und Teilhabe» (erschienen 1974).
Am 14. Mai stirbt Jean Gebser nach einer kurzen Krankheit von einer Woche bei sich zu Hause. Bald nach seinem Tod erscheint die Taschenbuchausgabe von «Ursprung und Gegenwart», an welcher er bis zuletzt arbeitete.

BIBLIOGRAPHIE

– Gedichte
Entspricht in Aufbau und Anordnung dem Band: «Gedichte», Novalis Verlag, Schaffhausen, 1974.
Für die Bibliographie der einzelnen Gedichte s.: Bibliographische Anmerkungen zu den Gedichten, S. 243 ff.

– Aussagen: Ein Merk- und Spiegelbuch des Hintergrundes
Bisher unveröffentlicht mit Ausnahme von:
Der sinnvolle Zufall (1953). Aus dem Radiogespräch mit Professor Hans Bender über: «Der sinnvolle Zufall»; aufgenommen am 8.12.1953 von Radio Freiburg/Stuttgart.
Über das Unheimliche (1954). Aus dem Radiogespräch mit Professor Hans Bender «Über das Unheimliche»; aufgenommen am 20.2.1954 von Radio Freiburg/Stuttgart.
Strukturen mitmenschlicher Kontakte (1955). Aus dem Radiogespräch mit Professor Hans Bender über: «Strukturen mitmenschlicher Kontakte»; aufgenommen am 17.7.1955 von Radio Baden-Baden.
«Aus unveröffentlichten Papieren» (1955). Erschienen als Beitrag in der vom Kindler Verlag München 1955 herausgegebenen Publikation: «Das Kraftfeld des Menschen und Forschers Gustav Richard Heyer; eine Festschrift zu seinem 65. Geburtstag».
In der Bewährung (1962). Aus dem Vorwort zu: «In der Bewährung», Francke Verlag, Bern und München, 1962 bzw. [2]1969.
Über die Angst (1962). Erschienen in der Reihe «Knaur Visuell» unter dem Titel: «Angst», mit Zeichnungen von Heiri Steiner, Droemersche Verlagsanstalt, München und Zürich, 1962.

– Die schlafenden Jahre
Erstmals erschienen in: «Ein Mensch zu sein», Francke Verlag, Bern und München, 1974, S. 70–135. Geschrieben in den Jahren 1946–1964.

– Das Traumbuch
Bisher unveröffentlicht.